O DIREITO

Ano 140.° (2008), V

Director

INOCÊNCIO GALVÃO TELLES

O DIREITO
Ano 140.° (2008), V
Director: INOCÊNCIO GALVÃO TELLES

Propriedade de JURIDIREITO – Edições Jurídicas, Lda.
NIPC 506 256 553
Sede e Redacção: Faculdade de Direito de Lisboa – Alameda da Universidade – 1649-014 Lisboa
Editora: Edições Almedina, SA
Avenida Fernão de Magalhães, n.° 584, 5.° Andar
Telef.: 239 851 904 – Fax: 239 851 901
3000-174 Coimbra – Portugal
editora@almedina.net

Publicação: cinco números anuais
Tiragem: 500 exemplares
Assinatura anual € 70,00 (15% de desconto sobre o total dos n.os avulsos)
Número avulso € 16,50

Coordenação e revisão: Veloso da Cunha
Execução gráfica: G.C. – Gráfica de Coimbra, Lda.
Rua do Progresso, 13 – Palheira
3040-692 Assafarge
Telef.: 239 802 450 – Fax: 239 802 459
producao@graficadecoimbra.pt
Depósito legal: 229122/05
N.° de registo no ICS – 124475

ÍNDICE

ARTIGOS DOUTRINAIS

JURISPRUDÊNCIA ANOTADA

Artigos doutrinais

A Lei-Modelo Europeia das Sociedades: Um Projecto Inovador

PROFESSORES DOUTORES THEODOR BAUMS*/PAUL KRÜGER ANDERSEN**/JOSÉ ENGRÁCIA ANTUNES

SUMÁRIO: *I – Introdução. II – O Direito Societário europeu: instrumentos tradicionais e uma nova ferramenta: 1. Os instrumentos regulatórios tradicionais: fundamentos e limites. 2. Os objectivos regulatórios: sua evolução. 3. Unidade do mercado "versus" pluralidade de legislações. 4. Características e funções de um EMCA. III – As leis-modelo societárias nos Estados Unidos da América. IV – O projecto de um EMCA: aspectos propedêuticos: 1. O conteúdo de um EMCA. 2. O grupo de trabalho do EMCA. 3. O plano preliminar de trabalhos.*

I – **Introdução**

Em 27 e 28 Setembro de 2007, um grupo constituído por iniciativa de Theodor Baums e Paul Krüger Andersen[1] teve a sua primeira reunião em

* Professor de Direito. Director do "Institute for Law and Finance" da Universidade de Frankfurt.
** Professor de Direito. Director da Escola de Gestão da Universidade de Aarhus.

[1] Vide ANDERSEN, P. Krüger, *Regulation or Deregulation in European Company Law – a Challenge*, in: Bernitz, Ulf (ed.), "Modern Company Law for a European Economy – Ways and Means", 263--281, Stockholm, Norstedts Juridik Förlag, 2006; BAUMS, Theodor, *The Law of Corporate Finance in Europe – An Essay*, Institute for Law and Finance, Working Paper n.° 63, Frankfurt, 2007. Confronte-se também a proposta anterior de fundação de um "European Law Institute", apresentada por Werner EBKE, inspirada no "American Law Institute" e tendente à criação de um "European Model Company Law Statute" (*Unternehmensrechtsangleichung in der Europäischen Union: Brauchen wir ein European Law Institute?*, 212 e segs., in: "Festschrift für Bernard Großfeld", 189-221, Verlag Recht und Wirtschaft, Heidelberg, 1999; cf. ainda WOUTERS, Jan, *European Company Law: Quo Vadis?*, especialmente 298, in: 37 "Common Market Law Review" (2000), 257-307.

Aarhus, na Dinamarca, com vista a levar por diante um projecto de elaboração de uma Lei-Modelo Europeia em matéria de sociedades comerciais, doravante designada "European Model Company Act" (EMCA).

O objectivo central deste projecto inovador, que será descrito sumariamente nas próximas linhas, não é o de proceder a uma harmonização imperativa dos direitos societários nacionais, nem de criar um novo tipo ou forma societária europeia. Ao invés, tal projecto propõe-se simplesmente elaborar uma lei-modelo para as sociedades anónimas e por quotas, que os legisladores nacionais serão livres, no futuro, de adoptar no todo ou em parte. Por conseguinte, tal lei-modelo é concebida como uma alternativa e um complemento aos instrumentos europeus actualmente existentes para a convergência das legislações societárias dos Estados membros da União Europeia. A descrição do projecto de um EMCA será realizada em três partes fundamentais: inicialmente, analisaremos os referidos instrumentos regulatórios europeus, bem como os seus pressupostos, limites e objectivos (II); posteriormente, a nossa atenção voltar-se-á para a experiência norte-americana em matéria de leis-modelo no domínio do direito das sociedades (III); finalmente, o estudo encerrará com a apresentação dos membros que integram o grupo de trabalho do EMCA, de alguns tópicos mais relevantes integrantes dessa projectada lei-modelo, assim como de um plano provisório dos trabalhos (IV).

II – O Direito Societário europeu: instrumentos tradicionais e uma nova ferramenta

1. *Os instrumentos regulatórios tradicionais: fundamentos e limites*

Até ao presente, a União Europeia serviu-se de três tipos fundamentais de instrumentos destinados a assegurar que as normas legais vigentes em matéria do direito societário nos diferentes Estados membros são compatíveis com o funcionamento de um mercado interno: primeiro, a *harmonização das legislações societárias nacionais*, através de um conjunto de directivas, adoptadas ao abrigo do artigo 44.°, n.° 2, g) do Tratado da Comunidade Europeia, de transposição obrigatória pelos diversos Estados membros; segundo, a *criação de novas formas organizativas supranacionais*, ao abrigo do artigo 308.° do Tratado da Comunidade Europeia, as quais, subsistindo lado a lado com as suas congéneres nacionais, funcionam como veículos organizacionais alternativos a estas últimas; e terceiro, por último, o *controlo judicial das leis societárias nacionais* ao abrigo do direito de livre estabelecimento (artigos 43.° e 48.° do Tratado da União Europeia), realizado pelo Tribunal de Justiça Europeu, o qual, através de uma série de decisões célebres desde 1999 – entre as quais, os conhecidos casos "Centros", "Überseering" e "Inspire Art" –, tem sido responsável pela rejeição de várias restrições impostas pelas leis nacionais e, assim, conduzido a uma "competição regulatória" entre as diferentes leis societárias nacionais cujos resultados definitivos, todavia, ainda não são claros.

Ora, é bom ter presente que qualquer um destes métodos ou instrumentos de intervenção regulatória, aqui sinteticamente enunciados[2], possuem os seus próprios requisitos ou condições de aplicação: desta perspectiva, ganha sentido e oportunidade o desenvolvimento de uma nova ferramenta, suplementar a tais instrumentos tradicionais, consistente na criação de uma *lei-modelo europeia*, uniforme embora de natureza puramente dispositiva, em matéria de sociedades. Senão vejamos.

A *harmonização das leis societárias nacionais através de Directivas* constitui uma técnica minimalista de uniformização legislativa, cuja aplicabilidade está dependente da circunstância de as medidas normativas em causa serem "necessárias" à criação e funcionamento do mercado comum (cf. artigos 3.°, n.° 1, g) e 44.°, n.° 2, g) do Tratado da Comunidade Europeia)[3]. Esta modalidade de aproximação das legislações não elimina assim, antes pressupõe, a existência e subsistência de uma diversidade de ordens legislativas nacionais, e, por conseguinte também, de um leque diferenciado de soluções legais possíveis para as diferentes questões jurídico-societárias. Enquanto "minus", semelhante técnica limita-se a salvaguardar que as normas legais próprias de cada Estado membro estão em linha ou não são contrárias à existência de um mercado interno: todavia, para além desse limiar mínimo, cada legislador nacional é inteiramente livre de conformar e modelar o seu próprio direito societário. Sem dúvida que este método tem a vantagem de estimular uma competição regulatória entre os Estados (teoricamente conducente ao desenvolvimento de novos e mais efi-

[2] Para maiores desenvolvimentos, vide TEICHMANN, Christoph, *Binnenmarktkonformes Gesellschaftsrecht*, 73 e segs., De Gruyter, Berlin, 2006.

[3] Para uma visão de conjunto sobre o direito societário europeu, bem como uma compilação das directivas europeias em matéria societária, vide, entre nós, CORDEIRO, A. Menezes, *Direito Europeu das Sociedades*, Almedina, Coimbra, 2005; especialmente da perspectiva do direito português, DUARTE, R. Pinto, *A Relevância do Direito Comunitário no Direito das Sociedades*, in: AAVV, "50 Anos do Tratado de Roma (1957-2007)", 79-123, Âncora Editora/Universidade Nova de Lisboa, Lisboa, 2008. Anteriormente, embora desactualizados, merecem ainda referência os estudos de CORREIA, L. Brito, *Direito Europeu das Sociedades*, in: AAVV, "Temas de Direito Comunitário", 51-77, Almedina, Coimbra, 1983; QUADROS, Fausto, *Direito Europeu das Sociedades*, in: AAVV, "Estruturas Jurídicas da Empresa", 151-181, AAFDL, Lisboa, 1981.

cientes modelos jussocietários)[4], bem assim como de contrabalançar o típico imobilismo das regulações substantivas centralizadas[5]: verdade é também que, para além da circunscrita área harmonizada, tal método jamais poderá corresponder inteiramente às expectativas das próprias empresas societárias que actuam à escala europeia, as quais, paralelamente à sua liberdade de estabelecimento, reclamam ainda uma estandardização das regras operacionais e de protecção dos investidores e dos terceiros, indispensáveis a uma redução dos seus custos de transacção e informação.

Por seu turno, *formas organizativas transnacionais*, tais como a Sociedade Anónima Europeia ("Societas Europea" ou SE), a Sociedade Cooperativa Europeia (SCE), e o Agrupamento Europeu de Interesse Económico (AEIE), apenas poderiam corresponder a tais expectativas e necessidades caso o respectivo quadro regulatório e normativo possuísse efectivamente um conteúdo

[4] Para uma discussão aprofundada sobre a «competição entre legislações», vide ANDERSSON, Jan, *Competition Between Member States as Corporate Legislator*, in: Bernitz, Ulf (ed.), *op. cit.* (nota 1), 143 e segs.; ARMOUR, J., *Who Should Make Corporate Law? EC Legislation versus Regulatory Competition*, Institute for Law and Finance, Working Paper n.° 41, Frankfurt, 2005; BIRKMOSE, H. Søndergård, *Regulatory Competition and the European Harmonisation Process*, in: 17 "European Business Law Review" (2006), 1079-1097; HEINE, Klaus, *Regulierungswettbewerb im Gesellschaftsrecht*, Duncker & Humblot, Berlin, 2003; KIENINGER, Eva-Maria, *Wettbewerb der Privatrechtsordnungen im Europäischen Binnenmarkt*, Mohr Siebeck, Tübingen, 2002; TEICHMANN, Christoph, *Wettbewerb der Gesetzgeber im Europäischen Gesellschaftsrecht*, in: AAVV, "Europäisches Gesellschafts- und Steuerrecht", 335-356, Beck, München, 2006; TEICHMANN, Christoph, *op. cit.* (nota 2), 330 e segs. Tal discussão é especialmente atinente à questão do regime do capital social, tal como resultante da Segunda Directiva Europeia em matéria societária, sendo debatido o real alcance desta última: será possível aos Estados membros criar e desenvolver um novo modelo regulatório competitivo dentro do quadro da referida Directiva ou será necessário desenvolver um sistema alternativo? Num recente contributo para o debate (SANTELLA, Paolo/TURRINI, Riccardo, *A Contribution to the Debate on the Legal Capital Regime in the EU: What the Second Company Law Directive Allows*, in: Andersen, P. Krüger/Sørensen, K. Engsig (eds.), "Company Law and Finance", 85-118, Thomson/Sweet & Maxwell, København, 2007), foi sustentado que a Segunda Directiva é um instrumento bastante flexível que permite aos Estados membros, em larga medida, desenvolver novos e eficientes normas em sede de capital: um exemplo disto mesmo poderia ser encontrado no novo "Código das Sociedades" finlandês de 2006 (cf. AIRAIKSINEN, Manne, *The Delaware of Europe Financial Instruments in the New Finnish Company Act*, in: Andersen, P. Krüger/Sørensen, K. Engsig (eds.), *op. cit.*, 311-326).

[5] Sobre as desvantagens da harmonização legislativa centralizada (palavras chave: "eliminação da livre concorrência" em matéria regulatória ou "petrificação" do direito instituído), vide, com diversas referências, TEICHMANN, Christoph, *Wettbewerb der Gesetzgeber im Europäischen Gesellschaftsrecht*, in: AAVV, "Europäisches Gesellschafts- und Steuerrecht", 335-356, Beck, München, 2006.

idêntico em todos os Estados membros[6]. Ora, não é isso que se verifica, considerando que o sistema das fontes de tais entidades colectivas supranacionais inclui ainda, além dos próprios Estatutos aprovados pelos Regulamentos comunitários respectivos, as disposições legislativas nacionais adoptadas por cada Estado membro pertinentes à sua aplicação: assim, por exemplo, no caso da Sociedade Anónima Europeia (SE), o Regulamento CE 2157/2001, de 8 de Outubro, contém numerosas remissões expressas para o direito interno dos Estados membros[7], além de remissões implícitas no plano de colmatação de lacunas[8], sendo ainda de assinalar a necessidade de adopção de textos legislativos complementares a nível nacional (em Portugal, o Decreto-Lei n.° 2/2005, de 4 de Janeiro)[9]. Deste modo, no lugar de tais formas societárias serem auto-suficientes e fonte de criação de um direito uniforme, constata-se que cada Estado membro apresenta ao mercado um diferente mosaico autóctone de regras supranacionais e nacionais. Daí que seja possível concluir que, não obstante tal instrumento exiba indiscutíveis benefícios (v.g., mobilidade transfronteiriça, ampla liberdade de organização, "imagem de marca" europeia), ele não sucede a alcançar plenamente as vantagens de uma verdadeira forma societária unitária.

Enfim, a *fiscalização judicial dos direitos societários nacionais*, mormente da sua conformidade com o princípio fundamental da liberdade de estabelecimento, produz meramente um efeito negativo de "cassação" no seio dos modelos regulatórios jussocietários existentes, sendo compreensivelmente inidóneo de per si à criação de novos modelos regulatórios[10]. Por outras palavras, este tipo

[6] Sobre estas figuras, vide, entre outros e apenas a título de exemplo, SOARES, M. Bento, *Algumas Notas sobre o Agrupamento Europeu de Interesse Económico (AEIE),* in: X "Revista de Direito e de Economia" (1984/85), 389-400; DUARTE, R. Pinto, *A Sociedade (Anónima) Europeia – Uma Apresentação,* in: 6 "Cadernos de Direito Privado" (2004), 3-15; GUICHARD, Raúl, *O Regime da Sociedade Cooperativa Europeia (SCE) – Alguns Aspectos,* in: 7 "Revista de Ciências Empresariais e Jurídicas" (2006), 207-261.

[7] Para um elenco exaustivo, vide CORDEIRO, A. Menezes, *op. cit.* (nota 3), 968 e segs. Salientando igualmente que o Regulamento europeu "não pretende ser auto-suficiente", vide DUARTE, R. Pinto, *op. cit.* (nota 3), 105.

[8] Cf. CASPER, Matthias, *Der Lückenschluss im Statut der Europäischen Aktiengesellschaft,* in: "Festschrift für Peter Ulmer", 51-72, De Gruyter, Berlin, 2003.

[9] Como sublinha Maria Ângela Bento SOARES, "a relativa margem de manobra dada aos Estados--Membros para disciplinarem as matérias em causa, bem como as discrepâncias de regulamentação constatadas a nível das legislações nacionais, fazem com que seja muito provável que nos venhamos a deparar na prática com SE sujeitas a regimes relativamente diferentes entre si" (*A Sociedade Anónima Europeia: Sociedade de Direito Comunitário?,* 725, in: "Nos 20 Anos do Código das Sociedades Comerciais", 707-783, Coimbra Editora, 2007).

[10] Sobre esta jurisprudência, a literatura é inabarcável. Em Portugal, a mero título de exemplo,

de instrumento limita-se, negativamente, a assegurar a expurgação de normas jussocietárias nacionais violadoras do mercado interno, e jamais a sua substituição por outras normas susceptíveis de servir o funcionamento deste. De resto, o fenómeno de corrida ou de competição entre direitos societários dos Estados membros, originado pela recente jurisprudência do Tribunal de Justiça Europeu, tem consabidamente sido entendido e concretizado de formas bastante diversas pelos respectivos legisladores[11].

2. *Os objectivos regulatórios: sua evolução*

Relevante é ainda, por outro lado agora, sublinhar que os objectivos da intervenção europeia em sede do direito societário foram evoluindo substancialmente ao longo dos tempos – e isto apesar de terem por base comum o imutável preceito do artigo 44.°, n.° 3, g) do Tratado da União Europeia.

Num interessante estudo sobre o tópico, Jan Wouters analisou a *evolução* verificada neste domínio desde os finais dos anos 60 (com a adopção das primeiras directivas) até ao ano 2000[12]. Durante a década de 60, a intervenção europeia ostentou confessadamente o objectivo ambicioso de harmonizar todo o direito societário, desde as matérias da constituição das sociedades e do capital social, até às relativas às contas anuais, protecção dos credores, reorganizações (fusões e cisões), grupos, sucursais, e dissoluções. Após a adopção de um primeiro conjunto de directivas, este exaltado móbil regulatório foi gradualmente esmorecendo: à medida que se tornava cada vez mais evidente a impossibilidade de alcançar uma harmonização absoluta e integral dos direitos societários internos, tal objectivo foi sendo alvo de crescente criticismo e debate.

vejam-se os estudos de SOARES, M. Bento, *A Liberdade de Estabelecimento das Sociedades na União Europeia*, in 15/16 "Revista Temas de Integração" (2003), 283-521 (relativo ao acórdão "Überseering", mas abordando o anterior acórdão "Centros" e, ainda na década de 80, o acórdão "Daily Mail") e *O Acórdão Inspire Art Ltd.: Novo Incentivo Jurisprudencial à Mobilidade das Sociedades na União Europeia*, in: 17 "Revista Temas de Integração" (2004), 123-163 (relativo ao acórdão "Inspire Arts).

11 Sobre o ponto, vide ainda, entre nós, embora com enfoque internacional-privatístico, PINHEIRO, L. Lima, *Concorrência entre Sistemas Jurídicos da União Europeia e Direito Internacional Privado*, in: 139 "O Direito" (2007), 255-281. Noutros quadrantes, cf. BIRKMOSE, H. Søndergård, *A Race to the Bottom in the EU*, in: "Maastricht Journal of European and Comparative Law" (2006), Vol. B, n.° 1, 35-80; KIENINGER, Eva-Maria, *Niederlassungsfreiheit als Rechtswahlfreiheit*, in: 28 "Zeitschrift für Unternehmens- und Gesellschaftsrecht" (1999), 724-749.

12 *European Company Law: Quo Vadis?*, in: 37 "Common Market Law Review" (2000), 257-307.

Ainda segundo o citado autor, por volta do virar do milénio, a intervenção europeia no direito societário exibia uma crise em quatro diferentes planos – uma crise de ideologia (v.g., participação "versus" informação e consulta dos trabalhadores), de competência ("rectius", o ênfase na subsidiariedade), de legitimação (mormente, as recentes tendências em favor de modelos descentralizados de criação legislativa), e de solidariedade (progressiva resistência dos Estado membros à implementação das directivas europeias) –, acabando por concluir pela inexistência, por parte da Comissão Europeia, de qualquer estratégia para ultrapassar tal crise ou qualquer programa de acção consistente na área do direito das sociedades[13].

Pouco tempo após a publicação deste estudo, em Setembro de 2001, a Comissão constituiu e designou um "Grupo de Peritos do Direito Societário" ("High Level Group of Company Law Experts"), presidido por Jaap Winter, a quem incumbiu da tarefa de produzir recomendações destinadas a permitir criar um novo quadro regulatório para o direito societário europeu. Com base no relatório final deste grupo[14], a Comissão elaborou o seu *"Plano de Acção de Modernização do Direito das Sociedades"* em 2003[15], que veio a ser posteriormente objecto de revisões e desenvolvimentos[16]: parafraseando Rolf Skog, dir-se-ia que a caravela da União Europeia, na sua travessia pelos mares do direito societário, "ganhou novos ventos nas suas velas"[17]. De entre outras várias sequelas, tal Plano de Acção veio tornar claro que a intervenção regulatória europeia deixou de ter por objectivo central a harmonização das legislações societárias dos Estados membros – tendo a directiva, por conseguinte, perdido

[13] WOUTERS, Jan, *op. cit.* (nota anterior), 275.

[14] *Report of the High Level Group of Company Law Experts on a Modern Regulatory Framework for Company Law in Europe*, Bruxelas, 4 de Novembro de 2002.

[15] *Modernizar o Direito das Sociedades e Reforçar o Governo das Sociedades na União Europeia – Uma Estratégia para o Futuro*, Comunicação da Comissão ao Conselho e ao Parlamento, de 21 de Maio de 2003 (COM (2003) 284 final). Para uma descrição e análise das linhas mestras deste plano de acção, vide na literatura portuguesa SILVA, J. Soares, *O "Action Plan" da Comissão Europeia e o Contexto da "Corporate Governance"*, 75 e segs., in: 18 "Cadernos do Mercado dos Valores Mobiliários" (2004), 72-80.

[16] BAUMS, Theodor, *European Company Law Beyond the Action Plan*, in: 8 "European Organization Law Review" (2007), 143-160. Cf. ainda *Análise Estratégica do Programa «Legislar Melhor» na União Europeia*, Comunicação da Comissão ao Conselho e ao Parlamento, de 14 de Novembro de 2006 (COM (2006) 689 final) e *Sobre um Ambiente Simplificado para as Empresas das Áreas do Direito das Sociedades Comerciais, da Contabilidade e da Auditoria*, Comunicação da Comissão ao Conselho e ao Parlamento, de 10 de Julho de 2007 (COM (2007) 384 final).

[17] *Harmoniseringen af bolagsrätten indom EU – fortfarende vind i seglen?*, in: 3 "Nordisk Tidsskrift for Selskabsret" (2007), 66-83.

a sua tradicional primazia ou protagonismo. Ao invés, o tempo parece ser antes o de uma estratégia de convergência regulatória e de desenvolvimento de novas e alternativas ferramentas: ora, desta perspectiva, merece ser enfatizado que a elaboração de uma lei-modelo societária apresenta-se perfeitamente em linha com a visão expressa pela Comissão Europeia.

3. *Unidade do mercado "versus" pluralidade de legislações*

Do atrás exposto, resulta já que os Estados membros da União Europeia dispõem hoje de uma considerável *margem de liberdade legislativa* no domínio do Direito das Sociedades: no essencial, tal liberdade ou margem de manobra apenas sofre limitações em determinados sectores ou tópicos jussocietários, por via da jurisprudência do Tribunal de Justiça Europeu e da harmonização imposta pelas Directivas.

O significado e alcance deste espaço de liberdade são, todavia, algo ambivalentes. Por uma banda, a margem de manobra dos legisladores nacionais deve ser protegida e conservada, atentos os consabidos inconvenientes de um direito substantivo harmonizado por uma autoridade central[18] e as vantagens de iniciativas legislativas descentralizadas e mutuamente concorrentes[19]. Por outra banda, não se podem escamotear os prejuízos que o abandono total de uma harmonização centralizada é susceptível de acarretar: primeiro, a padronização das normas jurídicas elimina os custos económicos que sempre decorrem da necessidade de obtenção de informação e adaptação a sistemas legislativos diferentes[20]; segundo, a "concorrência regulatória" interestadual, se bem que habitualmente favorável aos interesses dos investidores e gestores societários, nem sempre conduz aos melhores resultados do ponto de vista das demais terceiras partes interessadas[21]; terceiro, a legislação promulgada por uma autoridade central supranacional permite ultrapassar as forças de resistência à reforma por vezes detectadas ao nível interno dos Estados membros[22].

[18] Cf. *supra* nota 5.

[19] Cf. *supra* nota 4.

[20] Vide KITCH, Edmund, *Business Organization Law: State or Federal? – An Inquiry into the Allocation of Political Competence in Relation to Issues of Business Organization Law in a Federal System*, 40 e seg., in: Buxbaum, Richard/Herting, Gérard/Hirsch, Alain/Hopt, Klaus (eds.), "European Business Law – Legal and Economic Analyses on Integration and Harmonization", 35-50, De Gruyter, Berlin/New York, 1991.

[21] Sobre este aspecto, vide ainda as referências e bibliografia *supra* nota 4.

[22] Nem sempre tais prejuízos serão evidentes. Por exemplo, não é possível asseverar com abso-

Como quer que seja, seguro parece afirmar que existirá sempre uma certa *tensão ou conflito* entre o objectivo geral de criação de um mercado interno comum e a permanente subsistência de diferentes ordens jussocietárias internas – tensão essa que acarretará sempre, por natureza, simultaneamente vantagens e desvantagens. A interrogação que se coloca é então a seguinte: será que uma lei-modelo societária de carácter unitário mas voluntário – tal como aquela que corresponde ao projecto de um "European Model Company Act" (EMCA) – será susceptível de, a um tempo, preservar as vantagens da criatividade e flexibilidade de sistemas legislativos descentralizados e assegurar as principais vantagens próprias da harmonização centralizada? A tal questão se procurará responder nas próximas linhas.

4. *Características e funções de um EMCA*

O primeiro aspecto a reter é que o projectado "European Model Company Act" (EMCA) não corresponde a uma iniciativa dos órgãos da União Europeia ou a instrumento regulatório europeu, no sentido estrito ou tradicional da expressão: nem os Estados membros seriam obrigados a receber tal lei-modelo nas respectivas ordens jurídicas internas por intermédio de um Regulamento ou Directiva, nem se trataria da criação de uma nova forma organizativa transnacional a somar às já existentes. Neste particular, importa, pois, desde logo, desfazer eventuais equívocos terminológicos: no contexto da expressão "Lei-Modelo Europeia das Sociedades", o acento tónico deve ser colocado, não na "Lei", mas sim no *"Modelo"*[23]. Por outras palavras, o projecto

luta certeza que a referida "concorrência regulatória" recentemente instalada entre as legislações societárias no seio da União Europeia tenha sido fonte de lesões para terceiros a ponto de justificar ou tornar imperativa a criação pontual de regras societárias harmonizadas nos vários domínios em confronto. Com efeito, não se pode perder de vista que é da própria essência do fenómeno da concorrência entre ordens jurídicas sujeitar ao jogo da oferta e procura as especialidades normativas autóctones – por uns vistas como obstáculos à reforma, por outros como oportunidades desejáveis –, antes que propriamente eliminar ou perpetuar tais especialidades ou particularismos, mormente mediante a promulgação centralizada de normas.

[23] As chamadas *"leis-modelo"* (também denominadas "leis-tipo") são modelos normativos ou regulatórios que visam servir de base voluntária à uniformização ou harmonização das legislações nacionais em certos sectores ou para certas instituições da ordem jurídica, sendo especialmente relevantes no domínio do Direito Comercial (sobre o ponto, ANTUNES, J. Engrácia, *Direito Comercial,* em curso de publicação). Um bom exemplo são as leis-modelo elaboradas pela "Comissão das Nações Unidas para o Direito do Comércio Internacional" (CNUDCI), v.g., lei-modelo sobre

em apreço visa simplesmente oferecer um modelo regulatório alternativo que os Estados membros serão livres de adoptar ou não: o seu objectivo central é assim o de propor ou recomendar um conjunto de normas jurídico-societárias que possam ser facilmente acolhidas nas diferentes ordens jurídicas nacionais sem que tal implique, do mesmo passo, remissões para estas últimas. Para atingir tal desiderato, o modelo oferecido dever-se-á consubstanciar fundamentalmente em regras uniformes assentes e compatíveis com as tradições jurídicas comuns dos Estados membros e o "acquis" comunitário, sem renunciar a contribuir para a modernização e o aperfeiçoamento das regras vigentes mediante o acolhimento das melhores práticas societárias e da experiência das mais sucedidas legislações nacionais. Além disso, como se referiu, semelhante projecto deveria ainda deixar à livre escolha de cada Estado membro a adopção da referida lei-modelo, por forma a permitir acomodar eventuais especificidades nacionais ou locais, bem como deixar aos potenciais fundadores sociais um máximo de flexibilidade na estruturação da sua respectiva empresa societária.

Por outro lado, é sabido que qualquer reforma das leis societárias vigentes deverá sempre ser precedida de uma cuidadosa análise e reflexão de direito comparado[24]. Sucede, contudo, que tais análises comparativas são frequentemente circunscritas às jurisdições nacionais economicamente mais representativas, sendo destarte realizadas de modo mais ou menos perfunctório. O grupo de trabalho responsável pela elaboração de um EMCA, assegurando o envolvimento de um perito nacional representativo de cada um dos 27 Estados membros[25], propõe-se justamente incorporar a experiência de todos os quadrantes e tradições jurídicas da União Europeia nos seus trabalhos preparatórios, redigindo um modelo regulatório assente numa reflexão exaustiva de direito comparado. Tal metodologia poderá revelar-se útil, não apenas para os pequenos Estados membros (que dispõem de menos recursos para tais refle-

arbitragem comercial internacional de 1985, sobre transferência de créditos internacionais de 1992, sobre comércio electrónico de 1996, sobre a insolvência transfronteiriça de 1997, e sobre assinaturas electrónicas de 2002 (cf. HERRMANN, Gerold, *The Contribution of UNCITRAL to the Development of International Trade Law*, in: Horn, Nobert Schmitthoff, Clive (ed.), "The Transnational Law of International Commercial Transactions", vol. II, 35-50 Kluwer, Antwerp, 1983).

[24] Sobre o objecto e funções do direito comparado, vide em geral ALMEIDA, C. Ferreira, *Introdução ao Direito Comparado*, 9 e segs., 15 e segs., 2.ª edição, Almedina, Coimbra, 1998; DUARTE, R. Pinto, *Uma Introdução ao Direito Comparado,* in: 138 "O Direito" (2006), 769-792. Sobre a sua relevância no domínio específico do direito europeu, vide DAIG, Hans-Wolfram, *Zur Rechtsvergleichung und Methodenlehre im Europäischen Gemeinschaftsrecht*, in: "Festschrift für Konrad Zweigert", 395--415, Mohr, Tübingen, 1981; e no domínio do direito societário (mesocomparação), vide *infra* III.

[25] Cf. *infra* IV, 2.

xões e reformas jurídicas), mas mesmo da perspectiva dos maiores Estados membros, cujos legisladores se verão agora obrigados a estribar em argumentações sólidas qualquer invocação de eventuais particularismos nacionais ou desvios ao "benchmark" europeu decorrente de uma tal lei-modelo.

Enfim, como já foi atrás sugerido, o desenvolvimento de uma lei-modelo societária enquadra-se perfeitamente no programa de acção legislativa e regulatória em curso da Comissão Europeia. Dum lado, a Comissão leva a cabo actualmente uma reflexão crítica sobre as normas jurídicas em matéria societária com vista à sua eventual simplificação e desregulação, onde possível e necessário[26]: ora, neste plano, uma lei-modelo, que substituísse os comandos imperativos de uma directiva ou um regulamento pelos comandos voluntários de uma recomendação fundamentada dirigida aos Estados membros, poderia revelar-se uma alternativa real aos presentes instrumentos regulatórios. Doutro lado, ao promover a criação de formas jurídicas de organização empresarial genuinamente europeias (SE, SCE, AEIE, e, provavelmente, a "EPC"), a Comissão propôs-se enriquecer o naipe de opções disponíveis para os operadores do mercado: razão pela qual, também deste ângulo, aquela autoridade europeia não poderá deixar de ver com bons olhos as tentativas de desenvolvimento de uma nova forma societária "modelo" que, construída na base de um exaustivo trabalho preparatório comparatista, seja susceptível de existir e funcionar de modo praticamente independente das diversas legislações nacionais (ao invés das formas societárias supranacionais existentes, as quais, como vimos, pressupõem frequentemente remissões para aquelas legislações).

III – **As leis-modelo societárias nos Estados Unidos da América**

Tornou-se frequente e até praticamente incontornável a referência aos trabalhos da "National Conference of Commissioners on Uniform State Laws" (NCCUSL) nos inícios do séc. XX, nos Estados Unidos da América[27], e à ela-

[26] Cf. *supra* II, 2. Vide ainda BAUMS, Theodor, *op. cit.* (nota 16) e WEBER-REY, Daniela, *Effects of the Better Regulation Approach on European Company Law and Corporate Governance*, 374 e segs., in: 7 "European Company and Financial Law Review" (2007), 370-416.

[27] Sobre o ponto, para uma visão geral, confronte-se ZWEIGERT, Konrad/KÖTZ, Hein, *An Introduction to Comparative Law*, § 17, III, 3rd ed., Clarendon Press, Oxford, 1998; entre nós, cf. a referência de ALMEIDA, C. Ferreira, *op. cit.* (nota 24), 127. Especificamente no domínio jurídico-societário, vide ROMANO, Roberta, *The Genius of American Corporate Law*, 128 e segs., American Enterprise Institute Press, Washington, 1993; HEIN, J. von, *Competitive Company Law: Comparisons with the USA*, in: Bernitz, Ulf (ed.), *op. cit.* (nota 1), 25 e segs.

boração do "Allgemeine Deutsche Handelsgesetzbuch" (ADGHB) ainda em pleno séc. XIX[28], como ilustrações lídimas da uniformização do direito comercial e societário decorrente de recomendações normativas centralizadas, não obstante o poder legislativo permaneça descentralizado em estados individuais ou federados. Para os presentes efeitos, bastará uma breve descrição da experiência norte-americana[29] – que o grupo de trabalho do EMCA se propõe aproveitar no seu actual empreendimento mediante a convocação ao seio dos trabalhos, na qualidade de consultor, de um perito americano que participou na feitura de leis-modelo em matéria societária.

Os primeiros ensaios tendentes à aproximação e unificação normativa do direito societário dos diversos estados norte-americanos datam dos anos 20. Com efeito, o "Uniform Business Corporation Act" (UBCA) foi concluído pela "National Conference of Commissioners on Uniform State Laws" em 1928, tendo sido concebido como uma verdadeira lei uniforme aplicável a todas as sociedades de capitais ("corporations") e também uniformemente adoptada por todos os estados americanos. Considerando que o UBCA não veio a ter grande sucesso (tendo sido promulgado apenas por alguns pequenos estados, tais como Louisiana, Kentucky e Washington), a NCCUSL decidiu alterar a natureza da referida lei societária uniforme para a modalidade mais flexível de "lei-modelo" ("model act"), embora esta circunstância não tenha alterado substancialmente a sorte do UBCA, que viria a ser revogado e abandonado em 1958.

Paralelamente a estas vicissitudes, e durante o mesmo período, a "American Bar Association" (ABA) tomou a iniciativa autónoma de desenvolver e redigir um "Model Business Corporation Act" (MBCA), cuja versão originária data de 1946: a dinâmica deste projecto independente acabou por ultrapassar e absorver o projecto da NCCUSL, que, desde então, passou a ser liderado pela ABA, mais concretamente pelo "Committee on Corporate Laws" da sua secção responsável pelo direito societário, bancário e empresarial[30]. Em contraste com o UBCA, o MBCA granjeou um enorme sucesso e foi adoptado

[28] Cf. recentemente PAHLOW, Louis, *Aktienrecht und Aktiengesellschaft zwischen Revolution und Reichsgründung. Das Allgemeine Deutsche Handelsgesetzbuch von 1861*, in: Bayer, Walter/Habersack, Matthias (Hrsg.), "Gesellschaftsrecht im Wandel", Bd. I ("Entwicklung des Aktienrechts"), 237--286, Mohr, Tübingen, 2007.

[29] Para maiores desenvolvimentos, pelo punho autorizado do seu relator, vide HAMILTON, Robert W., *The Revised Model Business Corporation Act: Comment and Observation. Reflections of a Reporter*, in: 63 "Texas Law Review" (1985), 1455-1470. Cf. também MERKT, Hanno/GÖTHEL, Stephan, *US-amerikanisches Gesellschaftsrecht*, 170 e segs., 2. Aufl., RiW, Heidelberg, 2006.

[30] Cf. HAMILTON, Robert W., *op. cit.* (nota anterior), 1457.

pela maioria dos estados norte-americanos, constituindo ainda um importante repositório dogmático e doutrinal em matéria societária para legisladores e tribunais[31]. Esta lei-modelo foi revista em 1984, sendo publicada debaixo da designação "Revised Model Business Corporation Act" (RMBCA)[32]: tal lei é, desde então, revista todos os anos, sendo as propostas de revisão submetidas a escrutínio público no jornal oficial da ABA ("The Business Lawyer").

A forma organizativa básica que subjaz ao RMBCA é a sociedade anónima aberta ("publicly held corporation")[33]. Desde os inícios dos anos 90, todavia, a forma da "limited liability company" (LLC) começou a impor-se na paisagem jurídico-societária americana, fruto das pressões dos pequenos empresários, de tal forma que quase todos os 50 estados norte-americanos reconhecem este tipo social: relembre-se que a NCCUSL publicou em 1995 o "Uniform Limited Liability Company Act", o qual viria a ser revisto em 2006[34].

Por fim, refira-se ainda que o "American Law Institute" elaborou os conhecidos "Principles of Corporate Governance", dados à estampa pela primeira vez em 1984, os quais revestem uma grande importância para o direito das sociedades[35]. Tais Princípios, todavia, não consubstanciam propriamente recomendações normativas aos estados federados, constituindo antes repositórios ("restatements") da melhor jurisprudência e doutrina no domínio jurídico-societário, visando assim condensar as melhores práticas para accionistas e administradores sob a forma de "soft law".

[31] Existem levantamentos estatísticos que comprovam a influência notável que o MBCA exerceu, não apenas sobre as legislações dos estados norte-americanos, mas igualmente sobre as decisões dos seus tribunais (Booth, Richard A., *A Chronology of the Evolution of the MBCA*, 63, in: 56 "The Business Lawyer" (2000), 63-65), bem como dão conta das suas recorrentíssimas citações e debates em numerosos estudos publicados em revistas de direito (Barnett, Julie//Manalo, Noel/Pickett, Kristin/Siri, Michael/Smith, Michael/Webb, Wendy, *The MBCA and State Corporation Law – A Tabular Comparison of Selected Financial Provisions*, in: 56 "The Business Lawyer" (2000), 69-76). Retenha-se ainda que, nas Escolas de Direito dos Estados Unidos da América, os cursos de direito societário são usualmente baseados no MBCA, frequentemente em combinação com a lei societária do Estado de Delaware.

[32] Tal versão encontra-se republicada em Eisenberg, M. Aron (ed.), *Corporations and Other Business Associations. Statutes, Rules, Materials, and Forms*, 677 e segs., Foundation Press, New York, 2007.

[33] Além disso, a título complementar, o RMBCA é ainda acompanhado por um "Model Statutory Close Corporation Supplement", que foi pela primeira vez publicado em 1982.

[34] Texto republicado em Eisenberg, M. Aron, *op. cit.* (nota 32), 418 e segs.

[35] American Law Institute, *Principles of Corporate Governance: Analysis and Recommendations*, 2 volumes, 1994.

IV – O projecto de um EMCA: aspectos propedêuticos

1. *O conteúdo de um EMCA*

O projecto de um EMCA terá por objecto central as *sociedades anónimas* ("public companies limited by shares", "Aktiengesellschaften", "sociétés anonymes", "società per azioni", etc.), incluindo as sociedades anónimas fechadas e abertas, bem assim como as *sociedades por quotas* ("private limited companies", "Gesellschaften mit beschränkter Haftung", "sociétés à responsabilité limitée", "società a responsabilità limitata", etc.).

Por outro lado, questão relevante é a relativa àquelas áreas ou temáticas jurídico-societárias que já foram objecto de harmonização obrigatória através de Directivas, tais como, por exemplo, as relativas ao capital social, sua constituição e conservação, ou à publicidade. Considerando que aos legisladores nacionais não é permitido afastar-se dessa harmonização em vigor, a posição de princípio do grupo de trabalho consistirá em respeitar esse "acquis communautaire", ressalvados porventura aqueles tópicos que persistam em aberto ou estejam em curso de reforma ao nível europeu, e relativamente aos quais, por conseguinte, subsista uma possibilidade concreta dos Estados membros perfilharam as soluções eventualmente divergentes propostas por um EMCA.

Tenha-se ainda em conta que o conjunto ou acervo normativo comummente apelidado "Direito das Sociedades" ("Company Law", "Gesellschaftsrecht", "Droit des Sociétés", "Diritto delle Società") é definido e delimitado de forma algo diversa nos diferentes Estados membros da União Europeia. Com efeito, uma série de normas legais procedentes de sectores tão distintos quanto o direito civil, o direito processual civil, o direito da insolvência, o direito do mercado de capitais, ou o direito internacional privado, poderiam ser de facto consideradas simultaneamente, segundo uma perspectiva puramente funcional, como parcela integrante do Direito Societário. Decerto que uma linha de fronteira convincente entre este ramo jurídico e as referidas áreas de sobreposição com outros sectores da ordem jurídica apenas poderá ser traçada na base do debate das diferentes "questões-de-facto" concretas, da apreciação das soluções de direito propostas pelos vários Estados membros para tais questões, e das recomendações próprias que vierem porventura a ser formuladas pelo grupo de trabalho do EMCA – independentemente da qualificação da natureza jurídica das concretas normas legais em apreço, ou seja, da circunstância de uma concreta norma legal ser porventura qualificada como de direito societário numa determinada legislação nacional e como de direito insolvencial ou do mercado de capitais noutra.

Uma metodologia algo similar se afigura justificada no âmbito de matérias tão relevantes e sensíveis quanto a regulação jurídica dos grupos de sociedades[36] e a co-participação dos trabalhadores no governo societário[37]. A formulação de recomendações normativas específicas em matérias tais como o controlo intersocietário, a informação no seio dos grupos de sociedades, a responsabilidade das sociedades-mãe ou da respectiva administração, ou outras semelhantes, não deverá arrancar de qualquer posição apriorística geral, devendo ser analisadas e decididas caso a caso, sendo ainda desejável assegurar, a título meramente opcional, a viabilidade de algumas figuras autóctones específicas que adquiriram relevo na lei e na "praxis" de alguns Estados membros (v.g., o contrato de dominação germânico[38]). Do mesmo modo, afigura-se justificado preservar, também a título opcional, a divisão entre órgãos de administração e de supervisão e a possibilidade de os representantes dos trabalhadores terem assento nos órgãos sociais, a pensar naqueles Estados membros que possuem actualmente (ou naqueles outros que possam no futuro vir a manifestar interesse em possuir) estruturas dualistas de governo social ou uma tradição de co-determinação laboral. Tal não exclui, naturalmente, a possibilidade de virem a ser formuladas recomendações nestes domínios temáticos, tal como, por exemplo, no respeitante à dimensão do órgão de administração ou do órgão de supervisão.

[36] Tal regulação estaria também em linha com o pensamento actual da Comissão Europeia. É certo que o projecto de uma 9.ª Directiva sobre grupos de sociedades parece ter sido definitivamente abandonado (sobre tal projecto, vide VENTURA, Raúl, *Grupos de Sociedades – Uma Introdução Comparativa a Propósito de um Projecto Preliminar de Directiva da CEE*, in: 41 "Revista da Ordem dos Advogados" (1981), 23-81 e 305-362). Não obstante, a Comissão continua a entender ser necessária a intervenção regulatória neste domínio em três áreas concretas (informação, política de grupo e pirâmides): cf. *Modernizar o Direito das Sociedades e Reforçar o Governo das Sociedades na União Europeia – Uma Estratégia para o Futuro*, ponto 3.3., COM (2003) 284. Sobre as estratégias regulatórias globais e parciais em sede de grupos societários, vide ANTUNES, J. Engrácia, *Os Grupos de Sociedades – Estrutura e Organização Jurídica da Empresa Plurissocietária*, 165 e segs., 2.ª edição, Almedina, Coimbra, 2002.

[37] No plano pretérito, merece saliência a proposta de uma 5.ª Directiva sobre a estrutura orgânica das sociedades anónimas (cuja primeira versão foi publicada no Jornal Oficial de 13 de Dezembro de 1972), que jamais veio a ser aprovada. Para uma versão posterior desta Directiva, vide CORDEIRO, A. Menezes, *op. cit.* (nota 3), 680 e segs.

[38] Sobre este contrato, progenitor e equivalente do contrato de subordinação previsto no artigo 493.° do Código das Sociedades Comerciais português, vide ANTUNES, J. Engrácia, *op. cit.* (nota 36), 611 e segs.

2. *O grupo de trabalho do EMCA*

O grupo de trabalho responsável pelo projecto "EMCA" será constituído por juristas especialistas do Direito das Sociedades de toda a União Europeia, propondo-se integrar um perito nacional em representação de cada um dos 27 Estados membros: em Março de 2008, este grupo integrava Theodor Baums (Alemanha); Susanne Kalss (Áustria); Hans De Wulf (Bélgica); Waltschin Daslalov (Bulgária); Paul Krüger Andersen (Dinamarca); Juan Sánchez-Calero (Espanha); Matti Sillanpää (Finlândia); Isabelle Urbain-Parleani (França); Evanghelos Perakis (Grécia); Harm-Jan De Kluiver (Holanda); András Kisfaludi (Hungria); Blanaid Clarke (Irlanda); Guido Ferrarini (Itália); André Prüm (Luxemburgo); Stanislaw Soltysinski (Polónia); José Engrácia Antunes (Portugal); Jarmila Porkoná (República Checa); Maria Patakyova (República Eslovaca); Rolf Skog (Suécia); e Andres Vutt (Estonia).[39]

O grupo de trabalho é presidido pelo Professor Paul Krüger Andersen, da Escola de Gestão da Universidade de Aarhus (Dinamarca), tendo como secretária a Professora Hanne Søndergård Birkmose, propondo-se reunir plenariamente duas a três vezes por ano. Este grupo terá ainda a participação de um dos autores do MBCA congénere norte-americano (Ronald Gibson), podendo ainda integrar e contar com a colaboração pontual de outros peritos em tópicos específicos. Aspecto que merece igualmente ser salientado é o de que o projecto do EMCA é um projecto independente dos órgãos da União Europeia, tanto institucional como financeiramente: apesar dessa autonomia, o grupo de trabalho do EMCA e a Comissão Europeia comprometeram-se reciprocamente a uma troca regular de informações, podendo ainda a Comissão acompanhar as reuniões de trabalho do grupo através de um representante próprio.

3. *O plano preliminar de trabalhos*

Como se afigura curial, os trabalhos de preparação e de redacção de um EMCA serão desenvolvidos numa série de etapas, que corresponderão "grosso modo" às várias partes ou capítulos dessa mesma lei-modelo. Os trabalhos relativos a cada uma dessas partes ou capítulos serão precedidos pela elaboração,

[39] Neste momento, encontra-se em curso o processo de designação dos peritos representantes do Chipre, Eslovénia, Letónia, Lituânia, Malta e Roménia.

por parte de cada um dos membros do grupo, de um relatório nacional. Posteriormente, o relator geral da concreta parte ou capítulo em questão, escolhido entre os membros, procederá à análise dos relatórios nacionais e à redacção de um relatório de síntese, onde serão formuladas propostas de solução e recomendações, que serão posteriormente debatidas, complementadas e eventualmente aprovadas pelo plenário dos membros. O conjunto das normas legais integrantes de cada parte ou capítulo do EMCA, acompanhados de um comentário explicativo e de remissões para as normas nacionais correspondentes, serão finalmente objecto de divulgação pública por forma a permitir o envolvimento e participação de toda a comunidade académica, jurídica e empresarial no seu próprio processo de desenvolvimento.

Os trabalhos já tiveram o seu início, encontrando-se actualmente em curso a preparação do capítulo relativo à constituição de sociedades, a que se seguiu já, quase em paralelo, o capítulo fundamental dos "deveres dos administradores" – cuja elaboração e redacção constitui um verdadeiro teste à capacidade do grupo de trabalho encontrar posições comuns nesta nodal mas também até agora pouco harmonizada temática do direito societário moderno, e, assim também, um teste ao próprio sucesso futuro do EMCA. São muitas as dificuldades que decerto esperam o grupo de trabalho agora constituído, as quais de modo algum devem ser escamoteadas e muito menos esquecidas. É firme convicção dos seus membros, todavia, que tais dificuldades serão ultrapassadas, que o projecto do EMCA será levado a bom termo, e que uma tal lei-modelo contribuirá para a competitividade das empresas e do mercado europeu.

Das prestações complementares da segurança social convencionadas antes do Decreto-Lei n.° 887/76, de 29 de Dezembro

PROF. DOUTOR ANTÓNIO MENEZES CORDEIRO

I – **Introdução**

1. ***O problema***

I. O Decreto-Lei n.° 49 212, de 28 de Agosto de 1969, que estabeleceu o último regime das convenções colectivas de trabalho do Estado Novo, postulava que as mesmas abrangessem cláusulas sobre previdência e abono de família (11.°, X). Nessa linha, diversos instrumentos laborais de regulamentação colectiva vieram consignar esquemas assistenciais. O Decreto-Lei n.° 164-A/76, de 28 de Fevereiro, fixou um novo regime, revogando o anterior. Nada disse, expressamente, sobre segurança social, entendendo-se que se mantinha o regime permissivo anterior.

II. O agravamento da situação das empresas levou o legislador a intervir. O Decreto-Lei n.° 887/76, de 29 de Dezembro, veio alterar o Decreto-Lei n.° 164-A/76, no sentido de proibir, às convenções colectivas, "estabelecer e regular benefícios complementares dos assegurados pelas instituições de previdência" – novo artigo 4.°/1, *e*).

A proibição estabelecida passou ao Decreto-Lei n.° 519-C1/79, de 29 de Dezembro. Manteve-se em vigor até à sua revogação pelo Código do Trabalho de 2003 – 21.°/1, *g*), da Lei n.° 99/2003, de 27 de Agosto – Código esse que aliviou a proibição em causa – 553.°/2 – dando-lhe uma diversa feição.

III. Mais de trinta anos passados sobre a proibição de 1976, ainda subsistem cláusulas de instrumentos colectivos de regulação laboral que fixam, a cargo das empresas, diversas prestações de conteúdo assistencial. Muitas das empresas assim oneradas já não correspondem às entidades de origem; todavia, encabeçam os encargos, através de jogos de sucessões.

2. *Objecto e programa*

I. O presente estudo visa delucidar as situações em causa, esclarecendo o nascimento, a evolução e a subsistência de eventuais cláusulas assistenciais de convenções colectivas, surgidas antes dos finais de 1976. O seu (hipotético) âmbito de aplicação, objectivo e subjectivo, exige uma especial atenção.

II. A pesquisa é sedutora. Ela irá obrigar a reconstruir a evolução do Direito colectivo do trabalho nacional desde a sua origem, com uma atenção especial ao período conturbado de 1974/1979. Além disso, ela levar-nos-á a seguir a evolução da segurança social, fixando os seus grandes vectores na actualidade. As próprias cláusulas assistenciais têm, ou podem ter, uma dinâmica, que obrigará a segui-las, ao longo de toda uma evolução legislativa, nas zonas sensíveis do Direito do trabalho e do Direito da segurança social.

III. A sequência será ordenada em três capítulos:

– a segurança social: aspectos da sua evolução;
– as alterações de circunstâncias;
– as cláusulas assistenciais e os direitos adquiridos.

Em estudos anteriores, temos analisado alguns aspectos sectoriais da temática envolvida[1]. Vamos, desta feita, procurar o seu enquadramento sistemático, com vista a uma construção global.

A terminar, serão apresentadas breves conclusões.

II – **A contratação colectiva até 2003**

3. *As origens*

I. O aparecimento, em Portugal, de convenções colectivas do trabalho, terá ocorrido no início do século XX. Não é todavia possível proceder à sua datação exacta[2].

As primeiras referências que se encontram sobre o fenómeno são de natureza doutrinária. Cunha Gonçalves, em 1905, afirma, quanto ao contrato colectivo, que

> (...) não entrou elle ainda nos hábitos do nosso operariado (...)[3],

à semelhança do que sucederia noutros países pouco desenvolvidos. Ruy Ulrich, em 1906, faz uma defesa teórica das vantagens do "contrato colectivo"

[1] Assim, todos de nossa autoria, *Dos conflitos temporais de instrumentos de regulamentação colectiva de trabalho*, em *Estudos em Memória do Professor Doutor João de Castro Mendes* (1994), 457-473 e, com alterações, nos *Cadernos O Direito* 1 (2007), 37-56; *Da adaptação às circunstâncias das prestações complementares da segurança social*, em Jornadas de Homenagem ao Professor Doutor Cavaleiro de Ferreira (1995), 305-321; *Convenções colectivas de trabalho e alterações de circunstâncias* (1995); *Convenções colectivas de trabalho e Direito transitório: com exemplo no regime da reforma no sector bancário*, nos *Estudos em Honra do Prof. Doutor José de Oliveira Ascensão*, 2.° vol. (2008), 1489-1511.

[2] M. Tavares da Silva, *Direito do trabalho* (1964), 408 e 411, afirma que não há indicações precisas sobre a contratação colectiva antes de 1933; Bernardo Xavier, *Convenção colectiva de trabalho,* Enc. Pólis 1 (1983), 1303-1311 (1305), escreve, por seu turno:

> Parece, contudo, que se celebraram os primeiros contratos colectivos após o reconhecimento do direito à greve.

[3] Cunha Gonçalves, *A evolução do movimento operário em Portugal* (1905), 95.

que liga expressamente à evolução das associações operárias, apontando-o como uma fonte de progresso jurídico-laboral[4].

II. Não obstante estas referências, o influxo das convenções colectivas, em Portugal, até ao período corporativo, terá sido escasso. O preâmbulo do Decreto n.° 10.415, de 27 de Dezembro de 1924 – diploma que veio reconhecer as uniões e federações das associações de classe, dispensando-as mesmo da aprovação prévia criticando o anterior Decreto de 9 de Maio de 1891, sobre associações de classe – afirma que o mesmo não faz referência aos contratos colectivos de trabalho, que seriam então "quase desconhecidos".

Os contratos colectivos eram apresentados como "um dos melhores meios de os sindicatos e federações cumprirem a sua finalidade"[5]. No articulado, limitava-se, porém, a dispor:

> Artigo 3.° As federações ou uniões, desde que estejam devidamente registadas, têm individualidade jurídica para todos os efeitos legais, designadamente para celebrar contratos colectivos de trabalho.

III. Pode, assim, concluir-se que, antes do período corporativo, a temática das convenções colectivas de trabalho foi impulsionada pela doutrina universitária; não havendo regulação legal, elas poderiam ter-se desenvolvido livremente, tal como sucedeu noutros espaços jurídicos, dentro dos esquemas da autonomia privada, o que não terá sucedido por insuficiências económicas e culturais gerais; no final do período, chegou-se a uma pequena referência legislativa.

4. *O período corporativo (1.ª fase)*

I. No período corporativo, o Estado, porventura por osmose com experiências estrangeiras, prestou uma atenção mais directa ao problema das convenções colectivas de trabalho.

O *Estatuto do Trabalho Nacional,* aprovado pelo Decreto-Lei n.° 23.048, de 23 de Setembro de 1933, e considerado, na altura, como complementar da própria Constituição, veio dispor:

[4] Ruy Ulrich, *Legislação operária portugueza* (1906), 440 ss.; diz este Autor, ob. cit., 442:

> Como se vê, na organização collectiva operaria tudo se liga ao contracto collectivo. E a explicação é simples: é porque esse contracto, como toda a organização collectiva do trabalho, surge e impõe-se como producto natural da organização industrial moderna.

[5] *Diário do Governo* de 27-Dez.-1924 (1893); cf. M. Tavares da Silva, *Direito do Trabalho* cit., 407.

> Artigo 32.° Os sindicatos nacionais e os grémios ajustam entre si contratos colectivos de trabalho destinados a regular as relações entre as respectivas categorias de patrões e de trabalhadores. O contrato colectivo de trabalho consubstancia a solidariedade dos vários factores de cada ramo das actividades económicas, subordinando os interesses parciais às conveniências superiores da economia nacional.
>
> Artigo 33.° Os contratos colectivos de trabalho, uma vez sancionados pelos organismos corporativos superiores aprovados pelo Governo obrigam os patrões e trabalhadores da mesma indústria, comércio ou profissão, quer estejam ou não inscritos nos grémios e sindicatos nacionais respectivos[6].

Estes preceitos postulariam, talvez, um desenvolvimento prático da figura nos anos imediatamente anteriores, embora isso não se encontre comprovado.

II. A Lei n.° 1.952, de 21 de Março de 1937, que aprovou o primeiro regime do contrato de trabalho, compreendia normas sobre o contrato colectivo. O artigo 2.° referia que as cláusulas e condições do contrato de trabalho podem constar de contratos individuais e de contratos colectivos: por seu turno, o artigo 3.°, dispunha:

> Os contratos ou acordos colectivos de trabalho, acompanhados do despacho da sua aprovação pelo Subsecretário de Estado das Corporações e Previdência Social, serão publicados no *Boletim do Instituto Nacional do Trabalho e Previdência* (...).

Assiste-se, pois, a uma clara preocupação de interferência estadual, acompanhada de um modesto desenvolvimento da matéria.

III. Uma curta progressão posterior, e a escassa regulação legislativa levaria, de seguida, a um despacho do Subsecretário de Estado das Corporações e Previdência, de 9 de Fevereiro de 1942[7], que veio "... fixar doutrina quanto à classificação dos actos jurídicos através dos quais se realiza a regulamentação corporativa das relações económico-sociais"; aí se incluíam os contratos e os acordos colectivos, devidamente definidos[8].

[6] O artigo 340.° do ETN dispunha, também, sobre contratos colectivos, determinando o seu conteúdo obrigatório.

[7] BINTP IX (1942), 3, 51-52.

[8] Segundo o texto aprovado por esse despacho, as convenções colectivas de trabalho eram – *Despacho* cit., I, a)

> (...) actos jurídicos celebrados entre dois ou mais organismos corporativos (*contratos colectivos*), ou entre um ou mais organismos e uma ou várias empresas ou entidades (*acordos colec-*

A doutrina nacional intentou, no início, recuperar o problema para o domínio do Direito privado[9]. Cedo se lhe contrapuseram tentativas publicísticas que, no fundo, tendiam para a inclusão dos contratos colectivos numa hierarquia rígida de fontes, em consonância com uma afirmada estruturação corporativa.

5. *O período corporativo (2.ª fase)*

I. O interesse da doutrina levaria a uma nova fase, no tocante às relações colectivas de trabalho, no período corporativo. Ocorreu, na altura, uma interessante contraposição, que passamos a relatar.

Raúl Ventura, fazendo apelo ao instituto da representação, considera os contratos colectivos como contratos privados em sentido próprio[10].

Motta Veiga propõe um esquema geral de evolução do sistema das convenções colectivas, em direcção ao Direito público[11], na base das três fases seguintes:

1.ª a *convenção colectiva livre,* na qual o Estado se abstém de intervir; os seus efeitos seriam restritos às entidades que, directamente ou por meio de representação voluntária, a houvessem firmado e dependiam da incor-

tivos), e destinados a regular os termos a que devem obedecer os contratos singulares de trabalho entre as respectivas categorias de patrões e trabalhadores. Só os contratos colectivos devem conter obrigatoriamente as normas estabelecidas no artigo 34.° do Estatuto do Trabalho Nacional.

[9] Assim, Cunha Gonçalves, *Tratado de Direito civil*, vol. 7.° (1933), 576 ss.: desse Autor, cf. *Tratado* 1.° vol. (1929), 324, onde, quatro anos antes do ETN, se falava no contrato colectivo de trabalho, dizendo, designadamente:

> E, se essa convenção é aplicável a operários que nela não intervieram, não é porque ela seja um *acto-regra* ou uma lei, mas sim por serem *cláusulas permanentes* do contrato de trabalho, às quais cada operário, pedindo trabalho, dá a sua tácita *adesão*, como sucede nos contratos de transportes urbanos ou de caminho de ferro, nos seguros, e outros casos análogos.

[10] Raúl Ventura, *Teoria da relação jurídica de trabalho,* 1.° vol. (1944), 183; este mesmo Autor – ob. cit., 176 – afirma que o estudo do contrato colectivo compete ao Direito corporativo e não ao do trabalho.

[11] António da Motta Veiga, *A regulamentação do salário* (1944), 149 ss. (154 ss.).

Anteriormente, esta posição foi assumida pela interessante sentença de Manuel Rebelo de Andrade, Juiz da 3.ª Vara do Tribunal do Trabalho de Lisboa, de 8-Fev.-1941, ROA 1, 2 (1941), 477-485 (478-479): defende-se, aí, com base na doutrina italiana, uma visão normativista do contrato colectivo, ainda que referindo posições contrárias.

poração nos contratos individuais, que podiam derrogá-las; a sua execução era confiada às organizações profissionais contratantes, seja por meios pacíficos, seja por meios violentos;

2.ª a do *reconhecimento legal* na qual o legislador "... limita-se a dar existência legal aos sindicatos profissionais e às convenções que eles celebram". Os contratos colectivos assumiriam, assim, certos efeitos jurídicos, não podendo ser derrogados pelos contratos individuais; a sua execução compete aos tribunais;

3.ª a das *convenções dotadas de funções regulamentares*, na qual o Estado confere a esses instrumentos força de lei: eles obrigam todos os profissionais e mpresários da respectiva actividade.

II. No último e apontado caso, sempre segundo Motta Veiga, a extensão das convenções colectivas a pessoas não representadas pelas associações contratantes poderia surgir por uma de três vias:

(a) por acto da Administração Pública;
(b) por conciliação e arbitragem;
(c) por lei; neste caso "... o estatuto legal das convenções colectivas deu o passo decisivo da sua evolução, colocando-se sob a alçada do direito público. Foi o que sucedeu, entre outros países, na Itália, em Portugal, na U.R.S.S., na Bulgária, na Grécia, e no Brasil"[12].

III. Houve, pois, uma recuperação clara do fenómeno das convenções colectivas pelo Estado, em obediência a nítidas preocupações centralizadoras. Cinco características dariam, a tal ideário, um cunho particular:

1.ª A celebração das convenções colectivas é um privilégio reconhecido por lei; em cada circunscrição territorial, a lei apenas reconhece um organismo único, por actividade ou profissão;

2.ª A eficácia das convenções colectivas depende da sua aprovação pelos poderes competentes;

3.ª Uma vez aprovadas, elas vinculam igualmente, por força da lei, os inscritos e os não inscritos nos organismos celebrantes;

4.ª A lei determina previamente as matérias que as convenções colectivas devem compreender;

[12] Motta Veiga, *A regulamentação do salário* cit., 157 ss. (159).

5.ª A fiscalização compete aos signatários e às autoridades competentes do Estado[13].

6. *Segue; o regime de 1947*

I. A consagração legal expressa dos princípios obtidos pela doutrina levaria, ainda, algum tempo; ela surgiria, apenas, através do Decreto-Lei n.° 36.173, de 6 de Março de 1947, que aprovou, entre nós, o primeiro regime das convenções colectivas de trabalho.

II. Trata-se de um diploma de trinta e um artigos, bastante sintéticos. O seu preâmbulo dá conta de que, com base apenas nos artigos 32.° a 34.° do ETN e nos artigos 2.° e 3.° da Lei n.° 1.952, de 10 de Março de 1937, têm sido celebradas "... muitas convenções colectivas, graças às quais foi notavelmente melhorada a situação de classes numerosas de trabalhadores da indústria, do comércio e da lavoura".

III. O regime estabelecido pelo Decreto-Lei n.° 36.173, de 6 de Março de 1947, assentava nos seguintes pontos[14]:

1.° delimitação estrita do âmbito das convenções colectivas, quer pela positiva (artigo 5.°: "As convenções colectivas somente podem conter cláusulas que digam respeito ao contrato de trabalho e aos deveres e direitos dele emergentes"), quer pela negativa (artigo 6.°, com uma série de enumerações de cláusulas proibidas, nos artigos 7.° e 8.°)[15];

[13] MOTTA VEIGA, *A regulamentação do salário* cit. 159-160.

[14] Segundo o preâmbulo desse diploma – DG 152 (1947), 191:

> Por um lado, parece indispensável definir em que limites pode exercer-se a liberdade contratual dos outorgantes, ressalvando a observância das leis de protecção dos trabalhadores, que devem ser consideradas de interesse e ordem pública, excluindo as cláusulas de condicionamento económico e acautelando o exercício dos poderes conferidos ao Estado. Por outro, julga-se necessário regularizar a forma da sua elaboração e publicação.

[15] Assim, segundo este preceito:

> São expressamente excluídas das convenções colectivas as cláusulas que:
>
> a) Contrariem de qualquer modo o direito, reservado ao Estado, de coordenar e regular superiormente a vida económica da Nação e de fiscalizar a observância das leis sociais; (...)

2.° reconhecimento do princípio do tratamento mais favorável, ainda que subordinado à lei (artigo 6.°: "As convenções colectivas não podem contrariar o disposto em normas legais preceptivas ou proibitivas, nem incluir qualquer cláusula, que importe para os trabalhadores tratamento menos favorável do que o previsto na lei");
3.° sujeição das convenções à homologação governamental, daí dependendo a sua eficácia;
4.° desconhecimento do fenómeno das lutas laborais colectivas[16];
5.° uniformização do conteúdo das convenções – artigo 24.°.

IV. Apesar de algumas limitações que, acima, ficaram patentes, era indubitável a presença de um certo dinamismo jurídico-laboral subjacente, a que não terá sido estranho o surto doutrinário dos anos quarenta, encabeçado por Raúl Ventura e Motta Veiga[17].

VI. O grande óbice do Decreto-Lei n.° 36.173 residia no desconhecimento – ou na desadaptação – do fenómeno das lutas laborais colectivas. Assim, o sistema funcionava se – e na medida em que – as partes chegassem a acordo. Repare-se que tal acordo seria fatal quando a ingerência do Estado nos "parceiros" fosse suficientemente ampla para o promover. Um relaxamento nesse controlo cedo levaria as partes a desentenderem-se, ultrapassando os tímidos quadros legais[18].

[16] As quais estavam, na época, proibidas; o diploma em análise limitava-se a prever comissões corporativas com funções de

> (...) conciliação entre as partes, quando se pretenda fazer conhecer direitos emergentes das convenções e um dos interessados o requeira – artigo 11.°, 3.°.

[17] Assim, dispunha o artigo 10.° do Decreto-Lei n.° 36.173:

> Os casos omissos das convenções colectivas, não regulados na legislação social de carácter geral, serão preenchidos pelo recurso aos casos análogos prevenidos nas mesmas convenções ou em convenções ou despachos de regulamentação do trabalho em vigor para a mesma actividade ou profissão noutras áreas do País, e, na alta deles, pelo recurso aos princípios gerais de direito e à equidade.

Fica, assim, pressuposto um sistema de fontes que deixa patente uma autonomia jurídico-laboral.

[18] As divergências que, porventura, surgissem entre os sindicatos e as associações patronais eram, de facto, solucionadas por conciliação do Instituto Nacional do Trabalho e Previdência (INTP), apesar de nenhuma lei a isso induzir; informa nesse sentido o Parecer n.° 26/IX, da Câmara Corporativa, n.° 3. Mais tarde, tal competência foi assumida por comissões corporativas, compostas por representantes das partes e do INTP – cf. artigo 11.°/5, do Decreto-Lei n.° 43.179, de 23 de Setembro de 1960 – sem que, no entanto, se pudesse falar de um verdadeiro processo de con-

7. *O período corporativo (3.ª fase)*

I. Num contexto de uma certa autonomização dos parceiros laborais colectivos, deve entender-se a reforma levada a cabo pelo Decreto-Lei n.° 49.212, de 28 de Agosto de 1969, alterado pelo Decreto-Lei n.° 492/70, de 22 de Outubro.

No essencial, este diploma veio estabelecer um esquema de convenção colectiva, que *deixava clara a existência subjacente de interesses contrapostos*. Para além disso, houve uma melhoria técnica acentuada na sua redacção, em consonância com o desenvolvimento jurídico-laboral registado na década de sessenta.

II. O sistema então adoptado era, em síntese:

1.° havendo fracasso de negociações colectivas, ou assistindo-se ao desinteresse de uma das partes ou a bloqueio, seguia-se uma tentativa de conciliação (artigo 13.°) conduzida pela corporação onde se integravam as partes discordantes[19] (artigo 14.°);

2.° gorando-se a conciliação, seguia-se um processo de arbitragem: cada parte nomeava um árbitro, sendo o terceiro designado pelo Ministro das Corporações e Previdência Social (artigo 15.°); as decisões arbitrais eram obrigatórias.

III. Não se chegou, pois, à admissão das lutas laborais colectivas –designadamente a greve – o que teria introduzido um importante passo para a liberalização do regime, por via reformista[20]. A solução arbitral que, através da desig-

ciliação; *vide*, também, ALMEIDA POLICARPO, *Nota sobre alguns problemas relativos à contratação colectiva*, ESC VI 23 (1967), 163-170 e *Conciliação dos conflitos colectivos de trabalho*, ESC XV, 13 (1965), 36-58 (47 ss.).

[19] Tenha-se presente que a corporação era um organismo misto que incluía grémios e sindicatos.

[20] O Parecer da Câmara Corporativa n.° 26/IX – publicado também em anexo a HENRIQUE NASCIMENTO RODRIGUES, *Regime jurídico das relações colectivas de trabalho anotado* (1971); *vide*, aí, 123 ss., 125 ss. – tentava explicar o não reconhecimento da greve, traçando um seu paralelo com a justiça privada e enfocando os maus resultados a que ela conduzira no estrangeiro, com relevo para os acontecimentos de 1968, em França. Toda a evolução laboral no Ocidente era, pois, ignorada. Cf., além de NASCIMENTO RODRIGUES, *Regime jurídico* cit., 26 e *passim*, ALMEIDA POLICARPO, *Conflitos colectivos de trabalho e sistema corporativo*, ESC VIII, 31 (1969), 1734 (20); como explica este Autor, um dos aspectos essenciais residia na obrigação de negociar, instituída através de um processo pormenorizado e com prazos e que, pelo menos, evitava que uma das partes –

nação do terceiro árbitro, era remetida para o Estado, facilmente identificável com os empregadores, só podia ser operacional num esquema autoritário, uma vez que a arbitragem era obrigatória.

Para além disso, o regime do Decreto-Lei n.° 49.212 compreendia ainda:

1.° restrições ao âmbito das convenções colectivas, ainda que inferiores às previstas em 1947 (artigos 2.° e 3.°);
2.° reconhecimento do princípio do tratamento mais favorável do trabalhador (artigo 2.°), que transcrevia o artigo 6.° do Decreto-Lei n.° 36.176, acima referenciado; cf., também, o artigo 5.° do Decreto-Lei n.° 49.212[21];
3.° manutenção do esquema da homologação governamental, para a eficácia dos instrumentos colectivos – convenções colectivas, revisões, pedidos de adesão, actas de conciliação e decisões arbitrais (artigo 24.°/5).

IV. Correspondendo a um período de expansão económica, no qual o movimento sindical foi grandemente reforçado, por vezes mesmo em oposição ao Regime, o Decreto-Lei n.° 49.212 veio dar abrigo a melhorias importantes na vida dos trabalhadores. Saudado na altura como "mudança radical"[22] – por certo com optimismo – acabaria por se mostrar, por ironia histórica, dado o Regime que o aprovou, mais benéfico para os trabalhadores do que para os empregadores: aqueles ganharam em experiência e combatividade; estes, dependentes, de modo estrito, do apoio do Estado, ficariam totalmente desamparados com o seu desmoronar, em 1974.

8. *O período da Revolução (1974-1976)*

I. Depois da queda, em 1974, do Estado Novo, a regulação anterior sobre convenções colectivas manteve-se, formalmente, em vigor. Num crescendo, generalizou-se, porém a sua inobservância; primeiro no tocante aos esquemas obrigatórios de conciliação e arbitragem e, depois, quanto à representatividade

subentende-se. que a empregadora se recusasse pura e simplesmente – a negociar, ou inutilizasse as negociações com manobras dilatórias.

[21] Cf. Nascimento Rodrigues, *Regime jurídico* cit., 28 e 33 ss.; este esquema levava, na época, a que as convenções colectivas fossem entendidas como instrumento para o progresso social.

[22] Cf. Almeida Policarpo, *Conflitos colectivos de trabalho* cit., 25.

das partes, quanto aos prazos de vigência das convenções colectivas, quanto às suas designações, quanto à sua publicidade, etc.[23]. A classe empresarial, sem prática nem conhecimentos negociais, habituada ao amparo do Estado que mudou de campo e com vago sentimento de culpa por envolvimentos, ainda que passivos, com a ditadura deposta, mostrou-se incapaz de reagir.

II. Assim se compreende que, em plena Revolução de 1974-1975, a primeira legislação laboral colectiva aprovada tenha assumido uma feição restritiva.

Nessa linha, foi publicado o Decreto-Lei n.° 292/75, de 16 de Junho. Esse diploma, além de outras medidas[24], veio determinar:

1.° que todas as propostas de regulação colectiva "... deverão em qualquer caso, dar a primazia à determinação do montante global a afectar ao acréscimo de retribuições, em função da capacidade económica das empresas ou sectores de actividade e do aumento do custo de vida" (artigo 14.°/1); visava-se, assim, prevenir a explosão salarial, sem aumentos de produtividade;
2.° que na falta de acordo quanto ao montante global a afectar aos aumentos, poderia o Ministério do Trabalho fixá-lo (artigo 14.°/3);
3.° a proibição de eficácia retroactiva a qualquer cláusula (artigo 15.°/l) devendo as convenções colectivas vigorar pelo mínimo de um ano (artigo 15.°/3);
4.° que todas as propostas ou contrapropostas de convenções colectivas deveriam ser remetidas ao Ministério do Trabalho, investido em vários poderes de acompanhamento (atigos 11.° e ss.);
5.° "as cláusulas das convenções colectivas de trabalho, na parte em que violem o disposto neste diploma são nulas e de nenhum efeito, podendo ser denegada, com esse fundamento, a sua publicação no Boletim do Ministério do Trabalho" (artigo 16.°/1);

[23] *Vide* João Caupers/Pedro Magalhães, *Relações colectivas de trabalho* (1978), 16 ss.. Cf. Bernardo Xavier, *As recentes intervenções dos trabalhadores nas empresas,* ROA 1975, 417-472.

[24] Fixava um salário mínimo de 4.000$00 – importância apreciável, nessa altura – mas que, apesar do preâmbulo, era restritiva, já que as reivindicações em curso eram bem maiores; congelava os salários iguais ou superiores a 12.000$00; impunha um salário máximo nacional de 48.900$00 artigos (artigos 1.°, 3.° e 4.°); procurava limitar os feriados (artigo 19.°); suspendia "... pelo prazo de trinta dias, a faculdade de fazer cessar o contrato individual de trabalho, por decisão unilateral, que o regime jurídico desse contrato reconhece às entidades patronais" (artigo 21.°) ressalvando-se, contudo, as hipóteses de falta disciplinar grave ou de processo disciplinar (artigo 23.°).

6.º que, até 31 de Dezembro de 1975, seria publicado um diploma regulador das relações colectivas de trabalho (artigo 10.º/1).

III. A eficácia destas medidas, numa situação de incontrolável decadência do poder do Estado, terá sido nula. Assim, em 27 de Novembro de 1975, uma Resolução do Conselho da Revolução suspendeu, até 31 de Dezembro, as negociações colectivas[25]

> (...) a fim de, entretanto, ser definida pelo Governo uma política salarial e de rendimentos que vise reduzir as desigualdades existentes e as diferenciações salariais excessivas, proteja os salários mais baixos e tenha em conta as possibilidades reais da economia e a progressão do custo de vida.

Tal suspensão foi prorrogada até 29 de Fevereiro de 1976, pelo Decreto-Lei n.º 783/75, de 31 de Dezembro.

9. *O período social*

I. Restabelecida a legitimidade constitucional, com a Lei Fundamental de 1976, a primeira preocupação do legislador foi a recuperação da economia. Nesta sequência, surgiu o Decreto-Lei n.º 164-A/76, de 28 de Fevereiro, que revogaria finalmente o Decreto-Lei n.º 49.212, de 28 de Agosto de 1969; teve-o, no entanto, em conta, seguindo-o, por vezes, de perto.

Do regime então estabelecido retiram-se os seguintes pontos:

1.º as convenções colectivas obrigam apenas os empregadores e os trabalhadores representados pelas entidades signatárias (artigo 9.º/1);
2.º prevê-se, para solucionar conflitos, a conciliação, a mediação e a arbitragem (artigos 13.º, 14.º e 15.º);
3.º a intervenção do Estado cifra-se no mínimo; as cláusulas ilegais deveriam ser anuladas judicialmente (artigo 24.º);
4.º prevê-se a possibilidade de conciliação obrigatória, perante negociações aplicáveis a empresas públicas ou nacionalizadas (artigo 13.º/4) bem como de arbitragem obrigatória (artigo 16.º/1);
5.º previam-se hipóteses de portarias de extensão e de regulamentação, subordinadas embora às convenções (artigos 20.º e ss).

[25] DG I, 275 (1975), de 27 de Novembro, 2.º Suplemento, 1911(3).

II. A prática mostrou, no entanto, que o esquema instituído pelo Decreto-Lei n.° 164-A/76 não era suficientemente dinâmico, provocando um arrastar das negociações. Para suprir essa insuficiência, foram introduzidas, pelo Decreto-Lei n.° 887/76, de 29 de Dezembro, numerosas alterações; esse diploma aproveitou, aliás, para inserir algumas restrições à autonomia colectiva, em consonância com a má situação económica do País[26]. Adiante voltaremos a este diploma: entre outros aspectos, ele veio vedar, às convenções colectivas, a matéria assistencial.

III. A persistência – e mesmo o agravamento – dessa situação económica levaria, depois, a várias intervenções legislativas de emergência, que implicariam um retrocesso nítido no esquema geral da evolução do Direito colectivo do trabalho português.

Assim, o Decreto-Lei n.° 49-A/77, de 12 de Fevereiro, veio:

– limitar a 15% (aquém da inflação, superior, na altura, a essa taxa) os aumentos dos salários (artigo 4.°);
– limitar a 50% da remuneração de base as prestações complementares e acessórias (artigo 6.°[27]);
– permitir ao Ministério do Trabalho a recusa do depósito de qualquer convenção colectiva que infringisse tais normas (artigo 9.°); assim renasceu a prática do *controlo administrativo* das convenções; o Decreto-Lei n.° 353-G/77, de 29 de Agosto de 1977, veio ampliar os casos de fiscalização administrativa das convenções[28].

IV. Resta acrescentar que o Decreto-Lei n.° 49-A/77, de 12 de Fevereiro, que se destinava a ter uma vigência provisória, foi prorrogado pelo Decreto-Lei n.° 565/77, de 31 de Dezembro. Acabaria por ser revogado, apenas, pelo Decreto-Lei n.° 121/78, de 2 de Junho, que manteve, no seu tom geral, as medidas restritivas aprovadas anteriormente.

Assim:

1.° conservam-se tectos salariais imperativos;

[26] Cf. Caupers/Magalhães, *Relações colectivas* cit., 25.
[27] O Decreto-Lei n.°49-A/77, de 12 de Fevereiro, foi alterado pelo Decreto-Lei n.° 288-A/77, de 16 de Julho, que veio, designadamente, ressalvar algumas posições de constituição anterior.
[28] Nessa mesma data, o Decreto-Lei n.°353-H/77 veio aprovar o regime das empresas em situação económica difícil o que, entre outros aspectos, poderia implicar a não aplicação, total ou parcial, das cláusulas dos instrumentos de regulação colectiva do trabalho – artigo 5.°, *b*).

2.° mantêm-se limitações ao conteúdo das convenções colectivas;
3.° subsiste a hipótese de recusa de depósito por irregularidades, ou seja, de controlo administrativo das convenções. O Decreto-Lei n.° 121/78, de 2 de Junho, foi alterado pelo Decreto-Lei n.° 490/79, de 19 de Dezembro, que veio atenuar alguns dos seus aspectos mais enérgicos.

V. Por fim, foi publicado o Decreto-Lei n.° 519-C1/79, de 29 de Dezembro, que, revogando o Decreto-Lei n.° 164-A/76, de 28 de Fevereiro, com as suas alterações, veio estabelecer um novo regime para as convenções colectivas de trabalho. Alguns dos seus preceitos foram modificados pelo Decreto-Lei n.° 87/89, de 23 de Março.

O Decreto-Lei n.° 519-C1/79, de 29 de Dezembro, vigoraria até ser substituído pelo Código do Trabalho, de 2003.

10. *Conclusões gerais*

I. A História tem, sempre, uma evolução assente em inabarcável complexidade causal. Torna-se, assim, muito difícil fazer previsões, para além do imediato. Mesmo fenómenos de grande amplitude, por vezes previstos por especialistas sectoriais, tornam-se, nas suas derivações, de muito difícil prefiguração.

De todo o modo, é possível retirar algumas grandes linhas do passado que, depois, melhor permitam entender o futuro.

II. A contratação colectiva adere a dois grandes vectores:

– o condicionalismo político geral;
– a ambiência social e económica.

O condicionamento político da contratação colectiva operou no período do Estado Novo. A ausência de um sindicalismo livre, as dificuldades ao nível da liberdade de expressão e a proibição das lutas laborais colectivas tolhiam o desenvolvimento dos instrumentos laborais colectivos. Em certas fases da Revolução de 1974-1976, podemos falar de um condicionamento de sinal contrário: a supressão do empresariado privado, no plano das grandes empresas, transformou a contratação colectiva num jogo de forças, perante o aparelho do Estado e dentro dele. Com a normalização constitucional subsequente a 1976, podemos considerar este vector como ultrapassado, embora tenham ficado sequelas nas fontes.

III. A ambiência social e económica é sempre relevante. Na verdade, a contratação colectiva depende do poder negocial das forças em presença. Tecnicamente, é fácil demonstrar que, em situações de desenvolvimento e de pleno emprego, os sindicatos têm mais peso do que perante conjunturas de estagnação ou de depressão, acompanhadas por taxas significativas de desemprego. No limite, a contratação colectiva pode, mesmo, ser ignorada, quando se trate da sobrevivência das empresas ou, até, de trabalhadores.

As coordenadas económicas são ainda importantes pelo papel que têm na legiferação. Aqui ocorre, justamente, o objecto do nosso estudo: as convenções colectivas tinham um papel assistencial incentivado pela lei precisamente numa conjuntura de pleno emprego e de elevadas taxas de crescimento; vieram a perdê-lo, por imposição legal, quando o Estado teve de acudir às empresas.

IV. Actualmente, o papel assistencial das convenções colectivas irá depender dos conhecimentos técnicos aplicados existentes quanto à segurança social. Será que eles se compadecem com a assunção de encargos assistenciais por empresas que não tenham, aí, o seu coração dos negócios?

Vamos prosseguir: a investigação subsequente permitirá responder à questão suscitada.

III – **A segurança social: aspectos da sua evolução**

11. *Breve evolução*

I. A expressão "segurança social" foi consagrada por uma lei federal norte-americana: o *Social Security Act* de 1935. Mais tarde, a Declaração Universal dos Direitos do Homem, de 1948, veio prescrever, no seu artigo 22.°:

> Toda a pessoa, como membro da sociedade, tem direito à segurança social; e pode legitimamente exigir a satisfação dos direitos económicos, sociais e culturais indispensáveis, graças ao esforço nacional e à cooperação internacional, de harmonia com a organização e os recursos de cada país.

Apesar deste êxito, a "segurança social" não correspondia a uma ideia clara e definitiva, O *Social Security Act* criou, apenas, alguns seguros sociais e instituiu determinados serviços: de saúde materno-infantil e de recuperação profissional.

II. Em 1938 surgira o *Social Security Act* neozelandês. Este diploma estabeleceu o primeiro sistema universal de segurança social, financiado predominantemente pelo Estado.

Na base destas experiências e da sua evolução, pode apresentar-se a segurança social como instituto pelo qual situações de carência individuais são total ou parcialmente compensadas por prestações em dinheiro ou em espécie. colectivamente suportadas.

III. As primeiras experiências no domínio da segurança social, embora sem sistematização e sem essa designação, são muito antigas. Elas surgiram no domínio familiar, no círculo das corporações medievais ou através de instituições caritativas.

A Revolução Industrial[29], o naufrágio das antigas instituições e todas as consequências político-sociais daí derivadas levaram a que, nos vários países se multiplicassem as iniciativas de tipo diverso.

No domínio do que hoje se chama a "segurança social", as primeiras experiências estão corporizadas nas leis alemãs de 1883, 1884 e 1889 relativas a seguros sociais de doença, acidentes de trabalho e de velhice e invalidez[30]. Outros países viriam, paulatinamente, a seguir este exemplo.

12. *A experiência portuguesa*

I. No Direito português moderno, a segurança social veio a surgir com a República[31].

Na origem, encontramos a Lei n.° 83, de 24 de Julho de 1913, relativa à responsabilidade da entidade patronal por acidentes de trabalho. De modo a efectivar essa responsabilidade, o Decreto n.° 5.637, de 10 de Maio de 1919, veio aprovar a *Organização do seguro social obrigatório contra desastres no trabalho*[32].

[29] Menezes Cordeiro, *Manual de Direito do Trabalho* (1991), 41 ss.. e *Isenções de horário/Subsídios para a dogmática actual do Direito da duração do trabalho* (2000), 20 ss..

[30] Quanto ao desenvolvimento histórico da matéria, particularmente na Alemanha, cf. Helmar Bley, *Sozialrecht*, 5.ª ed. (1986), 139 ss. e Ilídio das Neves, *Direito da segurança social* (1991), 149 ss.. Com elementos laborais, *vide* o nosso *Isenção de horário* cit., 29 ss..

[31] Para uma panorâmica mais alargada e desenvolvida *vide* o nosso *Isenção de horário* cit., 33 ss..

[32] Dizia o seu artigo 1.°:

> É decretado em Portugal o seguro social obrigatório contra desastres de trabalho, abrangendo todos os riscos por conta doutro indivíduo ou entidade nos diversos ramos de actividade intelectual ou material, quer sejam exercidos isoladamente, quer colectivamente, ficando todos os serviços dependentes do Ministério do Trabalho, a cargo do Instituto de Seguros Sociais Obrigatórios e de Previdência Geral.

Nessa mesma data, o Decreto n.° 5.638 aprovou a *Organização do seguro social obrigatório contra a invalidez, velhice e sobrevivência.*

II. O *Instituto de Seguros Sociais Obrigatórios e de Previdência Geral* foi organizado pelo Decreto n.° 5.640, também de 10 de Maio de 1919.

Estes diplomas são precedidos de preâmbulos muito interessantes onde se explicitam os interesses em presença e o modo de funcionamento dos seguros. A experiência não terá sido bem sucedida[33]. Aos empresários, a obrigatoriedade do seguro surgia como uma violência. As associações de trabalhadores, então dominadas por doutrinas radicais, viam, nos seguros sociais, perigosas cedências ao sistema, capazes de prejudicar a luta de classes.

III. Coube ao Estado Novo reestruturar o esquema da segurança social: fê-lo através da Lei n.° 1.884, de 16 de Março de 1935.

Este diploma veio estabelecer quatro categorias de instituições de previdência social:

1.ª *Instituições de previdência de organismos corporativos*; ficavam incluídas as caixas sindicais de previdência, as caixas de previdência das casas do povo e as casas dos pescadores;
2.ª *Caixas de reforma ou de previdência*: incluíam caixas de pessoal subordinado, diferenciadas por sectores ou por empresas e não redutíveis a caixas sindicais;
3.ª *Associações de socorros mútuos*: não ligadas a sectores, com capital e número de sócios variáveis;
4.ª *Instituições de previdência dos servidores do Estado e dos corpos administrativos.*

Prevalecia, pois, um esquema assente em organismos diversificados. Este esquema seria mantido na Lei n.° 2.115, de 18 de Junho de 1962.

IV. Os diplomas gerais referidos não regulavam o regime de inscrição nem impunham, em geral, a obrigatoriedade de inscrição e de contribuição. Tais regras iam depois surgindo a propósito de cada tipo de instituições. Por exemplo, no tocante às caixas sindicais de previdência, dispunha o Decreto n.° 45.266, de 23 de Setembro de 1963, no seu artigo 17.°/1:

> Serão inscritos obrigatoriamente nas caixas sindicais de previdência, como beneficiários, os trabalhadores e, como contribuintes, as entidades patronais por

[33] Cf., com elementos, SÉRVULO CORREIA, *Teoria da Relação Jurídica de Seguro Social* (1968).

aquelas abrangidos nos termos das convenções colectivas ou dos diplomas da sua criação, dos seus estatutos e dos despachos de alargamento de âmbito.

Conforme as situações, assim haverá a considerar inscritos e contribuintes obrigatórios e facultativos.

13. *A reforma de 1984*

I. O sistema de segurança social subsequente a 1974-1975 decorre, antes de mais, do artigo 63.° da Constituição, assim concebido:

> 1. Todos têm direito à segurança social.
> 2. Incumbe ao Estado organizar, coordenar e subsidiar um sistema de segurança social unificado e descentralizado, com a participação das associações sindicais, de organizações representativas dos trabalhadores e de associações representativas dos demais beneficiários.
>
> (...)

Em execução deste preceito surgiria a Lei n.° 28/84, de 14 de Agosto.

II. O artigo 3.° da Lei n.° 28/84 definia o "direito à segurança social":

> O direito à segurança social é efectivado pelo sistema de segurança social e exercido nos termos estabelecidos na Constituição, nos instrumentos internacionais aplicáveis e nesta lei.

É de reter a primazia dos instrumentos internacionais em relação à lei, como decorre, aliás, da Constituição.

III. O artigo 5.° da Lei n.° 28/84 referia os princípios do sistema de segurança social. Enumerava-os, no n.° 1: os princípios da universalidade, da unidade, da igualdade, da eficácia, da descentralização, da garantia judiciária, da solidariedade e da participação. Tais princípios tinham o conteúdo seguinte:

- *a universalidade*: pressupõe o alargamento progressivo do âmbito de aplicação pessoal do sistema – 5.°/2;
- *a unidade*: impõe uma articulação dos regimes e do aparelho administrativo com vista à sua unificação – 5.°/3;
- *a igualdade*: postula a eliminação de quaisquer discriminações, designadamente em razão do sexo ou da nacionalidade, sem prejuízo, quanto a esta, de condições de residência ou de reciprocidade – 5.°/4;

– *a eficácia*: implica a concessão oportuna de prestações pecuniárias ou em espécie – 5.°/5;
– *a descentralização*: resulta da autonomia das diversas instituições, embora centralizada – 5.°/6;
– *a garantia judiciária*: faculta o acesso aos tribunais aos interessados – 5.°/7;
– *a solidariedade*: responsabiliza a colectividade e envolve o concurso do Estado – 5.°/8;
– *a participação*: envolve a actuação dos interessados no planeamento e na gestão do sistema – 5.°/9.

IV. Na técnica da Lei, competia, depois, introduzir diversas distinções. Assim, temos, em primeiro lugar, o regime geral e o regime não contributivo – artigo 10.°.

O *regime geral* abrangia os trabalhadores por conta de outrem e os trabalhadores independentes – artigo 18.° – obrigatoriamente inscritos bem como, quando as haja, as respectivas entidades empregadoras – artigo 20.°. Segundo o n.° 4 deste mesmo artigo 20.°,

> A lei determina os casos em que a inscrição num regime de protecção social não compreendido no sistema de segurança social pode dispensar a obrigatoriedade de inscrição.

O *regime não contributivo* permite tutelar pessoas em situação de carência não cobertas pelo regime geral – artigo 28.°.

V. A Lei – artigo 62.° – permitia aos interessados instituir esquemas complementares das prestações garantidas pelo regime geral.

Por fim, há que anotar a inscrição facultativa no regime geral. Segundo o artigo 21.° da Lei n.° 28/84,

> As pessoas não abrangidas obrigatoriamente pelo regime geral podem inscrever-se ou manter a sua vinculação ao regime, em relação a uma ou mais eventualidades, nos termos legalmente previstos.

14. *As reformas de 2000, 2002 e 2007*

I. Na passagem do milénio, a segurança social conheceu uma sucessão de reformas. Subjacentes a tais reformas estão, designadamente:

– a crescente tomada de consciência, pelos cidadãos, dos seus direitos, o

que conduz a uma maior litigiosidade e à daí decorrente necessidade de clarificação e de aperfeiçoamento legislativos;
– a integração europeia, com a necessidade de transposição, para o Direito interno, de diversos instrumentos comunitários;
– a crise demográfica, com um colapso a prazo do sistema de segurança social: impõem-se contenções, no respeito possível pelas pessoas.

II. A Lei n.° 17/2000, de 8 de Agosto, veio revogar a Lei n.° 28/84, de 14 de Agosto (118.°/1), substituindo-a. Vamos salientar alguns pontos.

Entre os "objectivos prioritários" da lei – 2.°, *c*) – está o de promover a sustentabilidade financeira do sistema,

> (...) como garantia da adequação do esforço exigido aos cidadãos ao nível de desenvolvimento económico e social alcançado.

O tema dos princípios era desdobrado. Apontam-se, apenas, os seguintes:

– universalidade (5.°);
– igualdade (6.°);
– equidade social (7.°);
– diferenciação positiva (8.°);
– solidariedade (9.°);
– inserção social (10.°);
– conservação dos direitos adquiridos e em formação (11.°);
– primado da responsabilidade pública (12.°);
– complementariedade (13.°);
– garantia judiciária (14.°);
– unidade (15.°);
– eficácia (16.°);
– descentralização (17.°);
– participação (18.°);
– informação (19.°).

O princípio da conservação dos direitos adquiridos e em formação vinha formulado, pelo referido artigo 11.°, nos termos seguintes:

> A conservação dos direitos adquiridos e em formação implica o respeito por esses direitos nos exactos termos da presente lei.

O artigo 61.°/3 previa a possibilidade de limitações aos valores considerados como base de incidência contributiva: uma forma de limitar as próprias pensões. O artigo 104.°/2 ressalvava, todavia, os direitos adquiridos.

Os regimes complementares resultavam do capítulo V – artigos 94.° a 100.°. Este último, relativo à gestão de regimes complementares, dispunha, no seu n.° 1:

> A gestão dos regimes complementares, colectivos ou singulares, pode ser feita por entidades do sector cooperativo e social e privado, nomeadamente associações mutualistas, companhias de seguros e sociedades gestoras de fundos de pensões, ou por institutos públicos, legalmente competentes para o efeito.

III. A Lei n.° 17/2000, de 8 de Agosto, teve vida curta: foi substituída pela Lei n.° 32/2002, de 20 de Dezembro, que aprovou (novas) bases da segurança social.

Os objectivos do sistema foram alargados (4.°). Cumpre citar:

> (...)
>
> *f)* Promover a eficácia social dos regimes prestacionais e a qualidade da sua gestão, bem como a eficiência e sustentabilidade financeira do sistema.

O sistema de segurança social abrange o sistema público de segurança social, o sistema de acção social e o sistema complementar (5.°/1). A lista dos princípios provenientes da Lei n.° 17/2000 era mantida, com uma nova ordenação. Acrescentou-se-lhe, todavia, o princípio da "coesão geracional" (14.°):

> O princípio da coesão geracional implica um ajustado equilíbrio e equidade geracionais na assunção das responsabilidades do sistema.

A flexibilização da idade de reforma vinha consagrada no artigo 42.°, enquanto o artigo 48.°/2 previa a restituição das prestações pagas aos beneficiários que a elas não tinham direito.

O sistema complementar tinha assento no capítulo IV (94.° a 106.°). O artigo 104.° definia os fundos de pensões:

> Os fundos de pensões são patrimónios autónomos exclusivamente afectos à realização de um ou mais planos de pensões, cuja actividade é disciplinada nos termos constantes de legislação específica.

IV. Pouco mais de quatro anos volvidos, surgem (novas) bases gerais do sistema de segurança social: as aprovadas pela Lei n.° 4/2007, de 16 de Janeiro. Os princípios gerais são mantidos, passando, todavia, o princípio da "coesão geracional" a "coesão intergeracional" (13.°).

A hipótese de limites contributivos resulta do artigo 58.°. O artigo 64.° prevê a aplicabilidade de um "factor de sustentabilidade", de modo a conservar o sistema.

O sistema complementar foi simplificado. O capítulo V, a ele dedicado, abrange agora apenas seis artigos (81.° a 86.°).

Vamos, todavia, retomar do início, com uma focagem mais directa, o tema das pensões complementares.

IV – **Sistemas complementares e fundos de pensões**

15. *Sistemas complementares*

I. A Lei n.° 28/84, de 14 de Agosto, hoje revogada, mas importante para efeitos de enquadramento, continha um capítulo – o IV – intitulado "das iniciativas particulares". Ficam abrangidas duas secções:

I – Dos esquemas de prestações complementares;
II – Das instituições particulares de solidariedade social.

No tocante às primeiras, dispunha o artigo 62.°, já acima referido:

> 1. Podem ser instituídos por iniciativa dos interessados esquemas complementares das prestações garantidas pelo regime geral.
> 2. Os esquemas previstos no número anterior visam a atribuição de prestações complementares das garantidas pelos regimes de segurança social ou de prestações correspondentes a eventualidades não cobertas pelos mesmos regimes.

II. Apesar de integrarem *iniciativas particulares*, o Estado não se desinteressava pelos esquemas complementares. Dispõe o artigo 63.° da Lei n.° 28/84:

> A criação e a modificação de esquemas de prestações complementares e a sua articulação com os regimes de segurança social estão sujeitas a regulamentação própria, que disciplina nomeadamente o enquadramento jurídico das prestações, as condições técnicas e financeiras e as estruturas de gestão adequadas ao seu funcionamento.

O artigo 64.° previa que os esquemas de prestações complementares pudessem ser geridos por associações de socorros mútuos, por empresas seguradoras ou por outras pessoas colectivas criadas para esse efeito.

III. A matéria das prestações complementares de segurança social, garantidas pelo regime geral, foi objecto do Decreto-Lei n.° 225/89, de 6 de Julho, sob a designação comunitária de "regimes profissionais complementares".

Tratava-se de um diploma estruturado nos termos seguintes:

Capítulo I – Das disposições gerais (1.° a 5.°);
Capítulo II – Dos regimes profissionais complementares geridos por instituições de solidariedade social:
Secção I – Da instituição dos regimes profissionais complementares (6.° a 10.°);
Secção II – Das características dos regimes profissionais complementares (11.° a 15.°);
Secção III – Da gestão dos regimes profissionais complementares:
Subsecção I – Das entidades gestoras (16.° e 17.°);
Subsecção II – Das associações mutualistas (18.° a 20.°);
Subsecção III – Das fundações de segurança social complementar (21.° a 24.°);
Secção IV – Da gestão financeira dos regimes profissionais complemen-tares (25.° a 29.°);
Secção V – Da tutela das entidades gestoras (30.°);
Capítulo III – Das disposições transitórias e finais (31.° a 35.°).

IV. O Decreto-Lei n.° 225/89, de 6 de Julho, tratava, essencialmente:

– os princípios gerais atinentes aos regimes profissionais complementares;
– as regras aplicáveis quando as entidades gestoras sejam associações mutualistas e fundações criadas para o efeito.

Tem interesse dar uma breve nota sobre o seu conteúdo.

Quanto à definição – artigo 2.° – o Decreto-Lei n.° 225/89, de 6 de Julho, apresenta os regimes profissionais complementares como visando:

> (...) conceder aos trabalhadores por conta de outrem ou independentes, agrupados no quadro de uma empresa ou de um conjunto de empresas, de um ramo de actividade económica ou de um sector profissional ou interprofissional, prestações pecuniárias complementares das garantidas pelo regime geral da segurança social.

Tais regimes profissionais deviam obedecer aos seguintes requisitos – artigo 3.°/1:

a) Constituição por livre iniciativa das empresas e seus trabalhadores, mediante acordo em que sejam definidos os objectivos e o conteúdo do regime profissional complementar;
b) A aplicação aos trabalhadores de uma empresa ou de alguma das suas categorias;
c) Cobertura de eventualidades que caibam no âmbito material do regime de segurança social;

d) Financiamento a cargo das entidades empregadoras e dos respectivos trabalhadores;
e) Gestão por entidades juridicamente distintas das respectivas empresas e dotadas de autonomia financeira.

O artigo 4.° fixava o princípio importante da igualdade de tratamento, enquanto o artigo 5.°, relativo às entidades gestoras, remetia as sociedades gestoras de fundos de pensões para legislação especial.

V. Do Decreto-Lei n.° 225/89, de 6 de Julho, importa reter as seguintes ideias reitoras:

– a relevância dos eventuais acordos, celebrados entre as empresas e os trabalhadores, para a fixação dos "regimes profissionais";
– o relevo público que a sua observância assume;
– a necessidade de contribuições, designadamente por parte das empresas.

Resta acrescentar que a matéria é hoje abordada pelo artigo 83.° da Lei n.° 4/2007, de 16 de Janeiro.

16. *Enumeração de diplomas relativos a fundos de pensões*

I. Antes de encetar o estudo dos fundos de pensões, parece indicado enumerar os diplomas a eles relativos. São eles:

– Decreto-Lei n.° 323/85, de 6 de Agosto: estabelece o regime jurídico dos fundos de pensões geridos por companhias de seguros que explorem legalmente em Portugal o ramo "Vida";
– Decreto-Lei n.° 396/85, de 25 de Novembro: estabelece disposições quanto à constituição e funcionamento de fundos de pensões; revoga o Decreto-Lei n.° 323/85, de 6 de Agosto;
– Decreto-Lei n.° 171/87, de 20 de Abril: cria uma taxa a ser paga anualmente ao Instituto de Seguros de Portugal, pelas entidades gestoras dos fundos de pensões autorizadas a exercer a sua actividade em Portugal;
– Decreto-Lei n.° 415/91, de 25 de Outubro: institui o regime de constituição de fundos de pensões e de acesso e exercício da actividade de gestão desses fundos por parte de seguradores ou de sociedades gestoras de fundos de pensões; revoga o Decreto-Lei n.° 396/86, de 25 de Novembro;

– Decreto-Lei n.° 475/99, de 9 de Novembro: regula a constituição e o funcionamento dos fundos de pensões e das sociedades gestoras de fundos de pensões; revoga o Decreto-Lei n.° 415/91, de 25 de Outubro (59.°/1);
– Decreto-Lei n.° 292/2001, de20 de Novembro: altera os artigos 31.°, 32.°, 35.°, 36.°, 39.°, 41.°, 44.°, 57.° e 59.° do Decreto-Lei n.° 475/99:
– Decreto-Lei n.° 251/2003, de 14 de Outubro: vem modificar, por via de transposições comunitárias, o Regime Geral das Empresas Seguradoras, aprovado pelo Decreto-Lei n.° 94-B/98, de 17 de Abril, republicando-o em anexo; além disso, altera os artigos 46.° e 47.° do Decreto-Lei n.° 475/99, no tocante ao fundo de garantia e à margem de solvência (4.°);
– Decreto-Lei n.° 12/2006, de 20 de Janeiro: regula a constituição e o funcionamento dos fundos de pensões e das entidades gestoras de fundos de pensões e transpõe para a ordem jurídica nacional a Directriz n.° 2003/41/CE, de 3 de Junho, relativa às actividades e à supervisão das instituições de realização de planos de pensões profissionais;
– Decreto-Lei n.° 180/2007, de 9 de Maio: altera os artigos 53.° e 61.° desse diploma;
– Decreto-Lei n.° 357-A/2007, de 31 de Outubro: particularmente virado para o RGIC, ele alterou os artigos 14.°, 23.°, 26.°, 29.°, 30.°, 42.°, 63.°, 64.°, 65.° e 92.° do mesmo Decreto-Lei n.° 12/2006, de 20 de Janeiro.

II. De novo deparamos com uma certa instabilidade relativa, embora com salvaguarda de vectores fundamentais. Cumpre, de seguida, sumariar os diplomas relevantes, sondando o seu conteúdo.

17. *O regime do Decreto-Lei n.° 396/85, de 25 de Novembro*

I. A primeira regulamentação atinente a fundos de pensões foi aprovada pelo Decreto-Lei n.° 323/85, de 6 de Agosto, como se viu.

O artigo 1.°/1, desse diploma, apresentava-os como:

> (...) patrimónios afectos, no âmbito dum contrato de gestão com seguradoras, à realização de programas de atribuição de prestações pecuniárias regulares por motivo de reforma, por velhice, invalidez ou morte, de iniciativa de empresa ou grupos de empresas ou resultantes de esforços conjugados de grupos de pessoas interessadas, designadamente no âmbito sócio-profissional, ou ainda decorrentes de acordos entre associações patronais e sindicais.

O n.° 2 reservava a gestão dos fundos às companhias de seguros que, em Portugal, explorassem o ramo "vida", mediante autorização do Instituto de Seguros de Portugal – artigo 3.°/1.

O Decreto-Lei n.° 323/85 previa, depois, dois contratos:

- o contrato constitutivo do fundo – artigo 4.°;
- o contrato de gestão, celebrado entre os instituidores e a empresa seguradora encarregada da sua gestão – artigo 6.°.

No tocante aos contribuintes, dispunha o artigo 5.°:

> Podem ser contribuintes de um mesmo fundo de pensões uma ou mais entidades patronais, trabalhadores subordinados e ou pessoas vinculadas laboral ou profissionalmente a um interesse comum, preexistente à formação do fundo.

II. O Decreto-Lei n.° 325/85, de 6 de Agosto, vigorou pouco mais de um ano: foi substituído pelo Decreto-Lei n.° 396/86, de 25 de Novembro. Este diploma, citando, no seu preâmbulo, a experiência europeia, pretendeu dinamizar e flexibilizar a matéria dos fundos.

O artigo 1.°/2 definia-os como

> (...) patrimónios exclusivamente afectos à realização de planos de pensões, entendendo-se por estes os programas de prestações pecuniárias a um ou mais beneficiários a título de reforma, velhice, invalidez ou por morte.

O artigo 2.° procedia a um afinamento mais cuidado dos conceitos de "associados", de "participantes" e de "beneficiários".

III. A novidade principal advinha do artigo 3.°, que admitia a constituição de sociedades gestoras de fundos de pensões – artigo 3.°/1; as seguradoras, então e no essencial, nacionalizadas, perderam o monopólio da sua gestão.

As sociedades gestoras deviam ter um capital mínimo de 120.000 c., havendo limite de voto, quanto aos accionistas: 20% – artigo 4.°/1, *b*) e 2. A sua constituição dependia de autorização do Ministro das Finanças, a conceder por Portaria – artigo 5.°/1.

Já a constituição dos fundos de pensões dependia de autorização do ISP – artigo 6.°.

IV. O Decreto-Lei n.° 396/86, de 25 de Novembro, mantinha os dois contratos específicos, desenvolvendo e precisando o seu conteúdo: o contrato constitutivo do fundo – artigo 9.° – e o contrato de gestão – artigo 10.°.

Os activos – 11.° – as aquisições vedadas – 12.° – as receitas – 13.° – e a gestão financeira e actuarial – 14.° – eram objecto de regras específicas.

Cumpre salientar este último aspecto. O artigo 14.° continha duas regras importantes:

- o património, as contribuições e os planos de pensões devem estar em cada momento equilibrados de acordo com sistemas actuariais de capitalização que permitam estabelecer uma equivalência entre as receitas previstas do fundo e as prestações futuras aos beneficiários, citando o artigo 14.°/1 do Decreto-Lei n.° 396/86;
- as regras de gestão financeira, técnica e actuarial designadamente para realização dos princípios acima referidos, são estabelecidas pelo ISP – artigo 14.°/3.

Parece, pois, que, *ab initio*, os fundos deviam:

- adequar as receitas às prestações futuras aos beneficiários;
- seguir as regras do ISP.

A interpretação simples dos preceitos em presença não permite concluir que o acatamento destas últimas regras precluda o primeiro dos apontados deveres.

V. O artigo 24.° impunha que, a partir de 1987, a criação de sistemas de pensões de invalidez, de velhice e sobrevivência no âmbito das empresas, implicasse a constituição de fundos de pensões. Os sistemas em causa poderiam revestir a natureza de esquemas complementares de segurança social.

O Decreto-Lei n.° 323/85, de 6 de Agosto, era revogado.

18. *O regime do Decreto-Lei n.° 415/91, de 25 de Outubro*

I. Os fundos de pensões conheceram um crescimento acentuado. O legislador entendeu intervir, de modo a flexibilizar e aperfeiçoar a matéria. Assim surgiu o Decreto-Lei n.° 415/91, de 25 de Outubro.

Com 37 artigos, esse diploma repartia-se por quatro capítulos, nos termos seguintes:

Capítulo I – Disposições gerais (1.° a 5.°)
Capítulo II – Gestão e depósito dos fundos de pensões (6.° a 16.°);
Capítulo III – Fundos de pensões (17.° a 30.°);

Capítulo IV – Fundos de pensões para as comunidades portuguesas (31.° e 32.°);
Capítulo V – Disposições transitórias (33.° a 37.°).

II. O artigo 1.° entrava na matéria, com a maior elegância:

1. É permitida, nos termos do presente diploma, a constituição e funcionamento de fundos de pensões.
2. Os fundos de pensões são patrimónios exclusivamente afectos à realização de um ou mais planos de pensões.
3. Consideram-se planos de pensões os programas que definem as condições em que se constitui o direito ao recebimento de uma pensão, a título de pré-reforma, reforma por velhice ou invalidez ou por sobrevivência.

Como especial novidade, cumpre anotar o artigo 3.°, que admitia fundos de pensões fechados ou abertos:

– fundo fechado quando diga respeito apenas a um associado ou, existindo vários associados, desde que exista um vínculo de natureza empresarial, associativo, profissional ou social entre os mesmos e seja necessário o assentimento destes para a inclusão de novos associados no fundo – artigo 3.°/1, *a*);
– fundo aberto quando não se exija a existência de qualquer vínculo entre os diferentes aderentes ao fundo, dependendo a adesão ao fundo unicamente de aceitação pela entidade gestora – artigo 3.°/1, *b*).

III. As sociedades gestoras mantinham-se, ao lado das seguradoras, como entidades habilitadas a gerir fundos de pensões – artigo 6.°. Com um capital mínimo de 200.000 c., elas dependem de autorização a conceder pelo Ministro das Finanças, mediante portaria – artigos 7.°/1, *a*) e 8.°/1.

A lei regulava, depois, vários aspectos a elas atinentes: as funções (9.°), os actos vedados ou condicionados (10.°), o acesso a mercados interbancários (11.°), a liquidez (12.°), o depósito (13.°), os depositários (14.°), as relações entre as entidades gestoras e os depositários (15.°) e as modificações (16.°).

IV. A autorização para a constituição dos fundos depende do ISP – 17.°/1 –, com recurso para o Ministro das Finanças – *idem*, n.° 4.

O artigo 18.° regulava o contrato de constituição dos fundos de pensões fechados, reportando-se o 19.° ao contrato de gestão desses mesmos fundos – artigo 19.°.

No caso dos fundos abertos, a sua constituição dava-se com a aprovação, pelo ISP, do seu regulamento de gestão – 20.°/1. Previa-se, depois, a adesão colectiva – 22.°.

O duplo dever, no tocante à gestão financeira, técnica e actuarial, já detectado no Decreto-Lei n.° 396/86, de 25 de Novembro, foi desenvolvido, no artigo 26.°, nos seguintes termos:

– o património, as contribuições e os planos de pensões devem estar em cada momento equilibrados de acordo com sistemas actuariais de capitalização que permitam estabelecer uma equivalência entre, por um lado, o património e as receitas previstas para o fundo e, por outro, as prestações futuras aos beneficiários e os encargos de gestão e depósito futuros – 26.°/1;
– o ISP (...) fixará as regras (...) a observar na administração do fundo, designadamente para realização dos princípios consignados nos números anteriores – 26.°/8.

As aplicações dos fundos de pensões, as aquisições vedadas e transacções, as receitas e as despesas dos fundos eram objecto de menção normativa: artigos 27.°, 28.°, 29.° e 30.°.

V. Os fundos de pensões para as comunidades portuguesas eram fundos abertos – 31.°/1 – cujos participantes residam, definitivamente e há, pelo menos, um ano, no estrangeiro – *idem*, n.° 2.

A supervisão dos fundos cabe ao ISP – 33.° – sendo subsidiariamente aplicável o Direito da actividade seguradora – artigo 34.°.

Finalmente, o artigo 37.° revogava o Decreto-Lei n.° 396/86, de 25 de Novembro.

19. *O regime do Decreto-Lei n.° 475/99, de 9 de Novembro*

I. O novo regime adoptado pelo Decreto-Lei n.° 475/99, de 9 de Novembro, veio justificar-se com o desenvolvimento alcançado pelos fundos de pensões desde 1991 e pela experiência acumulada desde então. Pretendeu-se, mais particularmente:

– apurar a gestão e a fiabilidade financeira dos fundos;
– definir, com mais apuro, os direitos constituídos;
– reforçar a posição dos contribuintes;
– melhorias prudenciais.

II. O novo diploma repartia-se por 59 artigos, assim ordenados:

Capítulo I – Disposições gerais (1.° a 4.°);
Capítulo II – Planos de pensões (5.° a 9.°);
Capítulo III – Regime geral dos fundos de pensões (10.° a 24.°);
Capítulo IV – Regime de financiamento dos fundos de pensões (25.° a 32.°);
Capítulo V – Gestão e depósito dos fundos de pensões (33.° a 52.°);
Capítulo VI – Fundos de pensões para as comunidades portuguesas (53.° e 54.°);
Capítulo VII – Disposições transitórias e finais (55.° a 59.°).

III. Os planos de pensões eram definidos no artigo 5.°/1 como:

(...) os programas que definem as condições em que se constitui o direito ao recebimento de uma pensão a título de pré-reforma, reforma antecipada, reforma por velhice, reforma por invalidez ou ainda (...)

Há diversos tipos de planos, designadamente – 7.°/2, *b*) – os não contributivos: o plano é financiado exclusivamente pelo associado.

A noção, sempre sensível, de "direitos adquiridos" resulta do artigo 9.°:

1 – Considera-se que existem direitos adquiridos sempre que os participantes mantenham o direito aos benefícios consignados no plano de pensões, de acordo com as regras neste definidas, independentemente da manutenção ou da cessação do vínculo existente com o associado.

O diploma continha, depois, diversas regras, com relevo prudencial.

IV. Como foi referido, o Decreto-Lei n.° 475/99, de 9 de Novembro, foi alterado, sucessivamente, pelo Decreto-Lei n.° 292/2001, de 20 de Novembro e pelo Decreto-Lei n.° 251/2003, de 14 de Outubro.

20. *O regime do Decreto-Lei n.° 12/2006, de 20 de Janeiro*

I. O Decreto-Lei n.° 12/2006, de 20 de Janeiro, é apresentado, no seu preâmbulo, nos termos seguintes:

A transposição da Directiva n.° 2003/41/CE, do Parlamento Europeu e do Conselho, de 3 de Junho, relativa às actividades e à supervisão das instituições de realização de planos de pensões profissionais, constitui ensejo para proceder à revisão geral do regime dos fundos de pensões, incrementando o nível da protecção de participantes e beneficiários, bem como procedendo ao seu aperfeiçoamento técnico tendo em conta a experiência de supervisão dos fundos de pensões.

E prossegue, mais adiante, desenhando as intenções legislativas:

> Além do tratamento unitário dos fundos de pensões, que já data de 1985, o presente decreto-lei tem o cuidado de, na previsão de novas estruturas de governação dos fundos de pensões dirigidas a uma especial mediação entre a gestão profissional dos fundos e os destinatários (não profissionais) da respectiva actividade, contemplar, para os fundos do segundo pilar, a previsão de uma comissão de acompanhamento da realização do plano de pensões e, para os do terceiro pilar, a previsão do provedor dos participantes e beneficiários. A criação destas figuras tem em conta a experiência do direito comparado e a prática actual dos operadores portugueses dos mercados dos fundos de pensões e segurador.

II. O conteúdo geral do Decreto-Lei n.° 12/2006, de 20 de Janeiro, resulta da sua sistemática. Temos:

Título I – Disposições gerais (1.° a 5.°);
Título II – Planos de pensões (6.° a 10.°);
Título III – Fundos de pensões:
  Capítulo I – Disposições gerais (11.° a 19.°);
  Capítulo II – Vicissitudes:
    Secção I – Constituição (20.° a 23.°);
    Secção II – Alterações (24.°);
    Secção III – Adesão a fundos de pensões abertos (25.° a 29.°);
    Secção IV – Extinção e liquidação (30.° e 31.°).
Título IV – Estruturas de governação dos fundos de pensões:
  Capítulo I – Entidades gestoras:
    Secção I – Disposições gerais (32.° a 37.°);
    Secção II – Condições de acesso e exercício das sociedades gestoras (38.° a 47.°);
  Capítulo II – Depositários (48.° a 51.°);
  Capítulo III – Outras entidades (52.° a 56.°).
Título V – Mecanismos de governação dos fundos de pensões:
  Capítulo I – Gestão de riscos e controlo interno (57.° a 59.°);
  Capítulo II – Informação aos participantes e beneficiários:
    Secção I – Fundos fechados e adesões colectivas a fundos (60.° a 62.°);
    Secção II – Adesões individuais a fundos abertos (63.°);
  Capítulo III – Demais informação e publicidade (64.° e 65.°).
Título VI – Regime prudencial dos fundos de pensões:
  Capítulo I – Património (66.° a 73.°);
  Capítulo II – Responsabilidade e solvência (74.° a 81.°).
Título VII – Serviços transfronteiriços de gestão de planos de pensões profissionais:
  Capítulo I – Disposições gerais (82.° a 84.°);

Capítulo II – Autorização de gestão de planos de pensões profissionais noutros Estados (85.° a 88.°);
Capítulo III – Informação das disposições relevantes nacionais para a gestão de planos de pensões profissionais nacionais (89.° a 91.°).
Título VIII – Supervisão (92.° a 96.°);
Título IX – Disposições finais e transitórias (97.° a 100.°).

III. O diploma apresenta uma complexidade vincada mercê do acrescento "europeu" e dos aspectos conexos, ligados à supervisão.

Para além disso, reencontramos categorias que já nos são familiares: os planos não-contributivos – 7.°/2, *b*) – os direitos adquiridos reportados ao que resulte dos planos – 9.°/1 – e a preocupação de rigor na gestão.

IV. Apesar da sua juventude, o Decreto-Lei n.° 12/2006, de 20 de Janeiro, já foi alterado duas vezes: pelos Decretos-Leis n.° 180/2007, de 9 de Maio e n.° 357-A/2007, de 31 de Outubro. O primeiro modificou pontos atinentes à comissão de acompanhamento do plano de questões e à informação na vigência do contrato; o segundo agiu sobre diversos aspectos de funcionamento dos fundos.

21. *Conclusões relativas à segurança social e aos fundos de pensões*

I. A análise das matérias atinentes à evolução da segurança social e aos fundos de pensões, fatalmente descritiva e algo fastidiosa, permite algumas conclusões da maior importância para o nosso estudo.

Nos primórdios, a segurança social era algo de quase intuitivo. Ela decorria de actuações tradicionais das famílias e das instituições de benemerência. Mais tarde, ela foi avocada pelo Estado, que foi dispondo, para ela, de leis cada vez mais complexas.

II. Razões de diversa ordem levaram a que o Estado não fixasse um monopólio público da matéria. Ele veio reconhecer esquemas complementares. Mas exigiu a sua entrega a organismos profissionalizados e especializados, dotados de adequada supervisão.

A segurança social é, hoje, uma matéria complexa, a manusear por especialistas. Implica dimensão, conhecimentos actuários e uma gestão cada vez mais complexa.

III. A essa luz, compreende-se porque se dificulta (ou impede) a assunção directa, pelas empresas, de responsabilidades assistenciais: isso vai reportar, para o futuro, problemas complexos de gestão, fora da área de especialidade das empresas. Estas terão uma especial dificuldade em movimentar-se nesses domínios, para os quais não é suposto estarem preparadas. Daí resulta uma dupla instabilidade:

– para as próprias empresas, que irão desviar as suas energias produtivas para fins que não são os seus e que irão ser deficientemente prosseguidos;
– para os beneficiários, que poderão, no futuro e numa altura em que já nada há a fazer, ver frustrada a sua confiança.

Fixemo-nos, pois, na ideia de que a segurança social, seja a nuclear, seja a complementar, compete, hoje, a entidades especializadas.

V – **As alterações de circunstâncias**

22. ***O problema***

I. A alteração das circunstâncias é o instituto inserido no artigo 437.°/1, do Código Civil, e que permite, verificados os seus pressupostos, resolver ou modificar um contrato, de modo a adaptá-lo a superveniências entretanto surgidas. Trata-se de um tema que temos vindo a analisar pelos vários ângulos[34] e que, aqui, será sumariamente referenciado.

II. As prestações assistenciais são particularmente sensíveis às alterações de circunstâncias. Quando acordadas, elas são-no, como é natural, de acordo com as coordenadas empresariais e económicas então existentes. Como têm uma eficácia diferida, elas podem vir a concretizar-se em condições muito diferentes das iniciais. Mesmo quando se entenda que as prestações assistenciais têm o sentido de fazer correr, pelas empresas, os riscos da evolução futura, sempre será necessário por um qualquer limite às eventualidades que possam relevar.

III. Às convenções colectivas de trabalho aplica-se o artigo 437.°/1, do Código Civil. Trata-se de um tema discutido na Alemanha, onde acabou por receber resposta positiva[35]. Também entre nós deve prevalecer essa orientação.

[34] Por último, *vide* o nosso *Tratado de Direito civil* I/1, 3.ª ed. (2007), 830 ss., com indicações.
[35] *Vide* o nosso *Convenções colectivas de trabalho e alterações de circunstâncias* cit., 103 ss..

Como ponto de partida, deve ficar claro que a aplicabilidade, ao Direito convencional colectivo, do artigo 437.°/1 do Código Civil, não traduz nenhum desfavor nem para os trabalhadores, nem para os empregadores. O remédio *ex bona fide* poderá ser invocado por qualquer um dos parceiros colectivos e, ainda, nos termos abaixo explicitados, pelos sujeitos laborais na relação individual. Todos eles ficarão, assim, em situações mais seguras, porquanto ao abrigo de imponderáveis.

IV. As convenções colectivas de trabalho sujeitam-se ao princípio da boa fé contratual. É assim no tocante à fase pré-contratual, como se viu e por expressa injunção legal; assim será, também, no tocante à sua execução.

Aquando da contratação, as partes laborais colectivas negoceiam na base de um certo *status*. Como qualquer contrato, a convenção colectiva não pode prever todas as eventualidades. E assim, haverá que ter em conta, na sua aplicação, as delimitações ambientais que, geneticamente, a informaram. Quando as circunstâncias que rodearam a celebração do contrato se alterem, ao ponto de a exigência das obrigações assumidas ser gravemente contrária aos princípios da boa fé, a convenção deve ser alterada ou, no limite, pode ser denunciada, visto o disposto no artigo 437.°/1 do Código Civil.

V. Quando contratem, as partes laborais colectivas podem estatuir para a hipótese da alteração: nessa ocasião, funcionará a previsão das partes.

Pode, também, haver específicos regimes de risco ou, ainda, situações que se resolvam na base de interpretação convencional complementadora. Nessa ocasião, têm aplicação os competentes regimes, em detrimento das soluções *ex bona fide*[36].

Particularmente importantes na depuração do instituto foram os avanços no domínio da interpretação complementadora, designadamente quando fazem apelo à teoria económica do contrato. Quando contratam, as partes partem do princípio de que, a haver superveniências, elas saberão, pela negociação e pelo mútuo consentimento, chegar a novas soluções. Elas têm, assim, esse dever de renegociar, em termos que mais reforçados ficam se se tiver em conta a área laboral colectiva onde o problema se põe. Se esse dever não for acatado, haverá que recorrer às soluções do Estado e do Direito[37].

[36] Com indicações, MENEZES CORDEIRO, *Da alteração de circunstâncias*, separata dos Estudos em Memória do Prof. Doutor Paulo Cunha (1987), 37 ss..

[37] Cf. NORBERT HORN, *Neuverhandlungspflicht*, AcP 181 (1981), 255-288 (256 ss.) e ROTH/ /*MünchKomm*, 3.ª ed. (1994), § 242, Nr. 515 ss. (240 ss.).

VI. Uma aparente fonte de problemas poderia resultar da divisão tradicional das convenções colectivas em dois níveis: obrigacional e regulativo. Porém, essa divisão deve ser superada pela consideração da unidade dos instrumentos laborais colectivos. Tal unidade faz-se na perspectiva de que, obrigacionais ou regulativas, as diversas clásulas convencionais colectivas existem por terem sido contratadas entre os parceiros laborais colectivos.

23. *A experiência alemã no tocante às prestações assistenciais*

I. Regressando às prestações complementares da segurança social, e como elemento esclarecedor do Direito comparado, vai compulsar-se, em termos sintéticos, a experiência alemã[38]. Esta foi particularmente sensível ao problema uma vez que o essencial das prestações assistenciais recaía sobre as empresas.

Pôs-se, na década de trinta, o problema de saber se as reformas poderiam ser encurtadas ou mesmo suprimidas, por necessidade económica do empregador.

Inicialmente, o *Reichsarbeitsgericht* – o Supremo Tribunal do Trabalho Alemão, antes de 1945, conhecido pela sigla RAG – começou por considerar inaplicável a alteração das circunstâncias, ditada por necessidade das empresas, às pensões de reforma.

Em 9-Dez.-1931, o RAG considerou que, por força do princípio da boa fé, a base do negócio e a *clausula rebus sic stantibus* eram aplicáveis; não, porém, neste domínio, uma vez que a entidade empregadora, ao optar por um contrato de trabalho e não por uma simples relação de serviço, assumiu um dever de assistência[39].

Em 10-Ago.-1932, decidiu-se sobre o problema posto pela pensão dum livreiro: a empresa, por dificuldades económicas sobrevindas, não tinha meios para a pagar. Pois bem: o RAG entendeu que embora o § 242 do BGB – portanto: o princípio da boa fé – fosse válido, ele não poderia ser aqui aplicado[40].

[38] Sobre a sua evolução, são fundamentais: MARIE LUISE HILGER, *Das betriebliche Ruhegeld / / Zugleich ein Beitrag zum Recth der betrieblichen Arbeitsbedigungen* (1959), 253 ss. e WOLFGANG BLOMEYER, *Der Betriebsrentner im Spannungsfeld zwischen Arbeitgeber, Unternehmen, Belegschaft und Insolvenzsicherung / Dargelegt am Problem der Ruhegeldkürzung bei wirtschaftlicher Notlage des Unternehmens*, RdA 1977, 1-13.

[39] RAG 9-Dez.-1931, ARS 13 (1932), 546-547. Em anotação, A. HUECK, ob. cit., 548-549, congratula-se com a decisão obtida, em nome do que considera a lealdade contratual.

[40] RAG 10-Ago.-1932, ARS 15 (1932), 553-556 (554 e 555), com anot. A. HUECK, 556, favorável.

Por seu turno, o *Reichsgericht* – o Supremo Tribunal Alemão, antes de 1945, conhecido pela sigla RG –, numa causa submetida à sua jurisdição, veio entender que o princípio da boa fé era de aplicação geral, podendo concretizar-se num caso de pensão[41].

II. A viragem foi encetada, aindam na primeira metade da década de trinta, pela jurisprudência; no entanto, é de admitir que a pressão dourinária tenha, também, jogado.

Em 24-Maio-1933, o RAG veio explicar que a má situação económica não justificaria, só por si, a redução das pensões; no entanto e por via do § 242 do BGB, já assim não seria se o seu pagamento pudesse pôr em causa a subsistência das empresas[42].

Em 17-Fev.-1934, o RAG aceitou, por via da boa fé, a possibilidade de reduzir uma pensão, por estar em causa a continuidade da laboração; entendeu, no entanto, ser de ter em conta a totalidade do património da entidade vendedora e não, apenas, a parcela afecta à empresa[43].

Em 26-Set.-1934, o RAG, já em moldes de maior generalidade, veio a entender que, por via da boa fé, as pensões podiam ser reduzidas se o seu quantitativo fosse de molde a pôr em causa a subsistência da empresa[44]. Esta orientação foi uniformemente mantida, como resulta das decisões de 14-Dez.-1935[45], de 9-Nov.-1938[46] e 3-Mai.-1939[47].

III. Depois da Guerra de 1939-1945, a jurisprudência começou por manter a orientação anterior.

[41] RG 30-Abr.-1935, ARS 25 (s/d), 5-24, Anot. A. HUECK, 24-28, concordante. A. HUECK fez notar, na sua anotação, que se estava, aqui, fora da área do Direito do trabalho; o encurtamento das pensões só poderia ser admitido em circunstâncias muito especiais.

[42] RAG 24-Mai.-1933, ARS 18 (1933), 153-156, Anot. HUECK, 156-157, renitente.

[43] RAG 17-Fev.-1934, ARS 20 (1934), 166-170, anot. VOLKMAR, 170-171.

[44] RAG 26-Set.-1934, ARS 22 (1935), 5-15, anot. HUECK, 15-17, que chama a atenção para o facto de tal só ser possível na estreita margem requerida pela boa fé.

[45] RAG 14-Dez.-1935, ARS 26 (1936), 102-108, anot. HUECK, 108, concordante.

[46] RAG 9-Nov.-1938, ARS 34 (1939), 273-281 (277), anot. HUECK, 281-282, concordante.

[47] RAG 3-Mai.-1939, ARS 36 (1939), 188-198 (196), segundo o qual o § 242 BGB só teria aplicação se a empresa estivesse numa situação tão difícil, "... *dass es alle Kraft anspannen muss, um sich zu erhalten, dass es also im seinem Bestande gefährdet*". Cf., aí, também a anot. de HUECK, 198-199, concordante.

Assim, o LAG Stuttgart, em 5-Jan.-1949, entendeu que as pensões só poderiam ser encurtadas perante uma grave violação do dever de lealdade ou se, por exigência da boa fé, elas se tornassem inexigíveis[48].

De igual modo o OLG Hamburg se pronunciou favorável ao enurtamento de pensões, como última solução[49].

Chegados a este ponto, o tema da sensibilidade às circunstâncias das pensões de reforma e similares veio merecer a reflexão da doutrina e, em especial, o importante estudo de Hilger[50]. Esta Autora, depois de passar em revista as diversas orientações, aceita, em princípio, a aplicabilidade da base do negócio, mas afirma ser necessário ir mais longe. As pensões de reforma não derivam, directamente, duma relação de troca, de modo a ser possível falar numa perturbação da equivalência das prestações. Pelo contrário: elas têm a ver com uma particular ligação à empresa, assim se podendo falar, a seu propósito, numa comunidade de empreendimentos e de risco[51]. Vem, assim, a falar-se num princípio de comunidade solidária[52], que justificaria a sensibilidade das pensões à conjuntura.

IV. A questão foi, entretanto, expressamente ressalvada pelo legislador. Através da Lei para a Melhoria da Assistência na Velhice[53], com diversas versões, estabeleceu-se um fundo para auxiliar as empresas com dificuldades em satisfazer os seus deveres assistenciais. Além disso – § 16 – estabeleceu-se a regra de, com equidade, proceder, cada três anos, à adaptação das pensões ao estado da economia e das empresas. Esta medida opera por recomendação do Conselho Federal, sendo, pois, de tipo concertado[54].

Os tribunais deixaram, pois, de ser chamados a pronunciar-se sobre o tema. No entanto, caso o problema se venha a pôr por outras vias, designadamente

[48] LAG Stuttgart 5-Jun.-1949, RdA 1949, 430-431, anot. HUECK, 431-432 (432), concordante, e fazendo justamente ressaltar a continuidade com a jurisprudência do RAG.

[49] OLG Hamburg 8-Mai.-1951, BB 1951, 448.

[50] MARIE LUISE HILGER, *Das betriebliche Ruhegeld* cit., de 1959; sobre a importância deste estudo, cf. BLOMEYER, *Der Betriebsrentner* cit., 5.

[51] HILGER, *Das betriebliche Ruhegeld* cit., 258-279. A Autora faz questão em sublinhar que este princípio poderia funcionar, também, a favor dos pensionistas.

[52] BLOMEYER, *Der Betriebsrentner* cit., 9-10.

[53] Conhecida pela sigla BetrAVG, de *Gesetz zur Verbesserung der betrieblichen Altersversorgung*, de 19-Dez.-1974.

[54] Cf., sobre este esquema, REINHARD RICHARDI, *Anpassung der Leistungen einer betrieblichen Alterversorgung nach § 16 BetrAVG*, DB 1976, 1718-1723 (1718 ss.) e *Voraussetzungen einer Anpassung betrieblicher Versorgungs- leistungen nach 16 BetrAVG*, DB 1977, 207-212.

por se verificarem alterações que ultrapassem o esquema legal, pondo em crise as empresas, o sistema mantém as suas válvulas de segurança e, designadamente: a possibilidade de, através da boa fé, fazer intervir a alteração das circunstâncias[55].

24. *A situação em Portugal*

I. Em Portugal, a necessidade de, por alteração das circunstâncias e em nome da boa fé, rever ou mesmo suprimir as pensões complementares de reforma[56] foi reconhecida na jurisprudência.

Na Relação de Lisboa veio a colocar-se a seguinte questão:

> Uma empresa (a UTIC) vinculara-se, por regulamento de empresa, em 1966, a pagar, aos seus trabalhadores, uma pensão complementar de reforma. Em 1985 aposentou-se determinado trabalhador: o complemento foi-lhe pago, até 1991. Nessa data, foi suspenso, por invocada má situação da empresa.
>
> O Tribunal começou por entender que o direito ao complemento tem natureza contratual, mau grado a sua fonte. Após várias considerações, entendeu aplicável o artigo 437.°/1 do Código Civil[57]. Julgou, pois, procedente, a suspensão do pagamento da pensão complementar de reforma.

Trata-se de um caso importante, por demonstrar que a matéria das prestações complementares é sensível à alteração das circunstâncias e à ba fé. Ela pode ser transposta para os casos nos quais as pensões advenham de convenções colectivas. Idêntica opção consta do recente acórdão do Supremo de 19-Dez.-2007[58]

II. As convenções colectivas, quando consagrassem prestações complementares assistenciais, faziam-no, nos termos gerais, por aderirem à manutenção de um circunstancialismo básico.

Quando esse circunstancialismo se altere, em termos que ultrapassem vincadamente o que as partes haviam previsto, surge um dever de renegociar as

[55] Nesse sentido, MARIE LUISE HILGER, *Vertragsauslegung und Wegfall der Geschäftsgrundlage im betrieblichkollektiven Bereich* cit., em especial 250.

[56] Por nós defendida em *Da adaptação às circunstâncias das prestações complementares da segurança social*, nos Estudos em Memória do Prof. Doutor Cavaleiro de Ferreira (1995), 305-321.

[57] RLx 20-Out.-1993 (BELO VIDEIRA), CJ XVIII (1993) 5, 191-102.

[58] STJ 19-Dez.-2007 (BRAVO SERRA), Proc. 07S3387/ITIJ.

competentes cláusulas, dever esse que se torna particularmente intenso após o período normal de vigência da convenção.

A vigência pós-eficaz da convenção, quando determinada pela lei até ao surgimento do instrumento substituto não pode ser usada para manter em vida, indefinidamente, cláusulas apenas subscritas tendo em vista uma vigência limitada. Nessa altura, deve entender-se que apenas se mantêm as demais cláusulas.

De todo o modo e independentemente desse termo de vigência, haverá que lidar com o artigo 437.°/1 do Código Civil. Quando ocorra uma modificação inesperada, a exigência dos pagamentos complementares poderá ser contrária à boa fé. Haverá, então, seja que suspender as competentes cláusulas, seja que proceder à sua alteração, nos termos da equidade.

III. Em toda esta matéria há um evidente apelo ao legislador: recorde-se a solução em último caso encontrada na Alemanha. A Segurança Social atravessa dificuldades conhecidas, tal como, aliás, vem sucedendo nos diversos países. Porém, a solução não poderá ser procurada à custa das empresas. Sobre estas repousa, já, o encargo fundamental de, pelo desenvolvimento que gerem e pela criação de postos de emprego, garantir a saída para a crise, o futuro de todo o sistema.

Porém, até que sejam tomadas medidas legislativas, deve ficar claro que o Direito português vigente dispõe, já, de instrumentos capazes de fazer respeitar o equilíbrio efectivamente pensado e acordado, livre e soberanamente, pelos parceiros laborais colectivos.

VI – **Direito transitório e direitos adquiridos**

25. ***Generalidades; a substancialização***

I. No Direito do trabalho não há um Direito transitório especial. Salvo preceitos contidos em diplomas delimitados e para efeitos também limitados e bem demarcados, recorre-se, pois, ao artigo 12.° do Código Civil[59], cujo sistema básico é conhecido.

[59] Cf. MENEZES CORDEIRO, *Manual de Direito do Trabalho* cit., 198 ss..

Embora consagrado que o sistema do artigo 12.° do Código Civil tende hoje a ser completado.

De facto, o Direito transitório formal é um Direito de conflitos ou um Direito de segundo grau. Ele não regula directamente situações da vida, antes se limitando, de entre várias normas em presença, a apontar qual tem competência para o fazer. O Direito transitório torna-se, assim, acentuadamente irreal, apresentando escassas ligações com os casos concretos.

Esta situação, assim apresentada, não é desejável nem conveniente. Não é desejável porque o Direito visa sempre resolver casos concretos; não pode, pois, e em nenhum dos seus estádios, alhear-se dessa mesma solução, sob pena de formalismo e de irrealismo. Não é conveniente por não corresponder à efectividade do processo de concretização do Direito. Chamado a resolver um problema, o intérprete-aplicador procura a decisão pesando os diversos argumentos que para ela possam contribuir, entre os quais os elementos transitórios: ele não vai, em separado, determinar uma lei transitoriamente aplicável e, depois, proceder às outras operações de concretização. A metodologia actual entende a realização do Direito como tarefa essencialmente integrada; e nessa integração inclui-se a determinação da lei aplicável, se necessário com recurso ao Direito transitório. Todos os elementos acima apontados a propósito da concretização jurídica entram aqui em jogo.

II. A autonomização de um Direito transitório formal é necessária para efeitos de estudo e de análise. Ela deve, no entanto, ser destruída, em momento posterior, por nova síntese que dê a dimensão real da decisão jurídica. Assim, e logo no domínio do Direito transitório, jogam-se os valores fundamentais do ordenamento, os quais não podem ser ignorados.

O Direito transitório tem de atender – e logo de ser sensível – às soluções que efectivamente faculte: a delimitação entre lei nova e lei velha dá-se através de um diálogo entre esquemas formais de aplicação temporal e os valores substantivos em presença.

A tal propósito se fala na substancialização das normas de conflitos: atendendo aos resultados elas condicionam directamente as soluções e dependem delas.

III. A substancialização das normas temporais de Direito do trabalho atende aos valores próprios desse sector normativo. Entre eles, deverão avultar todos os preceitos que tutelam a pessoa humana, no domínio laboral. Também a confiança é protegida: o Direito transitório deve facilitar a consolidação jurídico-subjectiva alcançada sob a lei velha.

26. *Os graus de retroactividade*

I. Questão melindrosa no Direito transitório é a colocada por normas retroactivas. A letra, retroactividade é a actuação sobre o passado. No entanto, a expressão será aqui usada em termos bastante mais latos: ela implicará qualquer situação em que se venha bulir com algo já existente ou de possível consubstanciação. Torna-se então necessário distinguir diversas formas ou graus de "retroactividade": o alargamento da ideia vai, de facto, levá-la a abarcar diferentes realidades.

A doutrina especializada tem ido bastante longe nesse domínio; pelas necessidades da exposição vai, de seguida, efectuar-se uma simples distinção de três formas de retroactividade, consubstanciadas em outros tantos graus de ordem decrescente: o terceiro grau ou *grau máximo,* o segundo grau ou *grau médio* e o primeiro grau ou *grau fraco.*

II. No *grau máximo* ou *forte*, a lei é retroactiva quando pretenda agir sobre o caso julgado anterior. O caso julgado é uma decisão jurídica definitiva que, formalmente, já não admita mais alterações. Em regra, quando se fala de caso julgado tem-se em vista a sentença transitada, a qual não admite, como se sabe, recurso ordinário. Tal noção pode, contudo, ser estendida a outros tipos de decisões jurídicas – por exemplo, actos administrativos – que, por razões de Direito, não mais possam ser alteradas.

No *grau médio*, a lei é retroactiva quando actue sobre factos inteiramente decorridos no passado, ainda que sem a cobertura do caso julgado, isto é, da decisão jurídica insusceptível de alteração por vias ordinárias. Assim sucederia, por exemplo, quando uma lei que baixasse a taxa de juros determinasse a restituição de juros vencidos e pagos ao abrigo da lei velha.

No *grau fraco*, a lei é retroactiva quando actue sobre situações jurídicas pré-existentes, mas que ainda não produziram todos os seus efeitos; a alteração vai centrar-se, então, sobre os efeitos ainda não verificados. Por exemplo, haveria retroactividade fraca no diploma que, ao alterar as taxas de juros, atingisse os contratos celebrados ao abrigo da taxa anterior, mas de modo a abranger apenas os juros ainda não vencidos.

III. O artigo 12.° do Código Civil, pode conduzir, em certos casos, a situações de "*retroactividade*" fraca ou do primeiro grau: assim sucede quando a lei nova, *por pretender regular de modo directo* o *conteúdo de certas situações jurídicas, atinja situações pré-existentes, constituídas* ao *abrigo da lei velha.* Entende-se pois que fica na disponibilidade do legislador o estabelecer este modo de . retroactividade. Certos limites, que ainda devem ser tidos em conta, serão objecto de uma menção específica.

Em compensação, a *retroactividade forte* ou do terceiro grau é inconstitucional. Segundo o artigo 282.°/3 da Constituição, havendo declaração de inconstitucionalidade com força obrigatória geral, ficam ressalvados os casos julgados firmados ao abrigo do próprio diploma viciado. Este argumento jurídico-positivo somado à necessidade de, por forma definitiva, deixar incontroversa a coisa julgada, permite considerar inequívoca a inconstitucionalidade da retroactividade de grau máximo.

A *retroactividade média* – portanto aquela que vai atingir efeitos inteiramente produzidos ao abrigo da lei velha – coloca questões de fronteira mais delicadas. Julga-se que o legislador pode impor esquemas de retroactividade média desde que o faça expressamente e desde que, ao fazê-lo, respeite certos postulados constitucionais. Por exemplo, o diploma que viesse alterar a taxa de juros e que determinasse a restituição de juros anteriormente vencidos e pagos, iria bulir com o artigo 62.° da Constituição, que garante a propriedade privada. A retroactividade seria possível, desde que os titulares atingidos fossem indemnizados.

27. *O tratamento mais favorável e os direitos adquiridos*

I. Ocorre perguntar se o *favor laboratoris*, enquanto norma de conflitos, tem algum particular papel a desempenhar nas questões acima referidas dos conflitos temporais de norma e dos graus de retroactividade. O problema é despoletado pela existência de algumas regras específicas de Direito transitório laboral, como as contidas nos artigos 10.° e 54.° dos Decretos-Leis n.° 49.408, de 24 de Novembro de 1969 e n.° 409/71, de 27 de Setembro, respectivamente, que ressalvam os esquemas anteriores, no que sejam mais favoráveis para os trabalhadores.

Como é sabido, a existência, num ramo normativo, de soluções particularizantes tanto pode dar lugar a argumentos por analogia como *a contrario*. Não é possível escolher logicamente entre eles, numa das críticas tradicionais à jurisprudência dos conceitos. Por isso, há que atentar nos valores em jogo.

Tanto o Decreto-Lei n.° 49.408 como o n.° 409/71, pelo seu teor como pela conjuntura expansionista em que surgiram visaram, de modo assumido, melhorar as condições dos trabalhadores. Ora bem estranho seria que, pontualmente, elas viessem piorar: antes, então, que se mantivessem. Por isso, os citados artigos 10.° e 54.° não obedecem a qualquer lógica do Direito transitório *mas, tão só, à lógica dos diplomas em que eles se incluem*. Nessa base não é possível qualquer generalização: o artigo 12.° do Código Civil, com as suas conexões, suplanta o *favor*.

II. O material reunido permite responder ao problema dos "direitos adquiridos" dos trabalhadores.

A expressão "direitos" é, com frequência, utilizada sem o alcance técnico que lhe deveria caber. Recorde-se o "direito" ao trabalho que corresponde, no fundo, à ideia programática, a defender por via política, de que o Estado deve prosseguir uma política de pleno emprego ou os "direitos" referidos no artigo 15.°/2 da LRCT que se reportam a figuras ainda não "cristalizadas" ou "vencidas". Em tais circunstâncias, impõem-se algumas distinções dentro do universo amplo "direitos"; ficam abrangidos:

– direitos subjectivos reconhecidos por sentença transitada ou equivalente;
– direitos subjectivos já formados na esfera jurídica do titular e exercidos; por exemplo, a retribuição vencida e paga;
– direitos subjectivos já formados na esfera jurídica em causa mais ainda não exercidos; por exemplo, a retribuição vencida mas não paga;
– expectativas automáticas; por exemplo, se atingir cinco anos de serviço, obtém uma diuturnidade;
– expectativas simples: se tiver bom serviço pode 'ser promovido;
– expectativas programáticas: concretizado o plano constitucional, há pleno emprego, qualidade de vida, etc..

III. Os "direitos" referidos são tutelados nos precisos termos acima considerados a propósito dos graus de retroactividade.

No caso julgado não se pode tocar, sob pena de inconstitucionalidade. Os *verdadeiros direitos subjectivos* são direitos patrimoniais privados: ninguém pode ser despojado deles sem justa indemnização.

As *expectativas* – por vezes ditas "direitos" ainda não formados – são vulneráveis. Ninguém tem *direito* ao salário do próximo ano; nem sequer trabalhou, aliás, no correspondente período, podendo até nunca o vir a fazer. Mesmo as expectativas automáticas podem ser suprimidas, assim sucedendo, designadamente, quando integrem situações complexas alteradas pela lei nova; pense-se, por exemplo, no caso do arrendamento. Esta vulnerabilidade das expectativas tanto opera perante as automáticas como perante as simples.

As *expectativas programáticas*, por fim, dão lugar a pretensões políticas, a actuar dentro das regras próprias da democracia representativa.

28. *A cessação da previsão normativa e os direitos dinâmicos*

I. Alguma dúvida pode ainda manter-se quando a aplicação de IRCs sucessivos venha bulir com situações jurídicas duradouras ou com os denominados direitos dinâmicos, isto é, direitos susceptíveis de gerar novos direitos.

A situação jurídica duradoura corresponde a um "*status*" que exige ou implica deveres de conduta contínuos, para o futuro. Pergunta-se: tal situação, formada ao abrigo do instrumento velho, é afectada por um instrumento novo que disponha de outra maneira?

Como regra geral, a lei nova pode alterar situações pré-vigentes, desde que o faça apenas para o futuro: pense-se na legislação sobre o arrendamento. No Direito do trabalho tal regra funciona, salvo excepções pontuais legalmente impostas. O assunto pode, porém, ser mais esclarecido com recurso à ideia de cessação da previsão normativa como via para a aplicação imediata do instrumento novo.

II. A norma jurídica depende, para se aplicar, da verificação de certos factos nela própria previstos: da previsão normativa.

Ora os efeitos produzidos pelo instrumento velho cessarão quando o instrumento novo venha pôr cobro ou alterar a previsão de factos em que eles assentavam. Por exemplo: o subsídio por trabalho nocturno previsto pelo IRC velho deixa de ser devido quando o IRC novo proíba o trabalho nocturno, os subsídios de turnos do IRC velho mudam em consonância com nova distribuição de turnos pelo IRC novo, etc..

III. Os direitos dinâmicos derivam de uma particular técnica linguística, especialmente divulgada em sectores sensíveis como o Direito do trabalho e que consiste em apresentar como "direitos" já subjectivizados ou consolidados figuras que, na realidade, são meras expectativas, dependentes de ulteriores concretizações e, *minime*, da manutenção em vigor das fontes que as legitimem.

O "direito dinâmico" deixará, pois, de produzir os seus frutos sempre que seja suprimida a fonte – o IRC – em que ele se apoiava. Por exemplo, uma cláusula de progressão salarial atribui o direito às parcelas já alcançadas e integradas na retribuição; mas apenas dá uma expectativa, a progressões futuras. A substituição dum IRC que contivesse tais progressões por outra que o não faça leva ao seguinte: as progressões já vencidas regem-se pelo IRC velho; as outras, caiem no novo, não chegando, pois, a concretizar-se.

VII – As prestações complementares convencionadas e o Direito vigente

29. *A evolução legislativa*

I. Com os elementos obtidos, cumpre retomar o tema da evolução legislativa das prestações complementares. Como foi dito, o regime da contratação colectiva, aprovado pelo Decreto-Lei n.° 49 212, de 28 de Agosto, dispunha:

> Art. 11.° As convenções colectivas conterão, tanto quanto possível, cláusulas sobre as seguintes matérias:
>
> (...)
>
> *x*) Previdência e abono de família;
>
> (...)

II. O novo regime, adoptado pelo Decreto-Lei n.° 164-A/76, de 28 de Fevereiro, era omisso. No tocante a limites legais para a contratação colectiva, dispunha simplesmente:

> Artigo 4.°
> (Limites)
>
> Os instrumentos de regulamentação colectiva de trabalho não podem:
> *a*) Limitar o exercício dos direitos fundamentais constitucionalmente garantidos;
> *b*) Contrariar normas legais imperativas;
> *c*) Incluir qualquer disposição que importe para os trabalhadores tratamento menos favorável do que o legalmente estabelecido;
> *d*) Estabelecer regulamentação das actividades económicas.

III. O agravamento da situação das empresas, incluindo as públicas, levou à publicação do Decreto-Lei n.° 887/76, de 29 de Dezembro, que alterou o artigo 4.° acima transcrito, entre outros preceitos. Damos conta da nova redacção:

> Artigo 4.°
> (Limites)
>
> 1. Os instrumentos de regulamentação colectiva de trabalho não podem:
>
> *a*) Limitar o exercício dos direitos fundamentais constitucionalmente garantidos;
> *b*) Contrariar normas legais imperativa;
> *c*) Incluir qualquer disposição que importe para os trabadhadores tratamento menos favorável do que o estabelecido por lei;

d) Estabelecer regulamentação das actividades económicas;
e) Estabelecer e regular benefícios complementares dos assegurados pelas instituições de previdência;
f) Conferir a qualquer das suas cláusulas eficácia retroactiva para além da data em que se tenha esgotado o prazo de resposta à proposta, previsto no n.° 2 do artigo 10.°, ou, no caso de revisão de convenção anterior, para além do termo de vigência desta.

2. Sem prejuízo do disposto na alínea *e*) do número anterior, podem ser estabelecidos benefícios complementares do subsídio de doença até ao limite de vinte dias por ano, seguidos ou interpolados.

3. A restrição decorrente da alínea *e*) do n.° 1 e do n.° 2 não afecta a subsistência dos benefícios complementares anteriormente fixados por convenção colectiva ou regulamentação interna das empresas.

4. As condições de trabalho fixadas por instrumento de regulamentação colectiva só podem ser reduzidas por novo instrumento de cujo texto conste, em termos expressos, o seu carácter globalmente mais favorável, sem prejuízo do disposto nas alíneas *b*) e *c*) do n.° 1.

5. A redução prevista no número anterior prejudica os direitos adquiridos por força do instrumento de regulamentação colectiva substituído, com ressalva do disposto no n.° 3.

O artigo 4.°/1, *e*), acima transcrito, era claro na proibição pura e simples do estabelecimento, por via convencional colectiva, de prestações complementares assistenciais.

IV. O Decreto-Lei n.° 519-C1/79, de 29 de Dezembro, que fixou um novo regime para os instrumentos de regulação laboral colectivos veio dispor, no domínio agora em causa:

Artigo 6.°

1. Os instrumentos de regulamentação colectiva de trabalho não podem:

a) Limitar o exercício dos direitos fundamentais constitucionalmente garantidos;
b) Contrariar normas legais imperativas:
c) Incluir qualquer disposição que importe para os trabalhadores tratamento menos favorável do que o estabelecido por lei;
d) Estabelecer regulamentação das actividades económicas, nomeadamente no tocante aos períodos de funcionamento das empresas, ao regime fiscal e à formação dos preços;
e) Estabelecer e regular benefícios complementares dos assegurados pelas instituições de previdência;
f) Conferir eficácia retroactiva a qualquer das suas cláusulas, salvo o disposto no artigo 13.°.

2. A restrição constante da alínea *e*) do número anterior não afecta a subsistência dos benefícios complementares anteriormente fixados por convenção colectiva, os quais se terão por reconhecidos, no mesmo âmbito, pelas convenções subsequentes mas apenas em termos de contrato individual de trabalho.

V. O Decreto-Lei n.° 209/92, de 2 de Outubro, elaborado ao abrigo de autorização legislativa concedida pela Lei n.° 11/92, de 15 de Julho, veio alterar o artigo 6.°/1, *e*), do Decreto-Lei n.° 519-C1/79, de 29 de Dezembro, dando-lhe a redacção seguinte:

> *e*) Estabelecer e regular benefícios complementares dos assegurados pelo sistema de segurança social, salvo se ao abrigo e nos termos da legislação relativa aos regimes profissionais complementares de segurança social ou equivalentes, bem como aqueles em que a responsabilidade pela sua atribuição tenha sido transferida para instituições seguradoras;

VI. Como se vê, a mera transcrição dos preceitos constitui uma sequência elucidativa, que corrobora a investigação acima realizada. Assim:

- em 1969, num clima de expansão, a lei incentiva níveis previdenciais nas convenções colectivas;
- em 1976, numa ambiência diversa, proíbe-os;
- em 1992, já com um certo equilíbrio, permite-os, mas desde que remetidos para os regimes profissionais complementares de segurança social, o que nos leva aos fundos de pensões[60].

Cumpre verificar como toda essa matéria se articula em termos de Direito transitório. A questão complicou-se pela introdução de temas de inconstitucionalidade, que cabe conhecer.

30. *O problema da (in)constitucionalidade*

I. O Decreto-Lei n.° 164-A/76, de 28 de Fevereiro, é anterior à Constituição de 1976. Por isso, não lhe coube observar os meandros relativos ao então futuro articulado constitucional. O Decreto-Lei n.° 887/76, de 29 de Dezembro, que se limitou a introduzir correcções no regime do primeiro diploma,

[60] Quanto a esta evolução, *vide* BERNARDO XAVIER/PEDRO FURTADO MARTINS/ANTÓNIO NUNES DE CARVALHO, anot. TC 966/96 – *Pensões complementares de reforma / Inconstitucionalidade da versão originária do art. 6.°/1, e), da LRC*, RDES XXXIX (1997), 147-184 (160 ss.).

tão-pouco teve especiais pruridos constitucionais. E o Decreto-Lei n.° 519-C1/79, de 29 de Dezembro, que substituiu o primeiro, seguiu a mesma linha.

II. A questão de inconstitucionalidade do Decreto-Lei n.° 519-C1/79, de 29 de Dezembro, foi suscitada pela consagração *ex novo* e com violação daquele diploma, de prestações complementares. As competentes cláusulas seriam nulas. Todavia, o Juiz do Tribunal do Trabalho que apreciou a causa, com base em citações de Barros Moura[61], considerou materialmente inconstitucional o artigo 6.°/1, *e*), daquele Decreto-Lei: iria restringir a contratação colectiva, tomada como um direito fundamental dos trabalhadores[62]. Por recurso do MP, a questão subiu ao Tribunal Constitucional. Daí resultou o acórdão de 11 de Julho de 1996[63], com a seguinte panorâmica:

– prevaleceu a posição de considerar o artigo 6.°/1, *e*), do Decreto-Lei n.° 519-C1/79, materialmente inconstitucional;
– ficou vencida a posição de o considerar, também, organicamente inconstitucional;
– ficou vencida a posição que considerava a norma como constitucional.

O acórdão em causa é frágil e pouco fundamentado. Curiosamente, ele ignora toda a temática da segurança social, o que seria básico: é óbvio que o preceito visado, a não ser laboral, segue todo outro regime constitucional: e não basta que uma regra se aplique a trabalhadores para ser de Direito do trabalho. As críticas foram generalizadas[64].

III. A questão voltou a colocar-se. Em novo acórdão, de 15 de Julho de 1998, o Tribunal Constitucional inverteu a sua posição[65]:

61 Barros Moura, *A convenção colectiva entre as fontes de Direito do trabalho* (1984), 143, 144 e 230 ss..

62 Citado em TC 966/96, abaixo referido.

63 TC n.° 966/96 (Fernanda Palma), no sítio do Tribunal Constitucional e, ainda, em RDES XXXIX (1997), 133-146.

64 P. ex., Bernardo Xavier e outros, anot. a TC 966/96 cit., 184, que não temos dúvidas em acompanhar. No mesmo sentido crítico ao acórdão em causa: José Carlos Vieira de Andrade/Maria Fernanda Maçãs, *Contratação colectiva e benefícios complementares da segurança social*, SI L, n.° 290 (2001), 29-47.

65 TC 517/98 (Luís Nunes de Almeida), no sítio do Tribunal Constitucional e também em RDES XXXX (1999), 405-428; paralelo: TC 634/98 (Messias Bento), RDES XXXX (1999), 428-434.

– prevaleceu a orientação de considerar inconstitucional organicamente o artigo 6.°/1, *e*), do Decreto-Lei n.° 519-C1/79, na versão original;
– ficou vencida a posição de se considerar, também, materialmente inconstitucional essa disposição;
– ficou vencida a opção de a considerar totalmente constitucional[66].

A inconstitucionalidade orgânica, sobretudo quando não invocada durante longos anos, é bem menos grave do que a material. Há, pois, um progresso[67].

IV. Nunca chegou a haver uma decisão constitucional com força obrigatória geral sobre o tema. Fica, pois, uma ideia de inconstitucionalidade orgânica. De todo o modo, no que toca ao artigo 6.°/1, *e*)[68], o problema ficou resolvido pelo Decreto-Lei n.° 209/92, de 2 de Outubro: este diploma foi precedido pela competente autorização da Assembleia – a Lei n.° 11/92, de 15 de Julho, pelo que a inconstitucionalidade fica afastada[69]. Tal é hoje assente, na jurisprudência do Supremo[70].

V. A questão parece hoje ultrapassada. De todo o modo, cumpre tomar posição. E ela será simples: o artigo 6.°/1, *e*), do Decreto-Lei n.° 519-C1/79, de 29 de Dezembro, tal como o seu antecessor introduzido pelo Decreto-Lei n.° 887/76, de 29 de Dezembro, comporta disposições de segurança social destinadas a proteger os trabalhadores. É óbvio que a entrega de prestações assistenciais a empresas não vocacionadas para gerir, em termos actuários, um património especializado, vai dar uma protecção ilusória. Além disso, há que proteger o futuro das empresas, das quais tudo depende. Assim sendo, só por inadequação valorativa se poderá ver, em tais preceitos, atentados à liberdade colectiva ou a direitos fundamentais dos trabalhadores. Pensamos, de resto, que a evolução das sociedades e a actual situação da segurança social o demonstram.

A inconstitucionalidade, baseada num puro positivismo constitucional de tipo imediatista, não tem, hoje, qualquer apoio jurídico-científico.

[66] *Vide* o interessante e bem fundamentado voto de vencido de MESSIAS BENTO, acompanhado por diversos Conselheiros em TC 517/98.

[67] *Vide* a anotação de BERNARDO XAVIER, RDES XXXX (1999), 434-443.

[68] A questão suscitou-se quanto a outros preceitos; assim, TC 116/99, de 2-Mar.-1999 (MARIA HELENA BRITO), no sítio do Tribunal Constitucional, quanto ao 15.°/2.

[69] Nesse sentido, TC 123/02, de 14-Mar.-2002 (PAULO MOTA PINTO), no sítio do Tribunal Constitucional.

[70] STJ 16-Set.-2008 (BRAVO SERRA), Proc. 08S1685/ITIJ.

31. *A prática jurisprudencial*

I. Com diversas flutuações, a jurisprudência permite fixar grandes regras, relativas às prestações complementares fixadas em convenções colectivas ou instrumentos equiparados. Assim:

- após a proibição legal, a fixação de prestações complementares assistenciais em instrumentos colectivos é nula[71];
- podendo, quanto muito, admitir-se as que provenham de instrumentos anteriores à proibição legal do Decreto-Lei n.° 889/76, de 29 de Dezembro[72] ou, pelo menos, à do Decreto-Lei n.° 202/92, de 2 de Outubro[73].

II. Admite-se, sim, que nos termos do artigo 6.°/1, *e*), do Decreto-Lei n.° 519-C1/79, de 29 de Dezembro, na redacção dada pelo Decreto-Lei n.° 209/92, de 2 de Outubro, os instrumentos de regulação colectiva do trabalho possam estabelecer esquemas completares de segurança social, desde que a responsabilidade pela sua atribuição tenha sido transferida para seguradoras[74].

III. No tocante ao regime transitório, o artigo 6.°/2 do Decreto-Lei n.° 519-C1/79, de 29 de Dezembro, tem um sentido claro[75]: os benefícios complementares existentes à data da entrada em vigor da nova redacção do preceito mantém-se apenas relativamente aos contratos de trabalho que tenham sido celebrados na vigência da convenção que os preveja; quando seja celebrada uma nova convenção, eles passam a integrar os contratos individuais de trabalho, sobrevivendo, nessa medida.

[71] RCb 16-Jan.-1992 (António de Sousa Lança), CJ XXVII (1992) 1, 122-123 (123); RPt 4-Mai.-1992 (José Correia), CJ XXVII (1992) 3, 327-329 (328); STJ 16-Jun.-1993 (Mora do Vale), CJ/Supremo I (1993) 3, 261-262; RPt 9-Mai.-1994 (Manuel Fernandes), CJ XIX (1994) 3, 256-259 (257/I); STJ 15-Fev.-1995 (Metello de Nápoles), BMJ 444 (1995), 322-327 (326); STJ 22-Fev.-1995 (Carvalho Pinheiro), CJ/Supremo III (1995) 1, 275-278 (278).

[72] RLx 27-Mai.-1987 (Nuno Alvim), CJ XII (1987) 3, 153-156 (155); RLx 31-Jan.-1990 (Mariano Pereira), CJ XV (1990) 1, 203-204 (204); STJ 22-Fev.-1995 (Carvalho Pinheiro), Proc. 003794/ITIJ.

[73] RLx 4-Dez.-2006 (Paula Sá Fernandes), Proc. 4832/2006-4/ITIJ. Cf. RLx 26-Set.-2007 (Ramalho Pinto), Proc. 4936/2007-4/ITIJ.

[74] STJ 5-Jul.-2007 (Mário Pereira), Proc. 06S3402/ITIJ.

[75] STJ 19-Out.-2005 (Fernandes Cadilha), Proc. 05S1757/ITIJ.

IV. Quanto à questão delicada de saber *quando* se constituem os direitos aos complementos assistenciais, a jurisprudência também é clara:

– o direito ao complemento vai-se formando ao longo de todo o período de prestação de trabalho com o qual se relaciona directamente[76];
– só se adquirindo no momento em que ficam acabadamente verificados os respectivos pressupostos[77].

VIII – **Conclusões**

32. ***As cláusulas complementares assistenciais***

I. Dispomos, neste momento, de todos os elementos para poder apresentar um quadro sintético. Começaremos pelas cláusulas complementares assistenciais, contidas em instrumentos laborais de regulamentação colectiva. Assim:

– tais cláusulas complementares, quando inseridas em instrumentos concluídos até 3-Jan.-1977 (a data da entrada em vigor do Decreto-Lei n.° 887/76, de 29 de Dezembro, foi 4-Jan.-1977), são válidas;
– após essa data, elas são nulas, por violação de lei expressa.

II. Na nossa opinião, não há qualquer inconstitucionalidade sendo que nunca ela foi declarada com força obrigatória geral. Apenas poderemos dizer que, no tocante a convenções colectivas concluídas entre 4-Jan.-1977 e 6-Out.-1992 (a data da entrada em vigor do Decreto-Lei n.° 209/92, de 2 de Outubro, foi 7-Out.-1992), haverá dúvidas de inconstitucionalidade: primeiro (apenas) materiais e, depois (apenas) orgânicas.

Após 6-Out.-1992, não há dúvidas quanto à ilegalidade de tais cláusulas, excepto quando remetam para instituições legítimas de segurança social.

III. Para além disso, mesmo quando válidas, as cláusulas complementares assistenciais podem ser resolvidas ou modificadas por alteração superveniente das circunstâncias, nos termos do artigo 437.°/1, do Código Civil. Particularmente relevantes serão as modificações no sector que tornem tais cláusulas incomportáveis para as empresas.

[76] STJ 9-Fev.-2000 (Sousa Lamas), Proc. 97S031/ITIJ.
[77] STJ 13-Dez.-2000 (Almeida Devezas), Proc. 0052861/ITIJ.

33. *Os direitos derivados dessas cláusulas*

I. As expectativas de trabalhadores que, antes de 4-Jan.-1977, tenham celebrado contratos de trabalho regidos por instrumentos colectivos que comportassem cláusulas assistenciais têm o seguinte destino:

- entre 4-Jan.-1977 e 30-Dez.-1979 (data da entrada em vigor do Decreto-Lei n.° 519-C1/79, de 29 de Dezembro), elas sobrevivem assentes nos instrumentos que as originaram;
- após 30-Dez.-1979, elas integram-se nos contratos individuais de trabalho dos trabalhadores envolvidos.

II. Em qualquer dos casos, tais expectativas só justificam os direitos às prestações complementares quando se mostrem reunidos todos os pressupostos nelas próprias previstas para a sua consubstanciação.

III. Ao longo do seu percurso como expectativas, as posições em jogo podem ser alteradas ou suprimidas por instrumentos normativos bastantes, nos termos gerais. São, ainda, sensíveis à alteração de circunstâncias.

IV. Finalmente: é sempre desejável que tais prestações complementares sejam, por acordo, transferidas para fundos de pensões ou para entidades equiparadas, com efectiva vocação assistencial.

O procedimento de licenciamento ambiental revisitado★

PROF.ª DOUTORA CARLA AMADO GOMES

SUMÁRIO: *1. Introdução. 2. A procedimentalização da decisão de controlo integrado da poluição: panorâmica geral do procedimento de concessão da licença ambiental: 2.1. Objecto; 2.2. Sujeitos; 2.3. Procedimento decisório; 2.4. Decisão: 2.4.1. Uma má novidade: o deferimento tácito da licença ambiental; 2.4.2. Em especial, a instabilidade da licença ambiental; 2.5. Procedimento pós-decisório. 3. A licença ambiental no universo dos actos autorizativos ambientais: articulações problemáticas: 3.1. Com o procedimento de AIA; 3.2. Com o regime de prevenção de acidentes graves causados por certas actividades industriais.*

1. **Introdução**

A licença ambiental é, como o próprio nome logo indica, um instrumento de prevenção, que concretiza um princípio de proibição sob reserva de permissão. Ao particular é negada a possibilidade de emitir poluição proveniente da exploração de determinadas actividades industriais para o ar, água e solo,

★ A *revisitação* a que alude o título deve-se a que, em Novembro de 2007, escrevi um texto sobre o licenciamento ambiental à luz do regime legal então vigente (Decreto-Lei n.º 194/00, de 21 de Agosto), que publiquei nos *Textos dispersos de Direito do Ambiente (e matérias relacionadas)*, II, Lisboa, 2008, pp. 301 segs, subordinado ao título *O licenciamento ambiental: panorâmica geral e detecção de alguns nódulos problemáticos decorrentes da articulação necessária com outros procedimentos autorizativos*.
A minha condição de jurista de Direito do Ambiente, aliada ao facto de ter a meu cargo as regências da disciplina na Faculdade de Direito da Universidade de Lisboa (Curso nocturno) e na Faculdade de Direito da Universidade Nova de Lisboa, no ano lectivo de 2008/2009, exigiram este esforço de actualização, atenuado por algumas repetições.

sem se munir previamente de um acto administrativo conformador dos limites desse desgaste. Logo o artigo 27.°/1/*h*), 1.ª parte, da LBA (Lei n.° 11/87, de 7 de Abril: Lei de Bases do Ambiente) apontava para esta necessidade, já imperativa nos termos da alínea *a*) do n.° 2 do artigo 66.° da CRP, bem como do n.° 2 do artigo 130R do Tratado de Roma revisto pelo Acto Único Europeu (actual 174/2), que acolhia igualmente o princípio da prevenção. De resto, a licença ambiental é expressão particular de uma dimensão positiva do princípio da prevenção que se traduz no princípio da correcção na fonte [cfr. o artigo 174/2 do Tratado de Roma, e 3.°/*a*), 2.ª parte da LBA], o qual vincula o operador a evitar ou minimizar os efeitos nocivos das emissões poluentes que produz.

O regime de proibição com reserva de permissão não é o único concebível para atalhar à contaminação do meio ambiente. Teoricamente, existem quatro modelos possíveis[1]: 1) abstenção de intervenção pública e entrega às regras do mercado; 2) técnica autorizativa de *command and control*, com estabelecimento de índices de emissão e sanções aplicadas aos prevaricadores; 3) aplicação de taxas de emissão, em alternativa ao modelo anterior; 4) apropriação pública dos bens ambientais naturais. Apesar da "mercantilização" a que o "direito de poluir" se oferece recentemente – por força da instituição do mercado de emissões de gases com efeito de estufa (GEEs)[2] –, a doutrina é ainda consensual no sentido de considerar o *command and control* como realidade inarredável da actividade de controlo da poluição. No Direito norteamericano – ordenamento que mais directamente inspirou a Comunidade Europeia na construção do mecanismo da licença ambiental, desenhado na directiva 96/61/CE, do Conselho, de 24 de Setembro de 1996, relativa à prevenção e controlo integrados da poluição[3] –, cuja regulação do controlo integrado da poluição, plasmada no *Pollution Prevention Act* de 1990, assenta no mecanismo da autorização, alguns autores referem o desincentivo induzido pela técnica autorizativa, a tendência para transferir os custos da tecnologia de redução das emissões para o consumidor, a impossibilidade de fiscalização eficaz. Mas, apesar das críticas, reconhece-se que, em termos gerais, é impensável entregar, em

[1] Cfr. ANTONIO FORTES MARTÍN, *El regímen jurídico de la autorización ambiental integrada*, Madrid, 2004, pp. 85, 86 (louvando-se em Smith).

[2] Cfr. a perspectiva de CARLOS PINA, *Mercado de direitos de emissão de CO^2*, *in Estudos Jurídicos e Económicos em homenagem ao Prof. Doutor António de Sousa Franco*, I, Lisboa, 2006, pp. 467 segs.

[3] No plano comparado, outros Estados europeus haviam já adoptado, à data de entrada em vigor da directiva, modelos de controlo integrado da poluição. Cfr. JOSÉ EDUARDO FIGUEIREDO DIAS, *A licença ambiental no novo regime da PCIP*, *in Revista do CEDOUA*, 2001/1, pp. 65 segs, 66-67.

exclusivo, o controlo da poluição ao mercado – tal constituiria uma demissão do Estado da sua tarefa de protecção do ambiente –, embora se admita a possibilidade de introduzir elementos de flexibilização e de incentivo[4] (desde logo, a redução de várias licenças a uma única, com os ganhos em tempo e custos associados).

Como se pode ler nos Considerandos da directiva 96/61/CE, a abordagem sectorial seguida até aí não provara bem. Tal modelo favorecia "a transferência dos problemas da poluição entre os diferentes meios físicos em lugar de favorecer a protecção do ambiente no seu todo" (consid. 7). A cada componente ambiental – ar, água, solo – correspondia uma licença autónoma, cuja emissão desligada de ponderação global da afectação do ambiente como um todo era susceptível de gerar lesão num componente diverso daquele que estava a ser concretamente objecto de análise. Foram problemas deste teor que conduziram, nos Estados Unidos da América, à aprovação do *Pollution Prevention Act*: partindo da lógica "everything is connected to everything else", o direito ambiental norteamericano avançou para uma visão holística da prevenção da poluição, com a introdução de *multimedia standards* num *multimedia permit*[5]. São estes *multimedia operating permits* que estão na origem da licença ambiental europeia e, por efeito mimético da transposição da directiva 96/61/CE[6], da licença ambiental regulada no Decreto-Lei n.° 173/2008, de 26 de Agosto (= RLA).

O diploma nacional incorpora as linhas de força da directiva: licença única relativa a emissões poluentes, sem prejuízo da existência de outras autorizações no âmbito do procedimento autorizativo global (artigo 2.°/9 da directiva)[7]; natureza vinculativa da licença (artigo 8.° da directiva); dever de conformação das condições de exercício da actividade de acordo com as melhores técnicas

[4] Cfr. ANTONIO FORTES MARTÍN, *El regímen jurídico...*, *cit.*, pp. 91 segs (sobre a realidade norteamericana).

[5] Sobre esta evolução, veja-se ANTONIO FORTES MARTÍN, *El regímen jurídico...*, *cit.*, pp. 135 segs.

[6] Esta directiva sofreu alterações relacionadas com a necessidade de acomodação das novas regras sobre participação pública em procedimentos de elaboração de planos e programas: directivas 2003/35/CE, do Parlamento Europeu e do Conselho, de 26 de Maio, e 2008/1/CE, do Parlamento Europeu e do Conselho, de 15 de Janeiro.

[7] O n.° 9 do artigo 2.° define licença nestes termos: "Licença, a parte ou a totalidade de uma ou mais decisões escritas que concedam o direito de explorar toda ou parte de uma instalação em determinadas condições que permitam garantir que a instalação preenche os requisitos da presente directiva". A directiva deixa assim em aberto o modelo de concretização procedimental em cada Estado-membro, podendo este optar por concentrar numa só licença as ponderações ínsitas na directiva, ou disseminar as várias ponderações por decisões parcelares, de entre as quais a licença ambiental.

disponíveis, com vista a alcançar um nível elevado de protecção do ambiente (artigo 9.° da directiva); dever de actualização dos termos da licença tendo em conta a parametrização pelas melhorias da técnica ou por alteração de circunstâncias, físicas ou legais (artigo 13.° da directiva); dever de monitorização por parte dos operadores e de fiscalização pelas autoridades administrativas competentes (artigo 14.° da directiva); imperativo de publicitação da informação e de promoção da participação pública nos procedimentos autorizativos e pós-autorizativos (monitorização) – artigo 15.° da directiva; instituição de um sistema de intercâmbio de informações relacionadas com a identificação das melhores técnicas disponíveis entre os Estados-membros, a Comissão e os operadores (artigo 16.° da directiva). Vejamos como.

2. A procedimentalização da decisão de controlo integrado da poluição: panorâmica geral do procedimento de concessão da licença ambiental

2.1. *Objecto da licença ambiental*

Conforme imposto pela directiva 96/61/CE, a licença ambiental tem por objecto "a prevenção e controlo integrados da poluição proveniente de certas actividades e o estabelecimento de medidas destinadas a evitar ou, quando tal não for possível, a reduzir as emissões dessas actividades para o ar, a água ou o solo, a prevenção e o controlo do ruído e a produção de resíduos, tendo em vista alcançar um nível elevado de protecção do ambiente no seu todo (...)" – artigo 1.° do RLA.

O artigo 3.°/1 do RLA impõe a aplicação do regime a todas as "instalações", conforme definidas no artigo 2.°/*h*)[8], salvo a:

i) "Instalações ou partes de instalações utilizadas exclusivamente para investigação, desenvolvimento ou experimentação de novos produtos ou processos" – artigo 3.°/2 do RLA;

ii) Instalações que estejam a laborar abaixo da sua capacidade de produção diária, que requeiram junto da entidade coordenadora, e precedendo

[8] "Instalação – uma unidade técnica fixa na qual são desenvolvidas uma ou mais actividades constantes do anexo I ou quaisquer outras actividades directamente associadas, que tenham uma relação técnica com as actividades exercidas no local e que possam ter efeitos sobre as emissões e a poluição".

parecer vinculativo da Agência Portuguesa do Ambiente (= APA), a exclusão de submissão ao regime do RLA enquanto a situação de subprodução persistir – artigo 4.° do RLA;

iii) Alterações não substanciais das instalações existentes, a qualificar pela APA que, se necessário, se limita a aditar a alteração proposta à licença em vigor, dando disso conhecimento à entidade coordenadora – artigo 10.° do RLA.

2.2. *Sujeitos*

Entidades intervenientes no procedimento de concessão da licença ambiental são: a entidade coordenadora do licenciamento e a autoridade competente para a emissão da licença ambiental. Todavia, para além destas entidades públicas, devem ainda referenciar-se, por um lado, a Comissão Consultiva para a prevenção e controlo integrado da poluição, cuja competência de acompanhamento da evolução e promoção das melhores técnicas disponíveis se revela fundamental para a aplicação do RLA (cfr. o artigo 7.°); por outro lado, a Inspecção-Geral do Ambiente e do Ordenamento do Território (= IGAOT), as CCDRs[9], e as Administrações de Região Hidrográfica, no plano da fiscalização do cumprimento das obrigações inerentes à licença ambiental (artigo 31.° do RLA); finalmente, o Inspector-Geral da IGAOT, órgão competente para instruir os procedimentos de contra-ordenação e aplicar as sanções respectivas (artigo 34.° do RLA).

No plano das entidades privadas, há que contar, naturalmente, com o operador e com o público interessado[10] – pessoas singulares, ONGAs e outras entidades –, nacional (artigo 15.° do RLA), e residente em Estados-membros que sofram prováveis efeitos nocivos e significativos em virtude da exploração da instalação projectada (artigo 23.° do RLA), a quem deve ser facultada a

[9] Com o novo diploma, as CCDRs perdem as competências de instrução dos procedimentos de licenciamento ambiental que exerciam conjuntamente com a APA. Conservam, no entanto, as competências genéricas de inspecção e fiscalização, e têm também intervenção na fase da consulta pública.

[10] A alínea *q*) do artigo 2.° do RAL define *público interessado*: "os titulares de direitos subjectivos ou de interesses legalmente protegidos, no âmbito das decisões tomadas no procedimento administrativo de emissão, renovação da licença ou actualização das condições de uma licença ambiental, bem como o público afectado ou susceptível de ser afectado por essa decisão, designadamente as organizações não governamentais de ambiente (ONGA)".

oportunidade de participar na tomada de decisão, fornecendo-lhe, para tanto, a informação necessária à elucidação das características da instalação em jogo. Não deve esquecer-se que a realização da fase da participação constitui, mais do que uma formalidade procedimental, uma condição de validade do acto autorizativo, por apelo ao radical constitucional do artigo 267.°/5 da CRP (hoje reforçado, em sede urbanística, no artigo 65.°/5 da CRP[11]), cuja preterição gera nulidade daquele [*ex vi* o artigo 133.°/2/*d*) do CPA][12].

Acresce ainda um terceiro grupo de entidades privadas, cuja intervenção visa acelerar o procedimento autorizativo. Falamos das entidades acreditadas pelo Instituto Português da Qualidade, que podem validar o pedido de licença ambiental, dispensando a Administração de proceder a uma análise mais demorada das informações constantes do processo. Nos termos do artigo 16.°/3 do RLA, o prazo de emissão da licença ambiental, caso exista validação dos elementos por estas entidades, fica reduzido a metade[13].

Cumpre ainda alertar para o sistema de intercâmbio de informação que o RLA urdiu, em sintonia com a directiva 96/61/CE, que obriga à apresentação à Comissão Europeia de um relatório sobre as emissões poluentes produzidas pelas instalações, novas e existentes, sujeitas ao regime de prevenção e controlo integrados da poluição, nos termos do artigo 35.° do RLA.

2.3. *Procedimento decisório*

A descrição do procedimento decisório deve começar por identificar cinco tipos de situações:

i) a concessão da licença inicial (artigo 16.° do RLA);

[11] Sobre o âmbito de protecção deste preceito, veja-se o Acórdão do Tribunal Constitucional n.° 163/2007, pontos 8. e 9..

[12] José Manuel Sérvulo Correia, *O direito à audiência prévia e os direitos de participação dos particulares no procedimento e, em especial, na formação da decisão administrativa*, in *CCL*, n.os 9/10, 1994, pp. 133 segs, 156 segs. Outros Autores têm sustentado esta posição: Vasco Pereira da Silva, *Em busca do acto administrativo perdido*, Coimbra, 1996, p. 429; David Duarte, *Procedimentalização, participação e fundamentação: para uma concretização do princípio da imparcialidade administrativa como parâmetro decisório*, Coimbra, 1996, pp. 140 segs.

[13] Veja-se também o artigo 10.°/3 do RLA, cuja existência, em face do artigo 16.°/3, prova perplexidade.

ii) a emissão de uma nova licença por caducidade da primeira, em virtude de não utilização pelo operador num prazo de dois anos após notificação (artigo 21.°/1 do RLA);

iii) a renovação da licença por verificação do termo final [10 anos: artigo 18.°/2/*g*) do RLA] – artigo 20.°/1 e 2 do RLA;

iv) a alteração substancial da instalação, que gera emissão de nova licença e revogação parcial da anterior (artigo 11.°/5 do RLA);

v) a renovação da licença em virtude de circunstâncias supervenientes, que gera emissão de nova licença e revogação, total ou parcial, da anterior (artigo 20.°/3 do RLA).

À excepção da situação *ii*)[14], todas as restantes seguem o mesmo *iter* procedimental – sendo certo que, no que respeita aos elementos que constam do pedido, apenas deverão ser aditados os que mereceram actualização (artigo 20.°/2 do RLA). A situação *v*) envolve uma alteração à lógica da estabilidade do acto autorizativo que, pela sua originalidade e complexidade, analisaremos em separado (v. *infra*, 2.4.1.).

O pedido de licença deve conter os elementos enunciados no artigo 11.°/1 do RLA – ao cabo e ao resto, a descrição das características da instalação, das emissões que produzirá e das tecnologias e medidas previstas para a minimização dos efeitos nefastos destas. Tudo isto de forma inteligível a um público médio, através de um resumo não técnico [cfr. a alínea *l*)], que se destina a elucidar todos os que queiram consultar os pedidos de licença, suas renovações e eventuais actualizações (cfr. os artigos 15.° e 23.° do RAL, no caso de instalações susceptíveis de causar efeitos lesivos a um ou mais Estados-membros). Ao operador cabe demonstrar que a instalação não envolve riscos intoleráveis para a saúde e para o ambiente – para além do risco residual inerente a um empreendimento do tipo –, e que utiliza a melhor tecnologia disponível no mercado para minimizar tais riscos, na medida do tecnicamente possível [cfr. esp. a alínea *f*) do artigo 11.°/1 do RLA]. Trata-se de uma forma de operacionalizar a propalada inversão do ónus da prova que decorreria do princí-

[14] Nesta hipótese, a APA pode "recuperar" os elementos procedimentais que se mantenham válidos, em decisão fundamentada. Tratar-se-á principalmente de aferir se sobreveio alguma alteração substancial que implique reavaliação das técnicas utilizadas, das medidas de minimização e das alternativas equacionadas pelo operador. Se tal se verificar, pouco se conseguirá salvar do procedimento anterior; nomeadamente, a consulta pública deverá repetir-se, uma vez que estarão em causa possíveis novos impactos, ainda não apreciados.

pio da precaução, nomeado mas não delineado ou definido no artigo 7.° do RLA, que constitui, afinal, um imperativo básico de prevenção de riscos que o operador, melhor que ninguém, está em condições de avaliar.

Uma vez apresentado o pedido à entidade coordenadora, esta remete-o à APA num prazo a determinar pelo regime específico de licenciamento da actividade, sendo certo que, na falta de indicação, é de 3 dias – artigo 11.°/3 e 4 do RLA. Seguidamente, a APA procede à verificação preliminar da conformidade do pedido com as exigências prescritas no artigo 11.° do RLA, num prazo de 15 dias após o recebimento do mesmo. Nesta fase, de acordo com o artigo 13.° do RLA, a APA pode enveredar por uma de três atitudes:

i) Verificação da conformidade (n.° 7);
ii) Até 7 dias após a recepção do pedido, solicitação de informações suplementares à entidade coordenadora, que transmitirá tal convite ao operador, o qual deverá responder-lhe em 45 dias [n.ºs 2/*a*) e 4]. Se a insuficiência subsistir, a APA deve indeferir liminarmente, em 5 dias (n.° 6);
iii) Verificação da desconformidade, com as consequências inerentes (necessidade de dar início a um novo procedimento) – n.° 2/*b*).

Havendo verificação da conformidade ou indeferimento liminar, dispõe a APA do referido prazo de 15 dias para comunicar a situação à entidade coordenadora (artigo 13.°/8 do RLA). Tendo o operador sido solicitado para fornecer dados suplementares, o prazo de 15 dias suspende-se até apresentação, pelo operador, dos elementos necessários à boa instrução do pedido – ou até ao término do prazo de que dispõe para o fazer (artigo 13.°/5 do RLA).

O artigo 13.°/3 do RLA enuncia ainda uma hipótese de realização de conferência instrutória com o operador, que pressupõe a conformidade do pedido. Esta conferência, a convocar num prazo de 15 dias, visa avaliar as condições de procedibilidade do pedido e parece ter especial utilidade nos casos em que o operador requereu a realização simultânea do licenciamento ambiental: – com a avaliação de impacto ambiental; ou – com a aprovação do Relatório de Segurança (cfr. o artigo 12.°/3 do RLA). Trata-se de "juntar à mesma mesa" as entidades com intervenção nestes procedimentos[15] – para

[15] Esta conferência instrutória poderá contar com um representante da Comissão de Avaliação nomeada no procedimento de AIA; com representantes de entidades externas que devam ser consultadas no âmbito do procedimento de AIA (cfr. o artigo 13.°/9 do Decreto-Lei n.° 69/00,

além da APA, claro –, no sentido de equacionar os impactos da instalação projectada, e a adequação e a suficiência das medidas de minimização propostas pelo operador, de molde a viabilizar o deferimento do pedido.

A esta fase de saneamento preliminar sucede-se a ponderação instrutória, na qual se procede a uma avaliação técnica do pedido – que pode envolver visitas técnicas ao local e reuniões com o operador (artigo 14.°/2 do RLA).

Tendo analisado os elementos da pretensão do operador e avaliado a conformidade desta com o quadro, legislativo e técnico, aplicável, a APA deve publicitar a existência do pedido e a possibilidade da sua consulta (com todos os elementos que o integram, à excepção de documentos objecto de segredo comercial ou industrial[16]), nas suas instalações ou nas das CCDRs das áreas geográficas onde se projecta a implantação da instalação. O artigo 15.° do RLA elucida-nos sobre os elementos que devem ser sujeitos a publicitação, bem assim como os trâmites a observar. Cumpre sublinhar que, ao contrário do que sucede no procedimento de avaliação de impacto ambiental, a participação do público em sede de licenciamento ambiental se realiza apenas na modalidade escrita – artigo 15.°/6 do RLA[17].

O prazo fixado pelo legislador para o período de participação pública levanta-nos dúvidas. Isto porque, se no caso de ter havido AIA parecem suficientes os 15 dias definidos pelo n.° 4 do artigo 15.° do RLA, já os 20 dias previstos para "os restantes casos" nos merecem reservas. Em primeiro lugar, e se o legislador pretendeu abranger nestes "restantes casos" as situações de desenvolvimento simultâneo de procedimento de AIA e de licenciamento ambiental [cfr. o artigo 15.°/1/*g*) e n.° 8 do RLA], não pode querer com isso reduzir os prazos estabelecidos no artigo 14.°/2 do Decreto-Lei n.° 69/00, de

de 3 de Maio); com um representante da Autoridade Nacional de Protecção Civil, no plano da prevenção de acidentes graves.

[16] Cfr. o artigo 15.°/10. Cabe ao operador destacar estes documentos em volume próprio, de modo a preservá-los dos olhos do público (e dos concorrentes), permitindo a consulta de todos os restantes elementos do procedimento.

[17] Isto sem embargo de o procedimento de licenciamento ambiental decorrer em simultâneo com o procedimento de avaliação de impacto ambiental, por opção do operador – artigos 12.°/3 e 15.°/8 do RLA. Esta simultaneidade temporal não implica fatalmente a redução da participação pública, no procedimento de AIA, à dimensão escrita. Será a APA, em função da natureza e complexidade do projecto, a decidir se promove audiências públicas ou mera consulta de documentos com observações escritas – artigo 14.°/3 do Decreto-Lei n.° 69/00, de 3 de Maio. O que acontece é que, em sede específica de licenciamento ambiental, a tecnicidade das informações adquire um grau que recomenda a produção de considerandos escritos.

3 de Maio (regime da avaliação de impacto ambiental = RAIA): 30 a 50 dias para projectos do Anexo I; 20 a 30 para projectos do Anexo II; estes devem prevalecer. Em segundo lugar, mesmo que o legislador estivesse apenas a pensar nos casos em que à emissão de licença ambiental não antecede a realização de AIA – o que, se a memória nos não atraiçoa, se afigura praticamente impossível, ressalvados os casos de dispensa de AIA –, os 20 dias revelar-se-ão tendencialmente sempre insuficientes, dada a complexidade dos elementos em análise. Não pode olvidar-se o *indirizzo* do n.° 3 do artigo 6 da Convenção de Aarhus, que apela ao estabelecimento de "prazos razoáveis" com vista a uma participação efectiva do público. Um prazo menor que 30 dias (tomando por norte o regime da AIA) é atentatório deste imperativo.

Esta ponderação instrutória vai desaguar na licença ambiental. Estabelece o artigo 18.°/1 do RAL:

> *A licença ambiental tem em consideração os documentos de referência sobre as MTDs para os sectores de actividade abrangidos pelo presente decreto-lei e inclui todas as medidas necessárias ao cumprimento das condições referidas nos artigos 5.° e 7.°, a fim de assegurar a protecção do ar, da água e do solo, e de prevenir ou reduzir a poluição sonora e a produção de resíduos, com o objectivo de alcançar um nível elevado de protecção do ambiente no seu todo.*

Duas notas a propósito desta disposição:

i) Em primeiro lugar, para sublinhar a estreita articulação que a gestão do risco de poluição envolve com a fórmula das melhores técnicas disponíveis [cfr. as alíneas *d*) e *l*) do artigo 2.° do RLA] e para iluminar o papel que a Comissão Consultiva tem no preenchimento desta fórmula[18]. Com efeito, a Comissão Consultiva a que alude o artigo 8.° do RAL tem por competência, não só a análise das melhores técnicas disponíveis por sector de actividade, como a publicitação de documentos de suporte e informação sobre tais técnicas. Estes documentos constituem verdadeiras directivas de auto-vinculação administrativa ("perícias antecipadas", na perspectiva alemã[19]), essenciais à elucidação da APA na análise dos pedidos e na fundamentação das condições impostas na

[18] Sobre alguns problemas levantados pela introdução da fórmula das *melhores técnicas disponíveis* no RLA, veja-se José Eduardo Figueiredo Dias, *A licença...*, *cit.*, pp. 77 segs; Vasco Pereira da Silva, *Verde. Cor de Direito, Lições de Direito do Ambiente*, Coimbra, 2002, pp. 201-202.

[19] Cfr. Carla Amado Gomes, *Risco e modificação do acto autorizativo concretizador de deveres de protecção do ambiente*, Coimbra, 2007, p. 491.

licença, bem como dos proponentes, que atentarão nesta informação de forma a obter o deferimento dos pedidos de licença.

Não significa isto que tais directivas tenham eficácia externa no sentido de prevalecerem sobre normas emanadas do poder legislativo (o que atentaria contra o artigo 112.°/5 da CRP). Estes instrumentos induzem a igualdade de tratamento dos operadores dentro do mesmo sector de actividade, prevenindo a possibilidade de distorções de concorrência – mas não constituindo um absoluto bloqueio à introdução de condições mais restritivas, caso a situação concreta o reclame (cfr. o artigo 18.°/3 do RLA). A ponderação de aspectos como o efeito cumulativo da poluição ou as características geográficas do local onde se vai situar a instalação podem obrigar a, fundamentadamente, tratar desigualmente o que só na aparência é igual [veja-se também o artigo 18.°/5/*b*) do RLA]. O efeito redutor da margem de livre apreciação administrativa veiculado pelas directivas contrai-se onde ponderações casuísticas se impõem, em homenagem aos princípios da imparcialidade e proporcionalidade.

Tão-pouco o conteúdo de tais directivas se deve considerar vinculante para o juiz que eventualmente tiver que rever a validade de uma licença ambiental cujo conteúdo técnico nelas se basear. Conforme escrevemos noutro local, "o juiz deve, sublinha Breuer, quedar-se dentro das «fronteiras da substituibilidade da decisão». Este controlo reduzido é norteado pelo princípio da proporcionalidade – ao cabo e ao resto, o mesmo que suporta a avaliação administrativa da necessidade e adequação das opções enunciadas, bem como e principalmente, o que deve justificar o equilíbrio da solução final. O juiz não pode refazer o juízo ponderativo da Administração Pública, mas é-lhe assegurada, na sua função de controlo de validade da decisão, a possibilidade de analisar a correcção abstracta de aplicação dos parâmetros referidos. A redução do poder de revisão jurisdicional a um exercício de eliminação das opções manifestamente infundadas é o resultado da auto-contenção imposta pelo princípio da separação de poderes, que impede o juiz de praticar actos de administração activa. A «última palavra» deve ser deixada à Administração, pois é sobre ela que recaem as responsabilidades em caso de lesão de bens jurídicos fundamentais"[20];

ii) Em segundo lugar, para chamar a atenção para a expressão que o princípio da correcção na fonte [artigo 3.°/*a*), 2.° segmento, da LBA] encontra na licença ambiental, através do estabelecimento de um conjunto de deveres de protecção do ambiente e da saúde a cargo do operador – qual contrapartida do lucro retirado da actividade industrial. O n.° 2 do artigo 18.° do RLA, que há-

[20] Carla Amado Gomes, *Risco e modificação...*, *cit.*, pp. 493-494.

-de ser lido conjugadamente com o artigo 5.° do mesmo diploma, é bem exemplificativo da dimensão impositiva que a salvaguarda dos valores ambientais induz e que a Lei Fundamental desde logo suporta, na 2.ª parte do n.° 1 do artigo 66.°. O dever fundamental de proteger o ambiente ganha especial relevo nos casos de actividades de intenso impacto degenerativo dos componentes ambientais – conquanto não se esgote nesses casos[21].

A necessidade de antecipar riscos neutralizando-os na sua fonte de geração (ou minimizando-os) pode levar a Administração – leia-se: a APA –, apoiada nas directivas da Comissão Consultiva, a estabelecer cláusulas modais diversas do que a lei directamente prescreve. O artigo 18.°/3 do RLA, a que já aludimos *supra*, é uma cláusula geral habilitante da inserção de modos necessários a uma protecção eficaz dos interesses públicos em jogo, e deve ser lido conjugadamente com o artigo 121.° do CPA – nomeadamente, no que concerne à ligação entre o modo fixado e o fim do acto, e à proporcionalidade que deve envolver esta eventual fixação. O RLA resolve o problema da consequência do incumprimento destas obrigações modais no plano do poder sancionatório, estabelecendo que a exploração de actividades sujeita a licença ambiental com inobservância das prescrições desta, é passível de aplicação de coima, além de poder gerar outras sanções acessórias, como a suspensão da laboração e até o encerramento da instalação [cfr. os artigos 32.°/2/*a*) e *b*) e 33.° do RLA; 22.° e 30.°/1 da Lei n.° 50/06, de 29 de Agosto – Lei-quadro das contra-ordenações ambientais].

Melhor andou o legislador na Lei n.° 58/05, de 29 de Dezembro, ao cominar com a figura da revogação-sanção o incumprimento das condições estabelecidas no título de utilização dos recursos hídricos [veja-se o artigo 69.°/4/*a*) e *b*)]. Este instituto, que o CPA ignorou e cuja ausência sérias dificuldades provoca na articulação entre os artigos 121.° e 140.° do CPA (no plano da revogação dos "actos constitutivos de direitos")[22], atrai a impugnação dos actos sancionatórios para a jurisdição administrativa, ao contrário da solução do RLA, que os atira para a jurisdição comum [cfr. o artigo 4.°/1/*l*), *in fine*, do ETAF], quando é da avaliação de questões típicas da relação jurídica administrativa que se trata.

Completada a ponderação instrutória, chegamos à fase da decisão.

[21] Cfr. Carla Amado Gomes, *Risco e modificação...*, *cit.*, pp. 187 e segs. V. também Tiago Antunes, *Ambiente: um direito, mas também um dever*, *in Estudos em memória do Professor Doutor António Marques dos Santos,* II, Coimbra, 2005, pp. 645 segs.

[22] Sobre o problema, veja-se o nosso *Risco e modificação...*, *cit.*, pp. 643 segs.

2.4. *Decisão*

Uma vez realizadas as ponderações técnicas necessárias, e incorporados os resultados da participação pública (se os houver), segue-se a emissão, pela APA, da licença ambiental, num prazo-regra que medeia entre os 55 dias (se o projecto foi sujeito a avaliação de impacto ambiental – v. *infra*, 3.1.) e os 75 dias (se tal avaliação não ocorreu), nos termos do artigo 16.°/1 e 2 do RLA[23]. Há ainda que ter em consideração quatro possíveis prazos "especiais":

i) por um lado, a redução destes prazos a metade, em caso de validação do pedido de licença ambiental por entidades acreditadas (artigo 16.°/3 do RLA);

ii) por outro lado, a realização simultânea do licenciamento ambiental, ou com o procedimento de avaliação de impacto ambiental, ou com a aprovação do Relatório de Segurança, no âmbito da prevenção de acidentes graves (artigo 16.°/4 do RLA): em qualquer uma destas situações, a APA dispõe de 10 dias para emissão da licença após a emissão de DIA favorável/condicionalmente favorável, ou da aprovação do Relatório de Segurança[24];

iii) a inserção do licenciamento ambiental num procedimento de licenciamento de utilização de recursos hídricos pode implicar que a emissão de licença ambiental tenha que aguardar o envio do título de utilização, devendo ser passada até três dias após a recepção deste pela APA (artigo 16.°/5 do RLA);

iv) o licenciamento ambiental de uma instalação cujo funcionamento possa produzir emissões com impactos nocivos e significativos no plano transnacional obriga a APA a comunicar às autoridades competentes dos Estados-membros da União Europeia a realização do procedimento, a fim de propiciar a participação do público interessado aí residente. Tal comunicação suspende os prazos de decisão previstos no artigo 16.°/1 a 5 do RLA, ficando a conclusão do procedimento nacional dependente da comunicação dos resultados da consulta público pelas autoridades dos Estados-membros reflexamente atingidos (artigo 23.°/4 do RLA).

[23] Como nota Raquel Carvalho (*Licença ambiental como procedimento autorizativo, in Estudos de Direito do Ambiente*, Porto, 2003, pp. 235 segs, 245), a diferença justifica-se em função da pré-ponderação ocorrida no procedimento de AIA.

[24] Os mesmos 10 dias constituem prazo para indeferimento do pedido de licença ambiental em caso de emissão de DIA desfavorável ou não aprovação do Relatório de Segurança.

Na fase da decisão, a margem de livre decisão da APA é considerável pois, a par de fundamentos de indeferimento inquestionáveis [DIA desfavorável; não aprovação do Relatório de Segurança; indeferimento do pedido de utilização dos recursos hídricos ou de título de emissão de GEEs; incapacidade de a instalação conter as emissões produzidas nos valores-limite admissíveis – cfr. o artigo 16.°/6/*a*), *b*), *c*), *d*) e *e*) do RLA], a Administração goza de ampla discricionaridade, tanto pela remissão para as obrigações do operador previstas no artigo 5.° do RLA – a avaliação da *adequação* das medidas propostas, no contexto das melhores técnicas disponíveis [alínea *a*)]; a consideração da *importância* da poluição que se virá a produzir [alínea *b*)]; a constatação da utilização *eficiente* da energia e da água [alínea *d*)]; a verificação da adopção das medidas *necessárias* para prevenir acidentes [alínea *e*)] (v. *infra*, 3.2.[25]) –, como pela "fresta" aberta pela alínea *f*) do n.° 6 do artigo 16.°, que admite o indeferimento em caso de contrariedade ou incumprimento das especificações do pedido com condicionamentos em vigor, desde que tais desconformidades "tenham relevo suficiente" para impedir a exploração da instalação.

Esta margem de manobra é controlável pela justiça administrativa, no respeito pelas "valorações próprias do exercício da função administrativa" (cfr. os artigos 71.°/2 e 95.°/2 do CPTA). Ou seja, o juiz pode traçar balizas de reexercício da competência – caso conclua pela invalidade do acto –, mas não pode substituir-se à entidade com competência autorizativa. Elemento fulcral de apoio à sindicância destas decisões é a fundamentação, na qual a Administração deve expor o *iter* argumentativo que motivou a tomada de decisão, a prognose que os factos lhe mereceram em função dos dados técnicos apresentados, a adequação e equilíbrio dos deveres impostos ao operador (cfr. os artigos 124.° e 125.° do CPA). Referência ineliminável no conteúdo da fundamentação reporta-se às observações produzidas em sede de participação pública (cfr. os artigos 15.°/7 e 23.°/5 do RLA, embora se deva admitir, por uma questão de razoabilidade, que a ponderação administrativa incida sobre aquelas que foram reiteradamente formuladas e que se encontrem apoiadas em dados credíveis (cfr. o artigo 14.°/5 do RAIA).

Ainda que o RLA não faça menção a esse aspecto, julgamos que a APA deve ouvir o interessado antes de proferir a decisão sobre o pedido da licença, sobretudo se a decisão for desfavorável. Os artigos 100.° segs do CPA têm aqui

[25] A exibição do Relatório de Segurança aprovado pela própria APA deve considerar-se uma forma de redução da margem de livre decisão neste ponto, como se verá no ponto indicado no texto.

plena aplicação uma vez que, apesar de não constituir um acto externo, o indeferimento do pedido de licença tem um efeito preclusivo relativamente a actos posteriores – configurando aquilo a que a doutrina alemã qualifica de *Vorbescheid*: um acto prévio[26]. Os artigos 9.°/2, 15.°/2/*j*), e 17.°/3 do RLA confirmam esta afirmação, iluminando igualmente a faceta conformativa da licença, que integra a autorização de exploração (no plano do licenciamento industrial).

A licença ambiental tem um prazo de validade máximo de 10 anos, nos termos da alínea *g*) do n.° 2 do artigo 18.° do RLA (sem prejuízo da possibilidade de actualização aberta pelo artigo 20.°/3 – v. *infra*, 2.4.1.). O legislador suprimiu a referência a um limite mínimo [era de cinco anos, ao abrigo do artigo 10.°/2/*g*) do Decreto-Lei n.° 194/00, de 21 de Agosto], promovendo a confiança dos operadores na possibilidade de amortização do investimento, e apostando em que uma década constitui um patamar aceitável de balanço da evolução tecnológica e da necessidade de preservar o ambiente e a saúde de acordo com a melhor técnica disponível. O RLA não esclarece desde quando se começa a contar este prazo: se desde a comunicação à entidade coordenadora, se desde a emissão da licença de exploração. Parece-nos que, uma vez integrando a licença ambiental a licença de exploração, o prazo de validade da primeira deve contar-se a partir do momento em que o acto integrativo é praticado, quer porque só então surte os seus efeitos práticos, quer porque não deverá onerar-se o particular com a consumição do prazo em trâmites procedimentais.

A decisão, positiva ou negativa, sobre o pedido de licença ambiental é comunicada pela APA à entidade coordenadora, com conhecimento ao operador (artigo 16.°/8 do RLA), e publicamente divulgada (artigo 19.° do RLA). A licença ambiental é enviada à entidade coordenadora, ficando na posse desta, salvo no caso de instalações de produção de electricidade, no âmbito dos quais é entregue directamente ao operador (artigo 16.°/9 do RLA).

2.4.1. *Uma má novidade: o deferimento tácito da licença ambiental*

Uma das virtudes apontadas ao Decreto-Lei n.° 194/00 era a recusa de licenciamentos tácitos. Ao contrário da solução adoptada pelo legislador em

[26] Sobre a figura dos actos prévios, veja-se Filipa Urbano Calvão, *Os actos precários e os actos provisórios em Direito Administrativo*, Porto, 1998, pp. 47 segs. Em especial, quanto à licença ambiental como acto prévio, José Eduardo Figueiredo Dias, *A licença...*, *cit.*, p. 70; Raquel Carvalho, *Licença ambiental...*, *cit.*, pp. 253 a 255.

sede de avaliação de impacto ambiental (cfr. o artigo 19.°/1 do RAIA), o anterior regime era mais coerente com o princípio da prevenção (e da decisão) e mais temente aos *indirizzos* da jurisprudência comunitária, pois consagrava o dever de decisão expressa, no artigo 21.°/5[27]. Com efeito, o Tribunal de Justiça já por diversas vezes teve oportunidade de se pronunciar no sentido da absoluta necessidade de erradicação da técnica da valoração positiva do silêncio em sede de procedimentos autorizativos ambientais, em virtude da demissão ponderativa que tal técnica veicula[28].

Não obstante os ecos da jurisprudência comunitária e os avisos da doutrina, o *canto de sereia* dos industriais foi mais forte – e a confissão de impotência da máquina administrativa também... –, tendo o malfadado deferimento tácito sido introduzido no RLA pelo artigo 17.°. Curiosamente, por lapso ou rebate de consciência do legislador, o artigo 2.°/*i*) do RLA continua a definir a licença ambiental como uma "decisão escrita"... que deverá corresponder, hoje, à certidão a que se reporta o n.° 2 do artigo 17.°. Com efeito, ao operador é remetida comunicação de que o prazo decorreu sem que sobreviesse qualquer decisão – o que é o mesmo que comunicar-lhe o deferimento do pedido. À entidade coordenadora a APA remete... o pedido de licença ambiental e os resultados da participação pública (quando tenha ocorrido), e confia na competência desta para fazer cumprir os valores-limite de emissões e a utilização das melhores técnicas disponíveis (artigo 17.°/3 do RLA).

Esta é uma má solução, que suscita, entre outros, os seguintes problemas:

i) A ausência de ponderação que este "procedimento" indicia é assustadora. Não deve esquecer-se que a APA tem, nos termos do artigo 18.°/3, 4, 5 e 6 do RLA, o poder-dever de conformar a relação jurídica autorizativa de acordo com um conjunto de circunstâncias – técnicas, geográficas, ambientais – que ao operador são alheias. São razões de interesse público, que reflectem ponderações de ordem ambiental e social, e que ficam olimpicamente ignoradas nesta ficção de decisão. E nem se diga que a entidade coordenadora estará habilitada para as

[27] Aplaudindo a opção legislativa, José Eduardo Figueiredo Dias, *A licença..., cit.*, p. 75; Raquel Carvalho, *Licença ambiental..., cit.*, p. 261.

[28] Cfr. os Acórdãos do Tribunal de Justiça de 28 de Fevereiro de 1991, Caso C-360/87, e de 14 de Junho de 2001, Caso C-230/00, este último com anotação de José Eduardo Figueiredo Dias, *Anotação ao Acórdão do TJCE de 14 de Junho de 2001*, *in Revista do CEDOUA*, 2001/2, pp. 72 segs.

suprir: afirmar tal seria esvaziar a necessidade de realização do licenciamento ambiental – que é, ao cabo e ao resto, o que sucede na situação de deferimento tácito, contra a Constituição, contra a LBA, contra a directiva 96/61/CE...

ii) O susto é ainda maior se pensarmos que um deferimento tácito de uma licença ambiental se pode suceder a um deferimento tácito da declaração de impacto ambiental (ou a uma dispensa de avaliação de impacto ambiental). Na verdade, o legislador impede a formação tácita da licença ambiental nos casos de DIA desfavorável [artigo 17.°/1 e 16.°/6/*a*) do RLA], mas não veda a possibilidade de emergência de uma licença ambiental silente precedida de uma DIA silente... E pode mesmo gerar-se o pânico se pensarmos que a ausência de procedimento na base do licenciamento silente pode ir até à convalidação de um pedido que, nos termos do artigo 13.° do RLA, deveria ter sido liminarmente indeferido ou julgado desconforme;

iii) O RLA abre portas à violação do regime da Convenção de Aarhus e da directiva 2003/4/CE, do Parlamento e do Conselho, de 28 de Janeiro, ao admitir – expressamente! –, que o procedimento de atribuição de licenças ambientais pode ocorrer sem a possibilidade de participação pública. Pode ler-se no n.° 3 do artigo 17.° do RLA, a propósito da consideração, pela entidade coordenadora, entre outros, dos resultados da participação pública (nos termos do artigo 15.°), a ressalva a "quando a mesma tenha ocorrido"... Esta falha, como já tivemos oportunidade de afirmar, gera nulidade da decisão silente, por violação do artigo 267.°/5 da CRP, conjugado com o artigo 133.°/2/*d*) do CPA;

iv) O legislador, à semelhança do que fez no regime da avaliação de impacto ambiental, *vacinou* os procedimentos de licenciamento ambiental com impactos transfronteiriços contra este *veneno* – veja-se o artigo 23.°/4 do RLA. É um claro sinal de hipocrisia, do síndroma do "bom aluno" à face da Comunidade – mascarado pela desculpa da incerteza dos prazos –, que desdobra os licenciamentos ambientais em procedimentos de 1.ª (os verdadeiros, transnacionais, em que a ponderação fica assegurada), e de 2.ª (os falsos, estritamente nacionais, em que a ponderação é negligenciada). A aparente discriminação *a rebours* acaba, no entanto, por afectar o espaço europeu – e mundial – no seu todo, porque a poluição não conhece fronteiras e a interdependência dos fenómenos ambientais não se compadece com estas "manobras" para União Europeia ver...

v) O legislador chega à desvergonha de isentar do pagamento de qualquer taxa um operador que recebe uma licença silente! Pode ler-se no artigo 30.°/4 do RLA que, caso o prazo para decisão tenha decorrido sem que esta tenha surgido, ao operador será devolvido o valor da taxa paga para apreciação do pedido, *por inteiro*. A confissão de culpa não podia ser mais óbvia – nem mais escandalosa...

Dir-se-á que estamos a exagerar... Mas a jurisprudência comunitária e o radical da prevenção apoiam a nossa posição. É que há actos silentes e actos silentes: um acto silente que resulte de um procedimento completo, no qual só faltou a notificação do requerente, não choca – não há qualquer demissão da Administração. Com um pouco mais de tolerância, uma licença ambiental nascida do silêncio mas apoiada numa DIA expressa favorável + num pedido validado por entidade certificada (ou num pedido que tenha merecido, pelo menos, um juízo de conformidade) + numa fase de consulta pública genericamente favorável (ou não desfavorável) ao projecto, enfim, apoiada num conjunto de elementos que garantissem uma ponderação mínima dos impactos da instalação, ainda se aceitaria[29]. Através da solução plasmada no RLA, contudo, o legislador rasgou uma autoestrada para a ilegalidade, onde ficam potencialmente ameaçados interesses sanitários e ecológicos.

Perante este quadro, qualquer interessado – actor popular, ONGA, Município, Ministério Público – poderá propor, junto do tribunal administrativo territorialmente competente, uma acção administrativa especial de impugnação da decisão silente contra a licença de exploração, que a integra. Note-se que a licença ambiental, expressa ou tácita, só ganha eficácia com o início de funcionamento da instalação e, *de per se*, não produz quaisquer efeitos no plano da alteração da realidade de facto (ao contrário da DIA favorável). Destarte, os três meses a que se reporta o artigo 58.°/2/*b*) do CPTA deverão contar-se desde o conhecimento da emissão da licença de exploração pelos terceiros interessados (cfr. o artigo 59.°/3/*c*) do CPTA).

O artigo 17.°/1 do RLA tentou atenuar o impacto negativo da solução do deferimento tácito proibindo a formação de acto silente em casos de verificação de algum dos fundamentos de indeferimento constantes das alíneas a) a e) do artigo 16.°/6 – sendo certo que, nas alíneas *d*) e *e*) se pressupõe uma avaliação activa das condições aí descritas... Ou seja de um deferimento tácito, o

[29] Cfr. as nossas reflexões sobre este ponto no nosso *Risco e modificação...*, *cit.*, pp. 619 segs.

legislador criou um indeferimento implícito, com todas as dificuldades que lhe são inerentes.

Quanto ao operador, esfregará as mãos de contentamento – até ao primeiro pedido de indemnização por dano pessoal ou ecológico que lhe bata à porta[30]. A APA, que se demitiu de realizar a ponderação decisória, enviar-lhe-á certidão comprovativa do decurso do prazo – ou seja, prova da aprovação tácita do pedido. Caso nem a esse trabalho se dê, ao operador caberá promover uma intimação para passagem de certidão, ao abrigo dos artigos 104.° e segs do CPTA, por remissão do artigo 22.°/2 do RLA. Não se trata de condenação à prática de acto devido, pois a lei encarregou-se de transformar o decurso do tempo numa decisão – o que está em causa é o mero reconhecimento formal da existência (?) daquela.

Poderá este processo redundar numa recusa da Administração em emitir a certidão por constatar estar-se em presença de um caso de indeferimento implícito vinculado, ao abrigo da fórmula-travão do n.° 1 do artigo 17.° [por remissão para o 16.°/6/*a*) a *e*)] do RLA? Aí poderemos enfrentar um problema espinhoso: por força da passagem do tempo e pela não superveniência de decisão negativa, formou-se deferimento tácito – de um acto prévio. Se a Administração não se opõe à emissão de certidão do deferimento, *pretenderá* conferir eficácia a um acto nulo (porque destituído de um elemento essencial) – o que não impede que entidades posteriormente intervenientes no procedimento de licenciamento da instalação abortem o mesmo por carência de licença ambiental válida (artigo 9.°/1 do RLA); se se opõe à emissão, alegando ter afinal indeferido a pretensão, estará a declarar nulo o acto tácito de deferimento? A revogá-lo por violação do dever de ponderação? (Ou nenhuma das duas?) Se assim for, deverá o juiz considerar o processo supervenientemente inútil, uma vez que dele não poderá resultar nenhuma certidão comprovativa do deferimento tácito (que não existiu), absolvendo a APA do pedido? E o operador, intenta de seguida uma acção administrativa especial de impugnação do indeferimento? Desde quando se contará o prazo de propositura desta

[30] E que o deferimento tácito do pedido não inibe, embora atire inequivocamente para os ombros da APA uma proporção considerável da culpa, caso se prove a causalidade entre o défice de ponderação e o dano. Esta consequência reflexa faz-nos equacionar a possibilidade de o próprio operador exigir da APA uma tomada de decisão expressa, isto admitindo que o juiz lhe reconheceria interesse processual para propor, ainda antes da emissão da licença de exploração e "contra si mesmo", uma acção administrativa especial de impugnação da licença tácita, acompanhada do pedido de condenação da APA à realização da ponderação devida (cfr. o artigo 51.°/4 do CPTA).

acção – do final do prazo procedimental ou do dia da notificação da decisão judicial absolvendo a APA da instância?

2.4.2. *Em especial, a instabilidade da licença ambiental*

A inconstância da relação autorizativa ambiental deve-se à mutabilidade dos dados de facto que conforma. A capacidade regenerativa dos recursos, bem como a capacidade assimilativa dos mesmos, alteram-se rapidamente, em virtude da crescente industrialização e da contínua mutação dos processos técnicos utilizados. A um princípio de estabilidade da relação jurídica autorizativa, o Direito do Ambiente vem contrapondo um princípio de revisibilidade, directamente filiado na necessidade de gerir a incerteza associada à técnica[31] (ou, segundo outros, uma decorrência do "princípio da precaução"). Quer o Direito Internacional Público (cfr. a jurisprudência *Trail Smelter*, 1938/41, e *Gabcikovo-Nagymaros*, 1995), quer o Direito Comunitário (veja-se o actual artigo 95 do Tratado de Roma), se renderam à dinâmica que a evolução científica provoca em situações que, do antecedente, se encontravam protegidas por máximas como a *pacta sund servanda* e a uniformidade aplicativa do Direito Comunitária. Os direitos nacionais, muito por influência do Direito Comunitário, vão-se deixando interpenetrar por esta nova lógica, que faz prevalecer os interesses sanitário e ambiental sobre direitos como a propriedade e a iniciativa privada.

O Direito Ambiental português conhece exemplos desta mudança de paradigma – todos constantes de leis sectoriais. Atente-se no artigo 29.°/3 do RAIA, e na possibilidade de alteração da DIA por imposição unilateral da APA, a fim de "minimizar ou compensar significativos efeitos ambientais negativos, não previstos, ocorridos durante a construção, funcionamento, exploração ou desactivação do projecto". Confronte-se igualmente o disposto no artigo 67.°/3 da Lei n.° 58/05, de 29 de Dezembro, que prevê várias situações justificativas do exercício da competência de revisão do título autorizativo de utilização dos recursos hídricos. Leia-se, finalmente, o artigo 50.° do Decreto-Lei n.° 209/08, de 29 de Outubro, onde se estatui que "A licença de exploração ou o título de Exploração do Estabelecimento são sempre actualizados na sequência do reexame das condições de exploração".

[31] Cfr. o nosso *Subsídios para um quadro principiológico dos procedimentos de avaliação e gestão do risco ambiental, in Textos dispersos de Direito do Ambiente*, I, Lisboa, 2005, pp. 223 segs.

No que mais directamente nos interessa neste momento, identicamente a licença ambiental, enquanto acto que conforma os deveres do operador relativamente ao nível de emissões poluentes para ar, água e solo, é susceptível de sofrer inúmeras convulsões ao longo da sua vida útil, umas enquadráveis nos seus períodos de renovação, outras antecipando-se a estes.

Com efeito, visando fazer face à dinâmica da técnica na promoção da qualidade ambiental, a directiva 96/61/CE consagrou um artigo do seu articulado ao dever de reexame periódico das condições de licenciamento (artigo 13.°). Ora, uma vez que a licença nunca poderá ser concedida por um período superior a dez anos [cfr. o artigo 18.°/2/*g*) do RLA], poderá haver coincidência entre a actualização e a renovação. Mas, caso a APA, na sequência de uma inspecção de rotina ou por denúncia de terceiros (concorrentes ou público interessado), verifique que a instalação funciona com processos já obsoletos ou geradores de insegurança, que os valores-limite de emissões fixados devem ser revistos, ou se aperceba que alterações legislativas assim o exigem, deve comunicar ao operador, através da entidade coordenadora, a necessidade de apresentar um pedido de renovação antecipado, nos termos do artigo 20.°/3 e 4 do RLA.

O reexame deverá identicamente ocorrer em mais duas situações, previstas no artigo 10.° do RLA. Sempre que o operador deseje proceder a uma alteração da exploração, terá que comunicar tal desígnio à APA. Esta entidade avaliará da intensidade da alteração e:

- caso a não considere substancial, promove um mero aditamento à licença (n.° 3);
- caso a considere substancial, comunica à entidade coordenadora a necessidade de notificar o operador no sentido de iniciar um novo procedimento de licenciamento ambiental (n.° 2).

Nos casos de antecipação do termo sem alteração das condições de exploração (substancial ou não substancial), esta competência de revisão/actualização suscitaria dificuldades caso não estivesse expressamente prevista, porquanto se trata de uma revogação substitutiva, figura que o CPA não acolhe. Na perspectiva tradicional, a antecipação do termo seria ilegal, uma vez que a lei procedimental administrativa não contempla, à semelhança da sua congénere alemã [cfr. o artigo 49/2, §§ 3.° e 4.° da VwVG) ou do artigo 67.°/3/*a*) da Lei n.° 58/05, de 29 de Dezembro, a modificação do título autorizativo em razão da alteração de circunstâncias. Antes pelo contrário, o artigo 140.°/1/*b*) do CPA *blinda* o acto autorizativo – ainda que com a natureza de acto prévio, como a licença ambiental – contra o poder de revogação, modificativa ou extintiva, fazendo prevalecer uma visão arcaica de ultraprotecção do interesse privado em desfavor de uma tutela dinâmica do interesse público e dos interesses colectivos.

Naturalmente que a licença renovada, na qual se verteu a reponderação administrativa adveniente da consideração dos aspectos a que alude o n.° 3 do artigo 20.° do RLA, deve ser entendida como um acto lesivo para os efeitos de impugnação, administrativa e contenciosa. Os gravames renovados que passarão a impender sobre o operador poderão ser superiores à sua capacidade económica e desproporcionados em face do retorno que a actividade industrial lhe proporciona. Não é de descartar a possibilidade de tal renovação implicar a cessação da actividade económica e o subsequente ressarcimento do operador, a título de indemnização por acto lícito, caso o prejuízo sofrido seja especial e anormal (cfr. o artigo 16.° da Lei n.° 67/07, de 31 de Dezembro)[32]. Repare-se, no entanto, que se as alterações da técnica num determinado sector da indústria conduzirem à actualização de um conjunto alargado de licenças, dificilmente a especialidade do prejuízo poderá ser invocada com sucesso.

A questão da indemnização sofrerá um outro enfoque se se atentar na natureza contratualizada da licença ambiental, por força do cruzamento de interesses que envolve. Por um lado, o operador desenvolve uma actividade económica que se traduz num benefício directo para si e indirecto para a comunidade em que se situa (geração de emprego). Por outro lado, o operador prossegue um interesse individual titulado pela licença, mas os modos que esta integra são reflexo da sua vocação de promoção de interesses públicos (ambientais e sanitários). Nessa medida, há uma repartição de custos na actualização da licença, que a lógica da alteração contratual motivada por alteração das circunstâncias, prevista no artigo 437.° do Código Civil, determina que deva ser equitativamente suportada pela Administração, caso a actualização importe num desequilíbrio insustentável da relação contratual. Se virmos a situação desta perspectiva, estaremos fora da "indemnização por facto lícito" e dentro de uma indemnização para-contratual, similar àquela que detectamos no âmbito da contratação pública e da "indemnização por imprevisão"[33].

[32] Alertando para esta hipótese, VASCO PEREIRA DA SILVA, *Verde. Cor de Direito...*, *cit.*, p. 205.
[33] Sobre este ponto, CARLA AMADO GOMES, *Risco e modificação...*, *cit.*, pp. 668 e segs.

2.5. *Procedimento pós-decisório*

À semelhança de vários outros procedimentos autorizativos ambientais, o RLA consagra procedimentos pós-decisórios de dois tipos: um, em vida da autorização (*i*); outro, com a sua "morte" (*ii*).

i) Uma autorização traduz uma determinada avaliação dos termos em que o seu destinatário pode desenvolver a sua actividade e envolve um duplo controlo: por um lado, por parte do próprio utilizador da autorização, primeiro responsável pelo bom cumprimento das condições que lhe foram impostas – monitorização (*a*); por outro lado, pela entidade emitente da autorização, que se co-responsabiliza, em nome da boa prossecução dos interesses públicos a seu cargo, pelo acatamento das condições por parte do operador – fiscalização (*b*).

a) A monitorização constitui um dever do operador, que deve comunicar periodicamente os resultados à APA [artigo 18.°/2/*d*) do RLA]. Esta obrigação integra o conteúdo da licença – cujo pedido não se considera completo sem a menção das medidas de monitorização previstas [artigo 11.°/1/*i*) do RLA] –, prolongando assim a relação autorizativa muito além do momento de emissão do título. A prevenção do risco não se esgota – antes pelo contrário – na conformação das condições da autorização; ela *oxigena* o dever de protecção do ambiente que impende sobre o operador industrial de forma agravada e a monitorização constitui o instrumento de operacionalização da gestão dos factores potencialmente poluentes com vista à minimização dos seus efeitos nocivos.

O facto de se tratar de prevenir danos em bens de fruição colectiva leva a que os resultados das monitorizações sejam obrigatoriamente objecto de publicitação ao público interessado, nos termos do artigo 19.°/*c*) do RLA. Não é de descartar, aqui ou na fase prévia do procedimento de concessão da licença, que qualquer falha de informação possa ser contornada pelos interessados através de uma intimação para prestação de informações, nos termos dos artigos 104.° segs do CPTA, complementados pela Lei n.° 19/06, de 12 de Junho (Lei do acesso à informação ambiental)[34].

b) A fiscalização é a outra face do *command* associado à técnica autorizativa. O *control* é levado a cabo a dois títulos:

[34] Sobre as dimensões, procedimentais e processuais, do direito à informação ambiental, veja-se CARLA AMADO GOMES, *O direito à informação ambiental: velho direito, novo regime. Breve notícia sobre a Lei 19/2006, de 12 de Junho, in RMP*, n.° 109, 2007, pp. 5 segs.

- de uma banda, através da análise dos resultados da monitorização, que cumpre à APA;
- de outra banda, através de inspecções que os serviços da IGAOT, das CCDRs e das Administrações de Região Hidrográfica, bem como da entidade coordenadora, realizem relativamente aos operadores destinatários das autorizações, para avaliar do correcto e pleno acatamento das obrigações constantes do título e de normas aplicáveis (artigo 31.° do RLA). O operador encontra-se adstrito a um dever de toleração (*pati*) destas diligências.

Os resultados da fiscalização, quando detectem alguma patologia, podem redundar, ou na necessidade de revisão dos termos da autorização (conforme vimos *supra*), ou na aplicação de sanções aos operadores prevaricadores, nos termos dos artigos 32.° e 33.° do RLA – sem prejuízo do dever de reconstituição natural, sempre que possível (artigos 48.° da LBA, e 15.° e Anexo V do Decreto-Lei n.° 147/08, de 29 de Julho).

A periodicidade da fiscalização – ou, pelo menos, a sua activação imediata na sequência de um alerta – constitui um factor a todos os títulos relevante, quer no plano da prevenção de danos, quer no plano da imputação desses danos à Administração. Note-se que, caso resultem prejuízos da actividade de uma instalação, nomeadamente no que toca a emissões poluentes, esteja ela a decorrer nos termos da licença ou à margem dela, a Administração poderá ser chamada a responder, solidariamente, perante os lesados, na medida em que está investida no dever de fiscalizar. Tratando-se de imputação de responsabilidade a título omissivo, a Administração deverá demonstrar ao julgador que desenvolveu todas as diligências necessárias e suficientes para evitar o dano, se quiser eximir-se de indemnizar por facto ilícito (cfr. os artigos 10.°/3 da Lei n.° 67/07, de 31 de Dezembro, e 486.° do Código Civil).

ii) A "morte" da instalação determina, da parte do operador, a adopção de medidas de desmantelamento que salvaguardem os valores, ambientais e sanitários em jogo. O artigo 18.°/2/*e*) do RLA indica como elemento essencial da licença a referência à adopção das medidas relativas à desactivação definitiva da instalação. É a última extensão do conteúdo conformativo da autorização, resultado da necessidade de prevenção de riscos e reflexo, uma vez mais, do princípio da correcção na fonte.

3. A licença ambiental no universo dos actos autorizativos ambientais: articulações problemáticas

Conforme já tivemos oportunidade de afirmar em sede de considerações introdutórias, a licença ambiental é um instrumento de controlo integrado da poluição que tem uma natureza concentracionista – absorve um conjunto de autorizações parciais que do antecedente eram necessárias ao funcionamento de actividades potencialmente poluentes. Esse efeito de substituição resultava bem nítido da leitura dos artigos 29.°, 30.°, 31.° e 32.° do Decreto-Lei n.° 194/00, de 26 de Agosto, agora revogado, e encontrava-se ainda antes esboçado no artigo 27.°/1/*h*), 1.ª parte da LBA. A complexidade não ficou, no entanto, totalmente resolvida com a introdução da licença ambiental.

Um dos problemas que com mais acuidade se tem colocado ao legislador ambiental é da simplificação procedimental, em virtude da multiplicação de actos sucessivos tendentes à conformação da decisão final autorizativa. Até muito recentemente, era normal a cumulação (sucessiva) da declaração de impacto ambiental, da licença ambiental, da licença de construção, da licença de instalação e de exploração – numa linha procedimental básica. A intervenção de entidades nestes procedimentos é por vezes dupla ou tripla, o que recomendaria a coordenação procedimental com vista ao incremento da eficácia sem diminuição de tempo de ponderação e observando o princípio da legalidade da competência, e sem redução das garantias de participação pública. Entalado entre o Sila da eficiência administrativa e o Caribdis das garantias de prossecução do interesse público com imparcialidade e publicidade (cfr. os artigos 266.°/1, e 267.°/2 e 5 da CRP), o legislador foi encontrando timidamente algumas formas de resolver a difícil equação[35].

O Decreto-Lei n.° 288/07, de 17 de Agosto, é um exemplo modesto de tal tendência, hoje alçada a desígnio nacional pelo Programa SIMPLEX. As soluções aí avançadas incorporam hoje o RLA, tendo este revogado algumas das suas normas (cfr. o artigo 38.°/3). Mais significativo e exemplar em sede de simplificação procedimental é o diploma sobre os Projectos de potencial interesse nacional com importância estratégica (PIN+), vertido no Decreto-Lei n.° 285/07, de 17 de Agosto. Sublinhe-se, no entanto que, por força da delimitação objectiva dos projectos a ele sujeitos (apuráveis em função da cumulação

[35] Sobre modelos de simplificação procedimental, veja-se MARTA PORTOCARRERO, *Modelos de simplificação administrativa. A conferência procedimental e a concentração de competências e procedimentos no Direito Administrativo*, Porto, 2002.

dos critérios constantes do artigo 1.° do Regulamento do sistema de acompanhamento de projectos de potencial interesse nacional, aprovado pelo Decreto-Lei n.° 174/08, de 26 de Agosto, com os critérios estabelecidos no artigo 2.°/3 do Decreto-Lei n.° 285/07), os quais devem envolver, desde logo, um investimento superior a 200.000,00 euros, ou excepcionalmente 60.000,00 euros, tendencialmente poucos projectos de instalações de carácter industrial cairão sob a sua alçada (v. também o artigo 1.°/7 do Regulamento citado).

A regra continua, portanto, a ser a da sucessividade dos procedimentos, o que acarreta custos em tempo e diminuição de competitividade. No entanto, o RLA recuperou algumas das micro-soluções avançadas pelo Decreto-Lei n.° 288/07 (cfr. o artigo 4.° deste diploma, revogado pelo RLA), e abriu a possibilidade de *paralelização* do procedimento de licenciamento ambiental com outros procedimentos, a requerimento do operador – ou por determinação legal, no caso dos pedidos de licenciamento de operações de gestão de resíduos (artigo 24.° do RLA) e de atribuição do título de emissão de GEEs (artigo 25.° do RLA).

Analisaremos de seguida algumas destas intersecções do licenciamento ambiental com outros momentos integrativos do procedimento final – que tenderá a identificar-se, na maioria dos casos, com o licenciamento industrial.

3.1. *Com o procedimento de AIA*

A intersecção do RLA com o RAIA pressupõe a verificação de uma relação de sobreposição que envolve o cotejo dos anexos I do RLA com os Anexos I e II do RAIA. Só alguns projectos submetidos a AIA devem ser objecto de licenciamento ambiental [como, por exemplo, a produção de químicos inorgânicos de base – 4.2 do Anexo I do RLA, e 6.b) do Anexo I do RAIA – ou o fabrico de cal – 3.1.b) do RLA, e Anexo II 5.b) do RAIA]. Um procedimento não exclui o outro; complementa-o (cfr. o artigo 12.°/1 do RLA).

Se a sobreposição existir, já sabemos que a emissão de DIA favorável ou condicionalmente favorável é condição essencial de emissão de uma licença ambiental [artigos 16.°/4/*a*) e n.° 6/*a*), *a contrario*, do RLA; 20.°/3 do RAIA] – por outras palavras, uma licença emitida em desrespeito desta precedência é nula[36]. Em contrapartida, uma DIA favorável ou condicionalmente favorável

[36] Sendo certo que se trata de actos autorizativos com objectivos diversos – a DIA mais abrangente, a licença ambiental mais circunscrita –, o problema das emissões deverá ter sido liminarmente analisado no EIA (e na DIA), uma vez que a descrição dos impactos decorrentes "da emis-

não determina a obrigatoriedade de concessão de uma licença ambiental. Por outras palavras, uma DIA desfavorável tem um efeito preclusivo; uma DIA favorável ou condicionalmente favorável tem um efeito conformativo da licença ambiental, embora não imponha a concessão desta – precisamente porque se trata da avaliação de diferentes dimensões de um mesmo projecto. A prévia ponderação de aspectos relacionados com o controlo das emissões abrevia o prazo de emissão da licença ambiental, mas não o supre – cfr. o artigo 16.°/2 do RLA.

Esta dependência não significa, hoje, necessária sucessividade de procedimentos. A simplificação introduzida pelo novo diploma permite que, a pedido do operador, o procedimento de avaliação de impacto ambiental se realize simultaneamente com o de licenciamento ambiental, desde que verificada uma condição: *o projecto sujeito a AIA deve ser um projecto de execução* (e não um mero estudo prévio ou anteprojecto – cfr. o artigo 28.°/1 do RAIA).

Temos, assim, duas hipóteses de entrelaçamento entre a AIA e o licenciamento ambiental:

- por um lado, a *realização simultânea,* quando requerida e se possível: o pedido de licença ambiental deve ser instruído com um EIA [artigos 11.°/1/*n*) e 12.°/3 do RLA]. A emissão de licença ambiental deve aguardar o decurso do prazo do procedimento de AIA (cfr. o artigo 19.° do RAIA), surgindo até 10 dias após a prolação de decisão positiva, expressa ou tácita [artigo 16.°/4/*a*) do RLA]. Nestas hipóteses, os prazos de caducidade (interna) das duas decisões coincidem – cfr. os artigos 21.°/1 do RAL, e 21.°/1 do RAIA;
- por outro lado, a *realização sucessiva*: o pedido de licença ambiental deve ser instruído, em alternativa, com:

  i) uma DIA favorável ou condicionalmente favorável, ou um parecer de conformidade do projecto de execução com a DIA, em caso de o procedimento de AIA decorrer em fase de projecto de execução ou de estudo prévio, respectivamente – artigo 12.°/1/*a*) e *b*) do RLA; ou

  ii) uma decisão de dispensa de AIA – artigos 12.°/1/*c*) do RLA, e 3.° do RAIA; ou

são de poluentes, da criação de perturbações e da forma prevista de eliminação de resíduos e de efluentes" integra o conteúdo mínimo do EIA, nos termos do ponto 5 do Anexo III do RAIA.

iii) a constatação da formação de uma DIA silente – artigo 12.°/1/*d*) do RLA, e 19.° do RAIA.

Nos casos de realização sucessiva, a licença ambiental deve ser emitida num prazo máximo de 55 dias – ou de 27, se o pedido tiver sido validado por entidade acreditada (artigo 16.°/2 e 3 do RLA). Uma ressalva se impõe, todavia: o prazo mais longo, de 75 dias, para que aponta o n.° 1 do artigo 16.° do RLA, deve aplicar-se também às situações em que a DIA resulta da valoração positiva do silêncio, nos termos do artigo 19.°/1 do RAIA[37]. Esta afirmação vale sobretudo para as hipóteses em que a DIA tácita não tem base de sustentação no parecer final da Comissão de Avaliação, ou porque este não foi sequer emitido, ou porque o afronta (sem fundamentar as razões da divergência...)[38] – cfr. o artigo 16.° do RAIA. Aditar-lhe-íamos uma segunda situação: a dos projectos dispensados de AIA, ao abrigo do artigo 3.° do RAIA [sendo certo que poderão ter sofrido outro tipo de avaliação de impactos – cfr. o artigo 3.°/4/*b*) do RAIA].

As hipóteses de dispensa e de deferimento tácito da DIA são referidas, precisamente, no RLA a propósito do conteúdo da licença ambiental: no primeiro caso, a licença deve incorporar as condições que eventualmente constem da decisão de dispensa; no segundo caso, a licença absorve os elementos do EIA e os resultados da consulta pública (se os houver, ressalvamos nós[39]) coligidos no procedimento de AIA – artigo 16.°/7/*a*) e *b*) do RLA. Para além, claro, de a licença dever conformar-se com o conteúdo da DIA, favorável ou condicionalmente favorável.

[37] Neste sentido, Vasco Pereira da Silva, *Verde. Cor de Direito...*, *cit.*, pp. 199-200 (reportando-se ao Decreto-Lei n.° 194/00).

[38] A falta de vinculatividade do parecer da Comissão de Avaliação é um dos aspectos que se nos afiguram como mais negativos no actual RAIA. Perante a ausência de indicação em contrário, vale a regra do artigo 98.°/2 do CPA: este parecer é obrigatório, mas não é vinculativo. Ora, em atenção ao princípio da prevenção, tal documento deveria ter um *efeito preclusivo* da emissão da DIA, caso atestasse a previsível ocorrência de impactos significativos no ambiente, não minimizáveis e/ou compensáveis, na sequência da implantação do projecto em análise. A sua existência no procedimento deveria constituir impeditivo da decisão, expressa ou tácita. O que não implica que a sua apreciação favorável vinculasse o Ministro do Ambiente a emitir a DIA: neste caso, prevalece a margem de livre decisão administrativa, envolvida nos princípios gerais que a norteiam, mas já não adstrita à observância do princípio específico que subjaz à AIA – o princípio da prevenção.

[39] Curiosamente, o legislador do RLA parece exigir, no caso de uma DIA tácita, a existência de participação pública; mas para a licença ambiental descarta-a, como vimos...

Sendo a emissão da licença ambiental sucessiva à da DIA, os prazos de caducidade diferem sensivelmente[40]. *Quid juris* se a DIA caducar, permanecendo ainda válida a licença ambiental? O Decreto-Lei n.° 194/00 previa expressamente, no artigo 23.°/3, a subsistência da DIA no caso de existir licença ambiental. O novo RLA não o faz, o que nos leva a crer que pretendeu determinar a caducidade consequente da licença, obrigando o operador a promover a repetição de ambos os procedimentos, com eventual aproveitamento de actos praticados em ambos (cfr. os artigos 21.°/4 do RAIA e 21.°/4 do RLA).

Uma dúvida que desejamos partilhar:

O Decreto-Lei n.° 232/07, de 15 de Junho, transpôs para a ordem jurídica portuguesa (com um atraso de 3 anos...) a directiva 2001/42/CE, do Parlamento Europeu e do Conselho, de 27 de Junho, disciplinadora da avaliação ambiental estratégica (= RAAE)[41]. Este diploma tem por objecto a avaliação de planos e programas "para os sectores da agricultura, floresta, pescas, energia, indústria, transportes, gestão de resíduos, gestão das águas, telecomunicações, turismo, ordenamento rural e urbano ou utilização dos solos e que constituam enquadramento para a futura aprovação de projectos mencionados nos anexos I e II do Decreto-Lei n.° 69/2000, de 3 de Maio, na sua actual redacção" [artigo 3.°/1/*b*)]. Quando a realização da avaliação estratégica e da AIA sejam simultâneas (e essa é a solução preferível – artigo 13.°/1), o diploma estabelece que a primeira absorve a segunda, sendo incorporadas no procedimento de avaliação estratégica "as obrigações decorrentes" do RAIA (artigo 3.°/8 do RAAE).

Parece-nos que estas obrigações deverão compreender a constituição de uma Comissão de Avaliação do projecto, a consulta a entidades externas, a participação pública e a emissão de um título comprovativo da conformidade ambiental do plano/projecto, essencial à monitorização do mesmo e à promoção da sua eficácia conformativa de actos autorizativos posteriores – entre os quais, eventualmente, a licença ambiental. Ora, esta articulação/consunção não

[40] Note-se que, enquanto a caducidade da DIA se afere relativamente ao ínicio da execução do projecto, a caducidade da licença ambiental se reporta ao início da exploração da instalação.
[41] Sobre este instrumento, vejam-se SUSANA GALERA RODRIGO, *La evaluación ambiental de planes y programas*, Madrid, 2006; YVES JÉGOUZO, *L'évaluation des incidences sur l'environnement des plans et programmes*, *in AJDA*, 2005/38, pp. 2100 segs. Em Portugal, FERNANDO ALVES CORREIA, *A avaliação ambiental de planos e programas: um instituto de reforço da protecção do ambiente no Direito do Urbanismo*, *in RLJ*, n.° 3496, 2007, pp. 4 segs.

se revela óbvia, na medida em que o processo de avaliação estratégica recai sempre sobre um documento de iniciativa pública – um plano/programa –, cuja competência de aprovação oscila entre o Conselho de Ministros e as Assembleias Municipais (cfr. o Decreto-Lei n.° 380/99, de 22 de Setembro, na redacção conferida pelo Decreto-Lei n.° 316/07, de 19 de Setembro – regime dos instrumentos de gestão territorial)[42], enquanto o projecto submetido a AIA, embora possa ser um projecto público, desenvolvido por entidades públicas, será na maioria das vezes de iniciativa privada. Esta dualidade reflecte-se no procedimento de avaliação dos impactos em cada uma das situações:

i) na avaliação estratégica, o relatório ambiental é da competência da autoridade competente para a aprovação do plano (artigo 6.°/1 do RAAE); na AIA, o EIA é apresentado pelo operador (tendo por fonte empresas privadas)[43];

ii) na avaliação estratégica, o acto final é da competência do Governo ou de uma Assembleia Municipal, e incorpora os resultados da ponderação do relatório ambiental pelas entidades externas com atribuições na matéria e pelo público interessado, sob a forma de uma declaração ambiental (artigos 9.° e 10.°/1 do RAAE); na AIA, o acto final é da competência do Ministro do Ambiente – a DIA –, e deve apresentar os fundamentos de facto e de direito em que se baseia (artigo 17.° do RAIA);

iii) nem o relatório ambiental nem a declaração ambiental são vinculativos de futuras DIAs, embora o Ministro do Ambiente deva fundamentar a eventual divergência com os mesmos (artigo 13.°/4 do RAAE); a DIA é vinculativa, revestindo um efeito preclusivo, se desfavorável, e conformativo, se favorável (artigo 20.° do RAIA).

[42] Sempre que seja necessário realizar uma avaliação ambiental estratégica, todos os planos são acompanhados de relatório ambiental: os planos sectoriais de ordenamento do território são aprovados em Conselho de Ministros (artigo 37.°/3 do Decreto-Lei n.° 380/99); os planos regionais de ordenamento do território são aprovados em Conselho de Ministros (artigo 56.°/2 do Decreto-Lei n.° 380/99); os planos intermunicipais de ordenamento do território são aprovados por deliberação das Assembleias municipais interessadas ou pela Assembleia intermunicipal (artigo 67.° do Decreto-Lei n.° 380/99); os planos municipais de ordenamento do território – planos directores municipais; planos de urbanização; e planos de pormenor – são aprovados pela Assembleia Municipal mediante proposta da Câmara Municipal [artigos 86.°/2/*c*); 89.°/2/*b*); e 92.°/2/b) do Decreto-Lei n.° 380/99].

[43] As similitudes entre o relatório ambiental e o EIA ressaltam bem patentes do confronto entre os artigos 6.°/1 do RAAE, e 12.° e Anexo III do RAIA.

Tendo em consideração o que antecede e abstraindo agora da configuração concreta da forma de co-envolvimento – que temos por necessário – entre a Comissão de Avaliação, as autoridades externas (cujos pareceres podem ser emitidos em conferência instrutória – artigo 7.°/4 do RAAE), o público interessado e a autoridade com competência para aprovar o plano, ponto firme parece-nos ser a imprescindibilidade de conferir eficácia vinculativa à declaração ambiental. De outro modo, estaria encontrada uma fuga à eficácia da DIA, degradada em "mera" declaração ambiental não vinculante. Tal frustraria não só os objectivos de protecção ambiental que o Estado português assume, desde logo no plano constitucional, como violaria o compromisso comunitário de implementação plena e uniforme da directiva 85/337/CEE, do Conselho, de 17 de Junho, com as alterações introduzidas pela directiva 97/11/CE, do Conselho, de 3 de Março.

3.2. *Com o regime de prevenção de acidentes graves causados por certas actividades industriais*

A articulação do licenciamento ambiental com o regime de prevenção de riscos de acidentes graves causados por certas actividades industriais (consagrado no Decreto-Lei n.° 254/2007, de 12 de Julho = RPAG) nem sempre se apresenta necessária. Cotejem-se os anexos dos diplomas e depressa se concluirá no sentido da necessidade de articulação apenas relativamente a certas situações, sendo as mais relevantes as respeitantes às instalações que se destinem à produção de compostos químicos inorgânicos de base (Anexo I, 4., do RLA, e Anexo I, Parte I, do RPAG). Cumpre identicamente atentar nas exclusões previstas no artigo 3.°/2 do RPAG, e na ressalva do seu n.° 3.

Com efeito, da leitura do n.° 3 do artigo 3.° do RPAG conclui-se pela necessidade de consideração de dois procedimentos: por um lado, para *todos* os estabelecimentos listados no Anexo I, o legislador prevê um dever de notificação da sua construção, do início do seu funcionamento ou da introdução de uma alteração substancial à APA, através da entidade coordenadora, devendo a notificação conter as informações a que alude o Anexo II ao RPAG. Por outro lado, aos operadores dos *estabelecimentos* listados no Anexo I que *revelem um nível superior de perigosidade* (coluna 3), o RPAG impõe (acresce) um outro dever: a elaboração de um Relatório de Segurança (artigo 10.°)[44]. Este Relatório de

[44] A alínea *f)* do artigo 2.° do RPAG define "Nível superior de perigosidade" como o do "esta-

Segurança terá de merecer a aprovação da APA, conforme dispõe o artigo 11.° do RPAG, antes da emissão da licença de construção ou da emissão da licença de exploração, sob pena de, na ausência daquela aprovação, tais actos serem fulminados de nulidade, de acordo com o n.° 2 do preceito indicado. A aprovação, sublinhe-se, é expressa[45] – na sua ausência, o operador terá que recorrer à acção administrativa especial para condenação da APA à prática do acto devido.

A falta de notificação não parece inviabilizar a emissão da licença ambiental, embora constitua contra-ordenação grave [artigo 33.°/1/*b*) do RPAG]. O pedido de licença ambiental, nos termos dos artigos 11.°/1/*n*) e 12.°/2 do RLA, deve incluir, ou o parecer da APA dando luz verde à localização do estabelecimento industrial projectado – nos casos em que não deva ser sujeito a AIA: artigo 5.°/4 do RPAG[46] –, ou o Relatório de Segurança (para estabelecimentos de especial perigosidade). Quer o parecer, quer o Relatório de Segurança aprovado pela APA, são condições essenciais de emissão da licença ambiental – artigo 16.°/4/*b*) do RLA. A falta de alusão ao cumprimento do dever de notificação é de lamentar, pois trata-se de estabelecimentos de risco, ainda que mais baixo. Provavelmente o legislador subentendeu a exigência desse cumprimento no âmbito da aprovação do Relatório de Segurança, mas o certo é que há instalações que estão isentas da apresentação deste...

O desígnio de aceleração procedimental que anima o nosso legislador levou à criação da possibilidade de desenvolvimento paralelo dos procedimentos de licenciamento ambiental e de aprovação do Relatório de Segurança (quando exigível), por solicitação do operador – artigo 12.°/3 do RLA. Imperiosa é a obtenção da aprovação do Relatório de Segurança pela APA – sempre prévia à emissão da licença ambiental, como acabámos de sublinhar. Caso o operador opte por requerer a aprovação do Relatório de Segurança antes de

belecimento onde estejam presentes substâncias perigosas em quantidades iguais ou superiores às quantidades indicadas na col. 3 das partes 1 e 2 do anexo I ao presente decreto-lei, que dele faz parte integrante, ou quando a regra da adição assim o determine".

[45] Cfr. o artigo 12.°/1 do RPAG. Caso o Relatório mereça a aceitação da APA, esta deve comunicar tal decisão à entidade coordenadora, à IGAOT e à Autoridade Nacional de Protecção Civil (ANPC) – n.° 4.

[46] Esta disposição (e sua conjugação com o RLA) constitui, para nós, um mistério: por um lado, porque dificilmente concebemos a instalação/funcionamento de uma qualquer actividade listada no RPAG que não deva merecer AIA (e o legislador não se refere aos casos de dispensa); por outro lado, porque, e ainda que não sujeita a AIA, deverá ficar sujeita, no mínimo, a um dever de notificação e, no máximo, à apresentação de um Relatório de Segurança. Ora, o RLA parece colocar as situações em alternativa.

efectuar o pedido de licença ambiental, deve fazê-lo através da entidade coordenadora, que o transmite à APA, tendo esta 90 dias para decisão (artigo 12.° do RPAG).

Note-se que o Relatório de Segurança é revisto e, se necessário, actualizado:

i) Sempre que o operador introduzir uma alteração substancial na instalação (com reflexos imediatos sobre a licença ambiental – artigo 10.°/2 do RLA) – artigo 13.°/1 do RPAG;
ii) De cinco em cinco anos a contar da aprovação pela APA – artigo 14.°/1/*a*) do RPAG;
iii) Em qualquer momento, se uma alteração de circunstâncias o exigir, nomeadamente, um aperfeiçoamento de técnicas de segurança – artigo 14.°/1/*b*) do RPAG;
iv) Sempre que o cruzamento de informação de estabelecimentos integrados num grupo "de efeito dominó"[47] o exija – artigo 14.°/1/*c*) do RPAG.

Nas três últimas hipóteses, em princípio, a revisão do Relatório de Segurança implicará apenas alterações no esquema de segurança da instalação, não provocando mudanças relevantes no plano de controlo integrado da poluição gizado na licença ambiental. Porém, caso as alterações no plano da segurança não sejam devidamente absorvidas pelo operador, levando ao "chumbo" do Relatório de Segurança pela APA, consideramos que tanto a licença de exploração da instalação como a licença ambiental ficam suspensas na sua eficácia, devendo a IGAOT ordenar a suspensão de funcionamento da instalação até aprovação do Relatório de Segurança (cfr., por analogia, o artigo 12.°/2 do RPAG).

Lisboa, Setembro de 2008

[47] "Efeito dominó": uma situação em que a localização e a proximidade de estabelecimentos abrangidos pelo presente decreto-lei são tais que podem aumentar a probabilidade e a possibilidade de acidentes graves envolvendo substâncias perigosas ou agravar as consequências de acidentes graves envolvendo substâncias perigosas ocorridos num desses estabelecimentos" – artigo 2.°/*d*) do RPAG.

Uma outra face da justiça europeia: as iniciativas sobre o Reconhecimento e Fiscalização de Penas Suspensas, Sanções Alternativas e Condenações Condicionais e sobre a Decisão Europeia de Controlo Judicial

DR. JORGE COSTA

SUMÁRIO: *I – Da cooperação judiciária na União Europeia. II – Da presidência portuguesa do Conselho da União Europeia (linhas do seu programa na área da cooperação judiciária em matéria penal). III – Decisão Quadro relativa ao Reconhecimento e Fiscalização das Penas Suspensas, Sanções Alternativas e Condenações Condicionais (linhas gerais da proposta). IV – Decisão Europeia de Controlo Judicial (linhas gerais da proposta).*

I – **Da cooperação judiciária na União Europeia**

Tendo como pano de fundo as duas grandes guerras que tinham dilacerado a Europa, destruído o tecido social e económico e instalado o receio de que tais eventos sangrentos se voltassem a repetir, os pais fundadores das "Comunidades Europeias" visaram, há mais de cinquenta anos, com o projecto "europeu", objectivos ambiciosos, de modo a estabelecer duradouramente a paz e a criar condições para uma economia em comum entre os povos da Europa.

Só mais tarde a matéria da justiça criminal enquanto matéria de "interesse comum" entrou na agenda das Comunidades, muito embora as preocupações, quanto a esta, se traduzissem por uma aproximação não institucional, mas sim pragmática[1].

[1] EMMANUEL BARBE, in *Justice et Affaires Intérieurs dans l'Union Européenne – un espace de liberté, sécurité et de justice,* Collection «réflexe Europe», La documentation Française, pág. 17.

A evolução da linha "integrativa" relativa à justiça criminal, no âmbito das Comunidades Europeias/União Europeia, foi impulsionada por uma maior ou menor intensidade da integração política: sempre que se deram passos significativos em direcção a uma maior integração, essa evolução teve reflexos na área da justiça (criminal), numa linha que poderíamos classificar de *proporcionalidade directa*.

Com efeito, acompanhando a construção da integração política foram desenvolvendo-se, gradativamente, soluções reforçadas de cooperação judiciária entre os EMs, na justa medida em que a criminalidade se tornou, em intenso grau, uma criminalidade sem fronteiras, beneficiando, no espaço europeu, da livre circulação de pessoas, bens, serviços e capitais, inserida num processo de "transnacionalização" e mesmo de "globalização". Ora, "*A globalização é hoje o novo paradigma da política criminal: frente à internacionalização do crime, urge responder com a internacionalização da política de combate ao crime. Neste sentido, o mundo "regionalizou-se" e nasceram vários espaços judiciários penais europeus. A União Europeia é um exemplo...*"[2]

Nessa linha evolutiva[3] é possível constatar que a França, nos *anos 70*, e em época anterior ao *Tratado de Maastricht*, apresentou um projecto relativo à criação de um *espaço judiciário penal europeu*, materializado em propostas de reforço de cooperação de áreas (em matéria criminal) nas quais havia já uma base de cooperação ao nível do Conselho da Europa.

Este projecto, pioneiro, sobre um "*espaço judiciário penal europeu*", não teve, porém, a adesão por parte da Europa de então, por resistências internas e externas. A "Europa", isto é, o colectivo dos Estados Membros de então, não estava politicamente em condições para dar um salto tão significativo como o que consistia na criação de um espaço comum.

Não obstante a rejeição da proposta a que nos referimos, os esforços para o estabelecimento de mecanismos relativos à cooperação judiciária e cooperação policial[4] continuaram. Na verdade "*a cooperação em matéria de justiça e assuntos internos entre os Estados Membros das Comunidades Europeias desenvolveu-se a*

[2] *Vide* Anabela Miranda Rodrigues e José Luís Lopes da Mota, in "*Para uma Política Criminal Europeia*", Coimbra Editora, pág. 15.

[3] Vamos seguir de perto, neste ponto, as lições da obra referida na nota de rodapé que anteceda.

[4] Convirá, aliás, ter presente que, apesar de organicamente diferenciadas, estas duas formas de cooperação, interagem em virtude de ambas convergiram para um mesmo fim que é o do combate à criminalidade. Por outro lado, em alguns sistemas as funções cometidas às autoridades judiciárias são levadas a cabo pela autoridades policiais. Daí que uma e outra andem geralmente a par.

partir dos anos 70 a fim de lutar mais eficazmente contra as ameaças criminais e sobretudo contra a ameaça terrorista"[5].

Um dos traços mais marcantes do estabelecimento das *Comunidades Económicas Europeias* e que perdurou, e perdura, com a União Europeia é o da existência das 4 liberdades: liberdade de circulação de bens, de pessoas, de serviços e de capitais.

Naturalmente, um espaço aberto é propiciador da circulação da criminalidade e da sua "difusão". Logo, deixando de existir, ou, pelo menos, atenuando-se os obstáculos à livre circulação de pessoas, pela abolição dos controlos das fronteiras internas entre os Estados Membros, cria-se uma natural e consequente "facilitação" aos criminosos, os quais circulam nesse mesmo espaço de forma livre, sem constrangimentos físicos e sem barreiras para a prática da sua actividade criminosa.

Se é certo que a "*Europa económica*" foi fazendo o seu caminho, de forma gradual mas consistente, já o mesmo se não pode dizer, porém, da "*Europa política*", ou mesmo da "*Europa judiciária*".

Só com o *Tratado de Maastricht*, ou *Tratado da União Europeia*, a CEE dá um passo em frente, pela (sua) "transformação" de entidade económica em entidade política, ou seja, transformando-se em uma União com competências políticas, estruturada em três Pilares, cabendo ao III Pilar a cooperação judiciária e policial, gerido segundo o *processo intergovernamental (e não comunitário)*: decisão por unanimidade, reduzida participação da Comissão e do Parlamento, adopção de instrumentos jurídicos específicos e não intervenção do Tribunal de Justiça das Comunidades.

Porém, este passo é muito incipiente. Com efeito, "*O terceiro Pilar não comporta nem integração nem, em consequência, cessão de soberania. Tratando-se de uma estrutura intergovernamental de cooperação, partia-se do princípio que (certas) questões relativas à justiça e assuntos internos eram de interesse comum, o que permitia aos Estados Membros a cooperação em relação a elas, mas não a sua comunitarização*"[6].

Só com o (posterior) *Tratado de Amesterdão*[7] a União Europeia[8] se auto-

[5] Anne Weyemberg, in "*La coopération en matière de Justice et d'Affaires Intérieures: vers un rééquilibrage du couple Liberté-Sécurité?*», tiré à part de la *Revue Belge de Droit International*, 2000/2, Bruylant, pág. 612.

[6] Anabela M. Rodrigues e Lopes da Mota, ob. cit., pág 34.

[7] O Tratado de Amesterdão entrou em vigor em 1 de Maio de 1999.

[8] União Europeia, e não apenas Comunidade Económica Europeia, por força da entrada em vigor do Tratado de Maastricht, assinado nesta cidade holandesa, em 7 de Fevereiro de 1992 e entrado em vigor em 1 de Novembro de 1993.

propôs um forte impulso institucional, de dimensão considerável e com importante impacto na área *JAI* (matérias de justiça e assuntos internos). Tal impulso consubstanciava-se no objectivo, a atingir gradualmente, da criação do *Espaço de Liberdade, de Segurança e de Justiça* (que, adiante, designaremos pela sigla *ELSJ*) através de medidas a efectivar na área da justiça e dos assuntos internos, algumas delas num prazo de 5 anos, ou seja até 2004.

No renovado *Título VI* dos Tratados (titulo rebaptizado como "*Disposições relativas à cooperação policial e judiciária em matéria penal*"), o artigo 29.° refere:"*Sem prejuízo das competências da comunidade europeia, será objectivo da união facultar aos cidadãos um elevado nível de protecção num espaço de liberdade, segurança e justiça, mediante a instituição de acções comuns entre os estados-membros no domínio da cooperação policial e judiciária em matéria penal e a prevenção e combate ao racismo e xenofobia*".

Assim, e segundo Giselle Vernimmen, citada por Anabela M. Rodrigues e Lopes da Mota[9], "[*a*] *principal mudança de Amesterdão foi a de ter inscrito a cooperação judiciária penal na perspectiva da realização de um objectivo claramente definido de criação de um espaço de liberdade, de segurança e de justiça (cfr. artigo 29.°). A sua mais valia (...) foi a de nos dotar de um projecto comum. Em todo o caso não se trata mais de apenas cooperar para permitir a cada Estado Membro prosseguir a sua própria política criminal, que a mobilidade das pessoas e dos capitais poderia comprometer. Trata-se, desta vez, de realizar em comum um espaço onde os mesmos valores são defendidos, onde os nossos concidadãos usufruem em conjunto da mesma liberdade, da mesma segurança e da mesma justiça*".

Subsequentemente, o *Conselho Europeu*, em 1999, reuniu em *Tampere* com uma agenda exclusiva sobre questões de Justiça e Assuntos Internos, e onde aprovou um verdadeiro programa de "*política criminal europeia*", cujo conteúdo abrangia cerca de 50 medidas, de que importa destacar a consagração do *princípio do reconhecimento mútuo* como pedra angular da cooperação judiciária entre os Estados-Membros.

As medidas consagradas (orientações e prioridades políticas, na linguagem do Conselho) são o resultado de uma firme vontade política de colocar a efectivação do *ESLJ* na agenda política da União e revestem uma significativa dimensão qualitativa e quantitativa para a realização do *espaço judiciário comum*.

Ora, no contexto deste espaço judiciário comum, há um outro vector que teremos de sublinhar. Com efeito reconhece-se que o cidadão não pode *gozar da liberdade* senão num verdadeiro *espaço de justiça* e que o ELSJ deve fundar-se em *princípios de transparência e controlo democrático*.

[9] Anabela M. Rodrigues e Lopes da Mota, ob. cit., pág. 36.

A União Europeia pretendia, deste modo, responder às exigências que o cidadão e a sociedade em geral lhe colocavam, de forma bastante crítica, a saber:

- *reforçar a dimensão da justiça*, para compensar, de algum modo, as medidas de forte pendor securitário que a União vinha adoptando de combate à criminalidade, e vector este para o qual os Estados estão mais sensibilizados, muito por força da "*vox populi*" nacional;
- a liberdade de circulação (uma das quatro liberdades originais) ao longo de um território que é cada vez menos "*comum*" e mais "*único*" (espaço europeu sem fronteiras físicas) exige, por sua vez, *um mesmo espaço de aplicação da justiça (espaço judiciário europeu)*;
- *adoptar medidas mais garantísticas e humanitárias*, nomeadamente tendo em conta por um lado, a necessidade de criar quadros legais de garantias ou direitos comuns no âmbito do processo penal e, por outro lado, criar condições que favoreçam a reinserção social das pessoas objecto de uma condenação.

Aqui e agora justifica-se abordar questões relativas ao princípio do reconhecimento mútuo das decisões judiciais,

- *primeiro*, para realçar a importância que o Conselho deu a este princípio e o "investimento feito neste como "pedra angular" da cooperação judiciária quer civil quer penal;
- *segundo*, para referir que o Conselho entendeu que, no contexto da plena efectivação deste princípio, o procedimento formal de extradição deveria ser abolido;
- *terceiro*, para dar nota de que o princípio se deveria aplicar também a decisões judiciais anteriores à decisão final;
- *quarto*, para indicar que o Conselho deveria aprovar um *Programa de Medidas* para pôr em prática o princípio em referência[10].

Ora, como é bom de ver, esta nova dimensão (reconhecimento mútuo) radica na ideia de um espaço comum de justiça, na medida em que duas autoridades competentes, de diferentes Estados Membros, interagem e se interrelacionam na base de um "mesmo" território judiciário (espaço comum).

[10] Este programa de medidas destinadas a implementar o princípio do reconhecimento mútuo foi adoptado em Dezembro de 2000 (Vide JOCE C, de 12 de Janeiro de 2001).

Veio então o Conselho, em 2000, aprovar, na sequência da conclusão n.° 37 de Tampere, o Programa de Medidas supra referido, nele (se) afirmando que: "*O programa de medidas, concebido como um programa global, prevê os diferentes domínios em que os Estados Membros devem desenvolver esforços nos próximos anos para chegar a um reconhecimento mútuo progressivo das decisões penais na União Europeia. Este programa não deve, no entanto, ser encarado como tendo carácter definitivo, instituindo, de uma vez por todas, o reconhecimento mútuo das decisões penais, mas sim como um projecto ambicioso, progressivo e realista...*".

Neste sentido e com base nesse princípio estão já em vigor, foram aprovados ou estão em discussão ou preparação diversos instrumentos. Sem embargo de reconhecer a crucial importância de cada um, não é este o momento, para falar deles de forma aprofundada[11].

Limitar-me-ei a traçar algumas linhas e a relatar um pouco da história sobre o projecto de Decisão Quadro relativa ao Reconhecimento e Fiscalização de Penas Suspensas, Sanções Alternativas e Condenações Condicionais e sobre o projecto de Decisão Quadro relativa à Decisão Europeia de Controlo Judicial.

II – Da presidência portuguesa do Conselho da União Europeia: linhas do seu programa na área da cooperação judiciária em matéria penal

Portugal presidiu ao Conselho da União Europeia de 1 de Julho a 31 de Dezembro de 2007. Neste exercício, tive o privilégio de presidir ao Grupo de Trabalho de Cooperação Judiciária em Matéria Penal (COPEN).

Na elaboração da agenda específica da Presidência Portuguesa sobre as matérias a discutir neste grupo de trabalho não poderia perder-se de vista o *Programa do Trio* das Presidências alemã, portuguesa e eslovena.

Assim, e neste contexto, foram traçadas algumas linhas de orientação do trabalho no Grupo.

[11] Alguns deles estão já em plena vigência, como o Mandado de Detenção Europeu; outros, tendo sido aprovados e devidamente publicados no Jornal Oficial, aguardam a respectiva implementação nacional, nalguns casos com um significativo atraso em relação aos prazos fixados nas Decisões Quadro (Decisão Quadro sobre Sanções Pecuniárias); outros há que foram já objecto de aprovação política e aguardam a conclusão dos circuitos procedimentais necessários no interior das instâncias europeias (Mandado de Obtenção de Provas, Decisão Quadro sobre Transferência de Pessoas Condenadas).

Programa do Grupo de Trabalho: Linhas gerais de orientação
Linha de continuidade

A primeira linha de orientação quanto à definição da agenda derivava da continuidade que importava levar a cabo no âmbito do Programa do Trio de Presidências (Alemanha, Portugal e Eslovénia)[12].

Nessa medida, a proposta de *Decisão Quadro relativa ao Reconhecimento Mútuo e Vigilância de Penas Suspensas, Sanções Alternativas e Condenações Condicionais* (também conhecida por *DQ Probation*), teria uma atenção especial, quer por constar daquele programa do Trio quer por estar a ser objecto de discussão na Presidência alemã.

Esta iniciativa, para além daquela razão institucional, tinha ainda, como fundamento para uma (eventual) priorização, os objectivos que lhe estavam associados.

Na verdade, com a *DQ sobre Reconhecimento e Vigilância de Penas Suspensas* pretendia-se adoptar um instrumento legislativo que permitisse criar um quadro jurídico de cooperação que, melhorando o *status quo* (baseado na Convenção do Conselho da Europa), fosse capaz de potenciar uma melhor *reinserção social* das pessoas condenadas, num dado *Estado Membro* (*EM*), em penas de prisão com execução suspensa ou libertadas condicionalmente e que regressem ao seu *EM de nacionalidade ou de residência*, onde encontrarão um ambiente social, familiar e económico indutor de uma melhor reinserção social.

Com esta proposta pretende-se, também, contribuir para *a protecção das vítimas*, e, ainda, proporcionar aos Tribunais do EM de condenação mecanismos que permitam o cumprimento de medidas não privativas da liberdade, associadas à pena suspensa ou à liberdade condicional, num outro EM, factor que poderá determinar aqueles Tribunais a optar por *sanções não privativas de liberdade* quanto a "condenados estrangeiros".

Deste modo, contribui-se, ainda, para uma melhor administração da justiça ao nível do espaço judiciário europeu.

A Presidência Portuguesa priorizou esta proposta e o objectivo era claro: (tentar) obter um acordo político no Conselho de Dezembro (JAI[13])!

[12] Este Programa conjunto das três Presidências (*DE, PT, SI*) representava as macro-orientações para um programa a dezoito meses, com início em Janeiro de 2007.

[13] Conselho de Justiça e Assuntos Internos.

Linha de (re)avaliação

Uma outra matéria mereceu uma profunda reflexão, sob o ponto de vista da relevância para o Programa temático da Presidência. Refiro-me à iniciativa anteriormente apresentada pela *Comissão da União Europeia (COM)* sobre a *Decisão Europeia de Controlo Judicial (DECJ)*[14].

A necessidade de diminuição da prisão preventiva (porque importa salvaguardar o princípio da presunção de inocência e porque a população prisional é cada vez mais um pesado factor na área da administração da justiça) levou a considerar a possibilidade de realizar uma reflexão política sobre a matéria. Em função dos resultados desse debate político se tomariam as decisões pertinentes ao nível das diferentes instâncias do Conselho.

Esta linha estratégica desdobrava-se em várias etapas e obedecia a um calendário rigoroso: *primeiro,* obter um mandato político (do Conselho JAI) para reformular a iniciativa da Comissão; *segundo*, proceder à reformulação e reelaboração desta iniciativa levando em consideração quer os resultados do debate de orientação geral do JAI quer as respostas ao questionário sobre a matéria[15]; *terceiro*, realizar ainda reuniões técnicas de análise da iniciativa reformulada, com vista a que a (nova) proposta reformulada começasse a fazer o seu caminho ainda durante a Presidência portuguesa e ficasse na agenda da União!

Assim, previu-se que esse debate político pudesse ocorrer no *Conselho de Justiça e Assuntos Internos (JAI)* de Setembro de 2007 (antecedido por um debate no *Comité do Artigo Trinta e Seis (CATS).* Tais debates vieram, efectivamente, a verificar-se, com a obtenção dos resultados a que a Presidência se propusera para o que muito contribuiu não só o trabalho da Presidência Portuguesa como também o apoio do Secretariado do Conselho e a colaboração da Comissão e das Delegações dos Estados Membros.

Razões para uma relação estreita entre as duas principais prioridades

A Presidência alemã, apesar de ter várias matérias sobre a mesa (*DECJ, Decisão Quadro sobre Reconhecimento e Vigilância de Penas Suspensas, Decisão Quadro relativa ao Registo Criminal, Abordagem Horizontal para certas Categorias de Infracções*), optara, fundamentalmente, por discutir dois projectos: a *Decisão Qua-*

[14] Esta iniciativa é usualmente conhecida por *ESO – European Supervision Order.*
[15] Sobre este questionário se falará adiante.

dro relativa ao intercâmbio de extractos de registo criminal e a *Decisão Quadro sobre Reconhecimento e Vigilância de Penas Suspensas.*

Quanto à DECJ, muito embora tivesse realizado uma reunião do COPEN para discutir essa matéria, perante a posição de algum cepticismo manifestado na reunião, a Presidência alemã decidiu elaborar e circular um questionário para (melhor) avaliar das posições das Delegações quanto ao projecto da DECJ, isto é, saber se, fundamentalmente, queriam ou não dar-lhe continuidade.

Entretanto, a iniciativa sobre o Reconhecimento e Vigilância de Penas Suspensas, Sanções Alternativas e Condenações Condicionais fazia o seu caminho. Convém precisar que esta DQ terá aplicação na fase pós julgamento, ou seja, no âmbito da execução de uma condenação aplicada pelo Tribunal e que a DECJ terá aplicação na fase prévia ao julgamento.

Neste contexto, e no âmbito da ultimação da agenda temática, para a *PPUE* foi-se tornando claro a utilidade numa abordagem horizontal e simultânea relativamente às medidas aplicáveis na fase pós julgamento (*Decisão Quadro sobre Reconhecimento e Vigilância de Penas Suspensas*) bem como às medidas aplicáveis na fase pré julgamento (*DECJ*), isto é, (sobretudo) na fase da investigação criminal.

Para esta ideia (equilíbrio na adopção de instrumentos relativos a medidas destinadas às duas fases) contribuíram convergentemente diversas variáveis de uma "*política criminal europeia*", ou, dizendo de outro modo, orientações e preocupações comuns aos EMs. Assim,

a) Em primeiro lugar, foi equacionado quer o cumprimento do *Programa de Medidas* (de implementação do princípio do reconhecimento mútuo) quer a execução do *Programa de Haia*, a apelar à realização completa daquele *Programa de Medidas*, nomeadamente quanto à adopção de medidas em ambas as fases do processo criminal.
b) Em segundo lugar, foi ponderada a necessidade de contribuir para uma mais eficiente administração da justiça penal, mormente quando esta tem interfaces transnacionais, reclamando algumas soluções agilizadoras da cooperação.
c) Finalmente, foi tida em conta, no domínio processual penal, a variável estatutário-processual, relativa aos direitos das pessoas: se era pertinente adoptar medidas na fase pós julgamento favoráveis ao estatuto do condenado[16], justificava-se, de igual modo, a adopção de medidas "favorá-

[16] Esse era o objectivo visado pela proposta franco-alemã relativa ao Reconhecimento e Fiscalização de Penas Suspensas, Sanções Alternativas e Condenações Condicionais.

veis" ao cidadão e aplicáveis na fase da investigação criminal, dada a efectiva consideração que o princípio da presunção de inocência deve merecer, reclamando, designadamente, medidas de coacção (medidas cautelares) não privativas da liberdade.

Estas duas medidas surgiam, assim, como pilares fundamentais, em termos *legislativos*, do trabalho no *Grupo de Cooperação Judiciária em Matéria Penal* (*CCM* ou *COPEN*), durante o exercício da Presidência Portuguesa.

Sendo evidente, porém, o diferente estádio (dos trabalhos) de cada uma das iniciativas era igualmente perceptível o grau de exigência em termos de elaboração propositiva, calendarização de reuniões e metas a atingir até final da Presidência, no quadro particular do "*modus operandi*" das instâncias COPEN[17], CATS[18], COREPER[19] e Conselho JAI[20].

III – A DQ sobre Reconhecimento e Vigilância de Penas Suspensas, Sanções Alternativas e Condenações Condicionais (linhas gerais da proposta)

Esta proposta correspondia a uma iniciativa conjunta da Alemanha e da França visando facilitar a cooperação entre os Estados Membros, na fase pós sentencial, tentando resolver as dificuldades que a Convenção do Conselho da Europa, e o seu Protocolo, colocam a essa cooperação no domínio da vigilância de penas suspensas.

O início da reflexão sobre esta iniciativa teve lugar durante a Presidência alemã, nos primeiros meses de 2007, e a *PPUE*[21] herdou os debates numa fase em que se constatavam ainda inúmeras dificuldades em aspectos centrais da proposta.

De todo o modo, e como vimos já, a *PPUE* entendeu não só dar prioridade a esta proposta de DQ como até ousou definir uma meta possível, ainda que difícil: alcançar um acordo político no Conselho JAI de Dezembro de 2007.

[17] *COPEN*: Grupo de Trabalho de Cooperação Judiciária em matéria penal.

[18] *CATS*: Comité do artigo trinta e seis.

[19] O *COREPER* é a instância preparatória das reuniões dos Ministros, sendo constituído pelos Embaixadores junto da *REPER* de cada Estado Membro, estando a *REPER* sedeada junto da União Europeia, em Bruxelas.

[20] *JAI*: Conselho de Justiça e Assuntos Internos.

[21] *PPUE*: Presidência Portuguesa da União Europeia

De acordo com o seu preâmbulo e artigo 2.°, os principais objectivos são os seguintes:

– *Promover a reabilitação social das pessoas condenadas*, nos casos em que as pessoas condenadas num certo EM pretendam regressar ou já tenham regressado ao seu Estado de residência legal e habitual, o qual fica vinculado à vigilância das medidas não privativas da liberdade impostas pelo EM de condenação.

Na verdade, entendeu-se que, não sendo a pessoa sujeita à privação da liberdade, nomeadamente porque se lhe aplica a suspensão da pena, ou porque é, entretanto, libertada condicionalmente, após cumprimento de parte da pena, deve proporcionar-se-lhe a possibilidade de cumprir as injunções ou os deveres de conduta associados geralmente à suspensão da execução da pena privativa de liberdade ou à liberdade condicional, no seu meio natural, isto é, no EM da sua residência legal e habitual, onde tem a sua família, o seu grupo social, o seu emprego, os seus laços culturais e outros.

– *Contribuir para a protecção das vítimas de crimes*, nomeadamente pelo afastamento do agressor (em relação à vítima). Com efeito, por um lado, o simples facto do afastamento do agressor pode potenciar a pacificação da relação do conflito agressor/vítima; e, por outro lado, tendo presente que o agressor reside noutro EM que não aquele onde praticou o crime e foi julgado, o seu regresso ao seu meio natural, nas condições previstas na Decisão Quadro, será um factor potencial de criação de condições materiais (emprego) para, por exemplo, o pagamento das eventuais indemnizações ou reparação de danos.

– *Reforçar a protecção da sociedade em geral*: como já se disse em relação à protecção da vítima, também se pretende contribuir para a protecção da sociedade, nomeadamente daquela comunidade onde o crime foi praticado, quer pelo afastamento do agressor, por um lado, quer porque, com estas novas condições a pena sempre será cumprida, o que afasta sentimentos de impunidade que a sociedade poderia "sentir".

– *Contribuir para a aplicação de medidas alternativas à prisão*: se uma autoridade competente de um certo EM tem de julgar uma pessoa que reside num outro EM, em face da inexistência de um quadro de cooperação que lhe permita (ainda que via autoridades deste segundo EM), vigiar/fiscalizar medidas impostas e associadas a uma pena privativa de liberdade, tenderá a aplicar medidas restritivas da liberdade, ainda que para punir a média criminalidade, receando que, a não ser assim, o infractor acabe por ficar "impune". Com este novo quadro facilitam-se, por isso, as condições legais para que medidas alternativas à pena de prisão efectiva possam ser equacionadas e aplicadas pelas autoridades competentes dos EMs em relação aos nacionais residentes em outro EM.

Impõe-se, portanto, concluir que esta Decisão Quadro vem servir, de forma muito particular, os interesses dos cidadãos, isto é das pessoas condenadas, não deixando, igualmente, de servir os interesses da comunidade.

O principal objectivo reside, assim, na criação de condições e de oportunidades para que as pessoas julgadas e condenadas num EM possam regressar aos seus locais de residência, para aí, nos termos, formas e condições estabelecidas na DQ, observarem e cumprirem medidas (não privativas da liberdade) relativas à sua condenação, facilitando-se, por este modo, a sua reinserção social, o que vem ao encontro das modernas teorias de política criminal e penitenciária.

Esta proposta de Decisão Quadro insere-se, a par de outras iniciativas[22], numa perspectiva da União Europeia que dá importância à pessoa/cidadão!

E, deste modo, os objectivos atrás mencionados inscrevem-se nos parâmetros que a *Lei portuguesa sobre cooperação judiciária internacional em matéria penal*[23] define, no seu Título V, para o instituto de cooperação intitulado "*Vigilância de pessoas condenadas ou libertadas condicionalmente*" (artigo 126.° e seguintes). O artigo 126.°, n.° 2 refere, com efeito, o favorecimento da reinserção social do condenado como um dos objectivos desta forma de cooperação.

A adopção e entrada em vigor, a seu tempo, desta Decisão Quadro, determinarão, em relação ao actual quadro vigente, a prevalência da sua normatividade no âmbito da cooperação entre os Estados Membros da União Europeia, substituindo-se às normas quer da *Convenção do Conselho da Europa* quer da Lei citada, em face da imperatividade do artigo 3.° desta Lei, e, bem assim, na decorrência do artigo 7.°, n.° 6, da CRP.

E essa prevalência terá lugar, nomeadamente, nos seguintes domínios:

– abolição do *controlo da dupla incriminação* quanto a uma certa lista de crimes e observados certos requisitos de moldura penal (cfr. artigo 129.° da Lei e artigo 8.° da DQ);

[22] Daqueles outros instrumentos é de realçar – até pela sua particular conexão com as matérias de cooperação judiciária – a proposta de DQ relativa à Transferência de Pessoas Condenadas.
[23] Lei n.° 144/99, de 31 de Agosto

- imposição da regra do *contacto directo* entre as autoridades competentes (cfr. artigo 131.° da Lei e considerando n.° 20 e artigos 6.° e 6.°-A, da Decisão Quadro);
- competência para as *decisões subsequentes*: essa competência "passa" da autoridade competente do Estado requerente (nos termos da Convenção do Conselho da Europa e do artigo 132.° da Lei Interna de Cooperação Judiciária), para a autoridade competente do EM de execução (artigo 12.° da DQ): com esta alteração significativa pretende eliminar-se, ou pelo menos, reduzir o que seria um constante envio e reenvio mútuos entre o Estado de emissão e o Estado de execução;
- *apreciação (política) do pedido pelo Ministro da Justiça*: como é sabido, há lugar a esta apreciação política no âmbito da Lei (artigo 143.°). Ora deixa de haver tal apreciação no âmbito de aplicação da DQ (nas relações entre os EMs da União Europeia), segundo o considerando n.° 4 (princípio do reconhecimento mútuo) e considerando n.° 20: "*Atendendo ao princípio do reconhecimento mútuo em que se baseia a presente decisão quadro, os Estados Membros de emissão e de execução deverão promover o contacto directo entre as respectivas autoridades competentes na aplicação da presente decisão quadro*".

Vejamos agora algumas das *traves mestras da arquitectura* desta iniciativa, objecto de profundo debate. Assim:

– O âmbito de aplicação do instrumento abrange não apenas os nacionais do EM de execução, quando condenados no EM de emissão, mas também as pessoas que tenham a sua residência legal e habitual naquele EM de execução.

Não há uma definição sobre este critério de "*residência legal e habitual*", pelo que será o ordenamento nacional (do Estado Membro de Execução) chamado a dirimir eventuais dificuldades se e quando tal se colocar [cfr. Considerando n.° 12 e artigo 6.°, e motivo de recusa – artigo 9.°, n.° 1, alínea b)].

– O mecanismo de cooperação é baseado no *princípio do reconhecimento mútuo* (não aplicável no contexto dos instrumentos do Conselho da Europa) o que impõe que o EM de execução reconheça a decisão imposta no EM de emissão e vigie as medidas contempladas em tal decisão. Esta decisão de reconhecimento não pressupõe qualquer actividade político-administrativa por parte do Governo, já que não há lugar à fase de admissibilidade, como já acontece, por exemplo, no que toca ao (regime do) Mandado de Detenção Europeu[24].

[24] *Vide* Decisão Quadro n.° 2002/584/JAI, do Conselho, de 13 de Junho e Lei n.° 65/2003, de 23 de Agosto.

– A iniciativa prevê um conjunto de medidas não privativas da liberdade[25], comuns, ou, pelo menos, semelhantes nos diversos ordenamentos dos Estados Membros. O EM de execução deve, *obrigatoriamente*, não só *reconhecer a decisão emitida como vigiar tais injunções ou deveres de conduta*, salvo invocação de motivos de recusa (cfr. considerando n.os 9 e 10 e artigo 5.° da DQ).

– A proposta prevê a *abolição (do controlo) da dupla incriminação* em relação à (clássica) lista de 32 infracções, desde que verificadas certas condições, observados certos limites quanto à moldura penal e ressalvando-se determinadas excepções. (Como se sabe, no âmbito dos instrumentos do Conselho da Europa continua a persistir o princípio da dupla incriminação).

– O elenco dos *motivos de recusa* segue, por um lado, um padrão clássico habitualmente estabelecido nos instrumentos baseados no reconhecimento mútuo (*ne bis in idem, imunidades, inimputabilidade em razão da idade*, etc. ...); por outro lado, ao longo das discussões, a linha orientadora – assaz difícil de manter, diga-se! – foi a de reduzir ao mínimo os motivos de recusa, porque estes representam não só "desconfiança" entre (as diferenças dos) sistemas como são obstáculos à cooperação. Pretendeu-se estabelecer uma coerência entre os vários instrumentos já em vigor ou aprovados com base no referido princípio.

– A previsão de um *mecanismo de "adaptação"* da medida aplicada, em consonância com medidas previstas no ordenamento jurídico do EM de execução, quando necessário, e em razão da natureza ou duração. Se é certo que, em princípio, as obrigações, injunções ou deveres de conduta serão as que, pelo menos, constam do artigo 5.°, e que todos os EMs se comprometem a observar e fiscalizar, surgirão casos em que haverá diferenças entre as concretas medidas aplicadas no EM de emissão e aquelas que o EM conhece no seu ordenamento. Entre umas e outras pode ser necessário fazer uma adaptação, o que seguirá a regulação ali prevista (cfr. artigo 7.°-A).

– A regulação da *partilha de competências* entre o *EM de emissão* e o *EM de execução* para a tomada de *decisões subsequentes*[26] nos casos em que a pessoa viola

[25] Na linguagem do nosso Código Penal: injunções e deveres de conduta.

[26] Decisões subsequentes serão todas as decisões que tenham de ser tomadas, após a aceitação pelo EM de execução (isto é, o reconhecimento da decisão e o início da vigilância das medidas), sobretudo em face ou da violação das medidas impostas ou do cometimento de crimes durante o período da vigilância destas medidas.

as obrigações impostas ou comete novo(s) crime(s) durante este "*período probatório*" foi, porventura, o ponto mais delicado e que mais dificuldades criou no âmbito das negociações.

Sendo esta uma das significativas inovações em relação ao *status quo* do regime baseado na Convenção do Conselho da Europa, a linha divisória que se pretendia estabelecer tinha um sentido e um significado: o *EM de execução* deveria ser o competente para (todas) as decisões subsequentes[27]!

Este era um princípio geral... que teria de, forçosamente, prever excepções! Com efeito, as Delegações apresentavam as respectivas particularidades dos seus sistemas jurídicos segundo os quais lhes era impossível tomar aquelas decisões subsequentes, ainda que se salvaguardasse (quase sempre...) a obrigação de vigiar as medidas!!!

Não sendo possível manter um princípio absoluto de atribuição de toda a competência ao *EM de execução* para as decisões subsequentes, a Presidência insistiu num ponto crucial: salvar o máximo de possibilidades de vigiar as medidas (1.° momento...) ainda que, posteriormente, o *EM de execução*, num 2.° momento (isto é, a tomada de decisão subsequente...) tivesse de "devolver" a competência ao *EM de emissão*[28].

Enquanto que a Convenção do Conselho da Europa (artigo 15.°) (e bem assim a nossa Lei de Cooperação Judiciária Internacional, artigo 136.°) confere ao *Estado requerente* a *exclusividade* para a tomada de tais decisões, já na proposta da DQ se entendia que este era um factor negativo para a cooperação e que urgia ultrapassar, permitindo que o *EM de execução* pudesse avaliar todas as circunstâncias e, em certos casos, tomar mesmo certas decisões.

Porém, para certas Delegações, inultrapassáveis dificuldades se colocavam face a uma "condenação condicional" ou perante decisões que apliquem sanções alternativas sem prévia condenação em concreta pena de prisão. Alegavam que os seus sistemas não poderiam, por exemplo, aceitar tomar uma decisão subsequente num caso em que a pessoa tivesse sido condenada por um crime

[27] Algumas Delegações advogaram uma linha divisória resumida na expressão: "tudo ou nada", querendo significar que uma vez transferida a competência do EM emissão para o EM de execução este seria, para o futuro, o único competente para tomar todas as decisões subsequentes de qualquer natureza, não devendo admitir-se qualquer situação que permitisse ao EM de emissão voltar a "envolver-se" no caso.

[28] Isto é: ainda que num primeiro momento o *EM de execução* fosse obrigado a reconhecer a decisão e a vigiar as medidas, já se não poderia impor uma obrigação de tomar decisões judiciais, ou outras, em casos como por exemplo os de infracções que não conhecesse no seu sistema jurídico-penal.

no *EM de emissão* e não fosse conhecido nesse *EM de execução*. Reconheciam, é certo, que havia uma decisão judicial impondo uma sanção alternativa ou uma pena de prisão com execução suspensa associada ao cumprimento de obrigações e deveres, mas, aceitando embora (já numa fase adiantada das negociações!) vir a fiscalizar essas medidas, não podiam aceitar tomar posteriormente qualquer decisão subsequente, no caso de incumprimento pela pessoa condenada das suas obrigações.

Assim, consagrou-se um princípio geral de que a responsabilidade para tais decisões cabe ao *EM de execução* (artigo 12.°, n.° 1).

Sem prejuízo da tentativa de salvaguardar ao máximo a possibilidade de se operar a fiscalização das medidas, já que, na maioria dos casos, o processo é levado a bom termo pelo cumprimento das medidas (n.° 3 do artigo 12.°), houve necessidade de flexibilizar aquele princípio geral, introduzindo uma excepção. Todavia, esta excepção obedece a alguns requisitos:

– deverá constar de uma declaração do EM (enquanto *EM de execução*);
– só é aplicável a certo tipo de *decisões subsequentes* e não a todas, salvaguardando-se, ainda, deste modo a competência para decisões "menores" (v.g. simples modificação de obrigações ou regras de conduta);
– só é admissível em certo tipo de casos: aplicação de sanção alternativa sem previsão de pena concreta, condenação condicional e casos de ausência de dupla incriminação (o que se liga com a declaração também a fazer nos termos do n.° 4 do artigo 8.°).

De todo o modo, mesmo que se esteja em face desta excepção, mantém-se a obrigatoriedade do reconhecimento da decisão e da assumpção da responsabilidade de fiscalização das medidas (n.° 5 do artigo 12.°), propósito esse fulcral para a DQ. Na verdade, trabalhou-se sempre na perspectiva de que na maioria das situações a pessoa condenada cumprirá adequadamente as injunções ou deveres de conduta no *EM de execução*, pondo-se fim ao processo sem necessidade de tomar outras decisões (subsequentes).

Propostas houve, porém, que, apesar de objecto de discussão, foram posteriormente abandonadas, por força dos necessários equilíbrios, cedências e tentativas de consenso, que são a imagem de marca numa "negociação" a 27!

– Uma das questões profundamente debatida foi apresentada e acerrimamente defendida pela Polónia e pela Lituânia que pretendiam *estender a base da cooperação obrigatória às situações em que as pessoas condenadas fossem nacionais/residentes do próprio EM de condenação (emissão)* e pretendessem deslocar-se para outro EM (de execução) em razão de um de três factores: *(i)* trabalho; *(ii)* formação profissional ou *(iii)* "agrupamento" familiar. Para aquelas Delegações estas pessoas deveriam também beneficiar deste instrumento.

Ora, e como se referiu supra, a proposta franco-alemã assentava, de início, apenas no critério de residência legal e habitual, porque tendo em vista, recordo, a reinserção social da pessoa no seu meio normal de vida.

Por isso, a proposta da Polónia e Lituânia encontrou uma firme oposição das restantes delegações com o fundamento (essencial) de que, baseando-se a DQ na reabilitação social da pessoa no seu meio normal e habitual, tal não se verificava nas situações pretendidas pela Polónia e pela Lituânia.

Foi, finalmente, encontrado um compromisso baseado na *cooperação voluntária entre os EM*, contemplado no artigo 6.°, n.° 2, da DQ. Esta possibilidade requer, porém, e previamente, uma acção político-legislativa do EM no sentido de, segundo o projecto, *determinar em que condições as suas autoridades competentes podem consentir na transmissão de uma sentença nos casos abrangidos pelo n.° 2.*

– Uma outra questão, emergente ainda durante a Presidência alemã, apresentada por Portugal, Suécia e Holanda, relacionava-se com a possibilidade de as "*decisões finais*" do *Ministério Público*, no âmbito de um processo penal, serem também consideradas para os efeitos da DQ, ainda que com as devidas adaptações, na medida em que aquela decisão impusesse obrigações, injunções ou deveres de conduta e cujo cumprimento levasse ao arquivamento do processo.

Muito embora tal proposta não tivesse acolhido uma maioria favorável, a verdade é que muitas Delegações estariam dispostas a aceitá-la com base no mecanismos de opt-in/opt-out. Para as delegações "opositoras", as principais dificuldades consistiam no seguinte: aquela decisão não ser uma verdadeira decisão judicial definitiva, por em muitos Estados Membros o MP não ser uma autoridade judiciária, e por aquela decisão não conter um "julgamento de culpabilidade".

No âmbito dos debates veio porém a cair essa proposta, em resultado da procura de um consenso o mais alargado possível. A versão final apresentada pela PPUE já não continha qualquer norma sobre esta questão.

– Uma outra matéria, delicada, que determinou prolongadas discussões e compromissos à beira do Conselho JAI de Dezembro foi a questão das *autoridades competentes*.

Se é certo que a proposta inicial apenas contemplava como autoridades competentes as *autoridades judiciárias*, algumas Delegações cedo se opuseram a uma tal restrição, acenando com as particularidades do respectivo ordenamento jurídico sobre a participação de *autoridades de natureza administrativa* no complexo funcionamento dos sistemas penais e de execução de penas.

Foi possível alcançar um plano consensual, delegando aos Estados a definição das respectivas autoridades competentes, sem prejuízo da adopção de limites que resultam, nomeadamente, de considerandos que foram formulados para serem inseridos na DQ.

– O campo da abolição do controlo da dupla incriminação foi, por seu turno, um dos que mais problemas suscitou. Por um lado, não se pode olvidar a estreita ligação com uma ainda persistente noção de "espaço de soberania penal"; por outro lado, algumas Delegações relembravam os debates e as soluções encontradas em outros instrumentos baseados no reconhecimento mútuo, v.g. a DQ de reconhecimento e execução de penas privativas de liberdade, onde ficara consagrada uma cláusula de exclusão quanto à abolição da dupla incriminação relativamente à lista clássica das 32 infracções.

Acresce que esta questão se articulava, como já vimos supra, com a matéria de divisão de competências para as decisões subsequentes, alegando certas Delegações que lhes seria impossível, em certos casos (condenações condicionais), tomar essas decisões se a infracção que estivera na base da condenação não fosse conhecida em termos internos.

Acabou por se prever a possibilidade de os EMs, por meio de uma declaração, afastarem aquela abolição do controlo da dupla incriminação, nos termos do n.° 4 do artigo 8.° da DQ.

– Os trabalhos tiveram ainda uma incidência relevante em outras áreas de reflexão como *(i)* os direitos a consagrar para as pessoas condenadas, *(ii)* a definição do mecanismo de adaptação das medidas, *(iii)* a cessação da jurisdição do EM de execução, *(iv)* a matéria da tradução, aqui se desenvolvendo três perspectivas diferenciadas (tradução de toda a sentença, tradução só do certificado ou tradução das partes essenciais da sentença) e que levaram a um esforço para um consenso (político) sobre a matéria.

O objectivo definido pela PPUE foi plenamente atingido, conforme programado. Na verdade, no Conselho JAI de Dezembro de 2007 foi alcançado um acordo político geral, o que significa que os ministros deram o seu aval (político) às propostas da Presidência sobre o articulado e sobre alguns dos considerandos, na sequência de compromissos que fora possível obter durante os vários estádios de debate e reflexão (COPEN, CATS, Conselheiros JAI e COREPER).

Está agora em curso o circuito interno de afinamento da versão aprovada em sede política, e muito em breve haverá uma aprovação definitiva.

IV – A Decisão Europeia de Controlo Judicial (linhas gerais da proposta)

A Comissão, em Setembro de 2006, apresentou uma iniciativa sobre a Decisão Europeia de Controlo Judicial[29].

A razão subjacente a esta resposta assenta(va) essencialmente na consideração de que se deve(ria) proporcionar ao suspeito/arguido a possibilidade de aguardar o desenrolar do processo penal cumprindo as medidas de coacção no seu meio ético-social, familiar, laboral e cultural, em contraponto ao meio adverso que, em princípio, constituirá o do EM onde não reside habitualmente mas onde cometeu o crime. Uma vez mais, a "política criminal" se virava em favor da pessoa (condenada), na medida em que se traduzia na criação de condições para a manutenção de pessoa no seu meio normal de vida, ainda que contra ele houvesse um processo crime noutro EM.

Sendo este o propósito nuclear da iniciativa da Comissão, por esta via pretendia-se (também) atingir outras finalidades: *promover* a redução da aplicação de medidas de coacção detentivas (v.g., a prisão preventiva) quando são suspeitos/arguidos, num processo criminal, cidadãos residentes num outro EM que não o do processo, *fomentando*, complementarmente, o recurso a medidas alternativas; *evitar a discriminação* dos suspeitos/arguidos no processo criminal em função (apenas) da sua nacionalidade/residência e *salvaguardar* efectivamente o princípio da presunção de inocência.

Em Janeiro de 2007, durante a Presidência alemã, as Delegações, numa primeira abordagem geral, mostraram abertura à iniciativa, reconhecendo-lhe, todavia, um conjunto de aspectos que era necessário aprofundar, tais como: necessidade de uma tal medida; âmbito, tipos de crime a incluir e fase de aplicação da medida, abrangência (deveria apenas dar resposta às situações em que fosse uma alternativa à prisão preventiva, ou deveria ser também aplicável a outras medidas coercivas), relevância do consentimento da pessoa, designadamente para a aplicação do mecanismo de "transferência" da pessoa para o Estado do processo Estado de Emissão) e necessidade de avaliar a articulação entre este mecanismo e o Mandado de Detenção Europeu.

A Presidência alemã fez circular um questionário pelos EMs e, nas respostas, as Delegações não só reiteraram o objectivo fundamental da proposta (*permitir que um cidadão, sujeito a um processo criminal num Estado Membro diferente do*

[29] Na "jargão" do Grupo de Trabalho conhecida pela sigla inglesa – ESO – European Supervision Order.

da sua residência habitual, possa cumprir (eventuais) medidas de coacção no Estado da sua residência, em função do reconhecimento e execução por este último das medidas aplicadas pelo EM onde corre o processo criminal) como vieram manifestar oposição a tentativas de harmonização, nomeadamente quanto às medidas coercivas a aplicar, favorecendo antes a aplicação do *princípio do reconhecimento mútuo* e insistindo no respeito pelas particularidades dos sistemas jurídicos.

Privilegiava-se, assim, o mecanismo que, tendo na base a lei do EM de emissão (onde corre o Processo), tem a vantagem de permitir a execução da decisão tomada naquele EM no EM onde a pessoa reside habitualmente, para aí ser efectivada (cumprida e vigiada) uma certa medida coactiva como se o fora no EM do Processo.

Se é certo que o funcionamento do princípio do reconhecimento mútuo não é automático em absoluto – já que (se) permite a invocação de motivos de recusa facultativos ou obrigatórios –, ainda assim, invoca, na sua aplicação, uma noção e uma realidade (ainda que sectorial): *o espaço comum de justiça, ou seja, um espaço sem fronteiras para a circulação das decisões judiciárias*!

Por forma a avaliar da importância dada à iniciativa em função das prioridades que importava eleger, foram encetados contactos, na fase da preparação da PPUE, com responsáveis da Comissão, do Secretariado Geral e da Presidência alemã, tendo a Comissão manifestado significativo interesse quanto à evolução da iniciativa, apoiando uma (eventual) priorização desta matéria pela Presidência Portuguesa.

Por outro lado, a orientação política interna, no contexto da revisão do Código de Processo Penal então em curso, apontava para a *criação de quadros legais tendentes à diminuição das situações legitimadoras de recurso à prisão preventiva*, à potenciação do recurso a medidas alternativas às medidas privativas de liberdade bem como à diminuição de prazos dos inquéritos com arguidos detidos.

Finalmente, deveria ser dada a devida atenção à *Recomendação do Conselho da Europa Rec (2006) 13*, apelando à restrição da detenção provisória a um mínimo compatível com os interesses da justiça, por razões sociais e humanitárias.

O quadro era claro: externa e internamente convergiam, relativamente à política criminal, nacional e europeia, linhas ideológicas e projectos políticos quanto à necessária alteração do "*status quo*" no campo das medidas de coacção em sede de investigação criminal.

Ancorado em tal quadro nacional e "europeu", delineou-se então um "*iter*" evolutivo dos trabalhos com calendário e metas a atingir no exercício da Presidência Portuguesa[30].

[30] Recolha de respostas ao questionário (Julho); Análise das respostas ao questionário a realizar

Em 24 de Setembro, como programado, realizou-se o debate em Conselho JAI e onde foi dado um mandato à Presidência para a reformulação da iniciativa. Daqui saiu o impulso político necessário a uma nova dinâmica quanto à iniciativa, na justa medida em que os Ministros definiram *linhas positivas* e *linhas proibidas* quanto à reformulação da proposta que fora apresentada pela comissão.

Fundamentos e princípios de suporte à acção da Presidência

Tendo até aqui sublinhado os propósitos e a metodologia da Presidência Portuguesa quanto ao (re)lançamento da iniciativa da Decisão Europeia de Controlo Judicial, importa explicitar, ainda que brevemente, das razões e dos fundamentos que levaram a Presidência a conferir importância a esta matéria.

A mobilidade das pessoas é uma das realidades mais significativas dos novos tempos e, de modo muito especial, no espaço da União Europeia. Com efeito, e por força da "abolição de fronteiras" os cidadãos da UE, no exercício do direito de livre circulação, movem-se em todo o espaço comum, sem fronteiras, em função do emprego, da formação profissional, do estudo, do reagrupamento familiar ou tão somente por lazer.

No quadro da criação efectiva de um *Espaço de Liberdade, Segurança e Justiça*, a UE tem vindo a preocupar-se quer com o combate à criminalidade grave e transnacional quer com a necessidade de promover a (re)inserção social das pessoas condenadas e com a necessidade de garantir mais e melhores direitos (comuns) de defesa aos suspeitos.

Na sequência do *Tratado de Amesterdão* – que define um novo objectivo para a UE: criação do ELSJ – o *Conselho Europeu de Tampere* veio consagrar o princípio do reconhecimento mútuo como a âncora da cooperação judiciária,

pelo SGC com supervisão da Presidência (Julho); Preparação de documento de suporte ao debate político de orientação geral a realizar no JAI, com contributo do SGC (Julho-Agosto). Apresentação do documento de suporte no CATS, a 7 de Setembro, para uma primeira reflexão e eventual recolha de comentários e sugestões; Debate no JAI de 18 de Setembro com vista a uma avaliação política e consequente tomada de decisão sobre o futuro do dossier, tendo em conta as recomendações sugeridas ao Conselho pela Presidência no referido documento de suporte. Em função do resultado do debate político no Conselho JAI, reformulação da iniciativa, da responsabilidade da Presidência e em consultas com a Comissão e com as futuras Presidências, com base nas recomendações aprovadas e levando em linha de conta (também) os contributos dos Estados Membros; realização, se possível, de (pelo menos) uma reunião no COPEN para (continuação da) discussão da iniciativa, ainda durante a Presidência Portuguesa (Dezembro).

com isto se pretendendo afirmar a necessidade de confiança mútua entre os sistemas jurídicos e judiciários dos diferentes Estados Membros.

O *Programa de Medidas*, que se lhe segue, visando a implementação do princípio do reconhecimento mútuo nas decisões penais, contém uma área relativa às *medidas de controlo não privativas da liberdade*. O objectivo é o de "*assegurar a cooperação nos casos em que uma pessoa é submetida a obrigação ou medidas de vigilância (...) antes do julgamento*", e apelando-se, para atingir tal desiderato, à "*aprovação de um instrumento jurídico que permita o reconhecimento e a execução imediata das medidas de controlo, de vigilância ou de segurança ordenados antes do julgamento (...)*".

Por sua vez, o *Programa de Haia* invoca um esforço no sentido de ser "*completado o programa global de medidas destinadas a aplicar o princípio do reconhecimento mútuo das decisões penais, que engloba as decisões judiciais que tenham sido proferidas em todas as fases do processo penal ou que sejam, de algum modo, pertinentes para esse processo...*".

Na lógica do *quadro político e jurídico definido pelo Conselho Europeu de Tampere, pelo Programa de Medidas e pelo Programa de Haia*, o Conselho tem vindo a trabalhar na adopção de instrumentos legislativos baseados no princípio do reconhecimento mútuo, dando expressão real à importância que lhe é conferida como vector axial para a cooperação judiciária.

No conjunto das medidas cautelares passíveis de ser aplicadas a um "arguido", a prisão preventiva é uma das medidas de coacção aplicável (eventualmente com diferentes pressupostos) nos EMs, de forma a evitar que aqueles fujam à acção da justiça ou que cometam novos crimes. Isto sem prejuízo de, tendo em conta princípios como o da necessidade, adequação e proporcionalidade, poder ser aplicável outra medida, não privativa da liberdade, desde que não se verifique, nomeadamente, o risco de fuga ou de perturbação da investigação.

Cabe às autoridades (judiciárias) competentes para a aplicação das medidas de coacção, em face dos elementos constantes do processo, como, v.g., o do (simples) facto de o suspeito/arguido residir num outro EM, ponderar se há um risco de fuga à acção de justiça por parte da pessoa, nomeadamente não comparecendo a actos investigatórios ou mesmo ao julgamento.

A mera circunstância de residência em outro Estado não é, quer em Portugal quer nos outros Estados, um critério jurídico que possa servir objectivamente de fundamento para a existência de risco de fuga. Porém, esse factor funciona(rá), de facto, como um elemento que pode(rá) contribuir para a aplicação da medida de coacção mais grave (prisão preventiva ou outra medida detentiva) em relação a um nacional de outro EM, quando, caso o suspeito/ /arguido fosse um nacional (do EM onde corre o processo), poderia eventualmente ser-lhe aplicada uma outra medida menos gravosa e também menos onerosa para a administração da justiça.

Nas estimativas da Comissão há milhares de nacionais de outros EMs em prisão preventiva no EMs onde correm as investigações ou na fase prévia ao julgamento (cerca de 10.000 anualmente no conjunto de toda a União).

As medidas de combate à prisão preventiva aí estão por toda a Europa, para isso convergindo um conjunto de razões:

a) Respeito pelo *princípio da "presunção de inocência"*, proclamado solenemente em todos os sistemas jurídico-penais e em Instrumentos Internacionais: este princípio deve impor que o recurso a medidas privativas de liberdade seja reservado a situações excepcionais e graves;
b) *Seriação quanto à gravidade do crime*: nos casos de pequena ou média criminalidade deve potenciar-se a vivência da pessoa suspeita no seu meio natural, ainda que sujeita a medidas de controlo e vigilância, com objectivo de "reinserção" social da pessoa;
c) Os Estados devem criar as condições que evitem o recurso à prisão preventiva já que esta é reconhecidamente um factor indutor de "aprendizagem do crime";
d) O(s) Estado(s) devem criar mecanismos substitutivos da prisão preventiva por forma a atenuar o peso dos orçamentos penitenciários;
e) As medidas de coacção não detentivas podem, em principio, ser favoráveis à promoção dos interesses da vítima, já que permitem que o suspeito/arguido possa adquirir rendimentos para reparar os danos causados.

Em face dos números atrás referidos e tendo ainda em conta a livre circulação de pessoas por toda a União Europeia, a mobilidade dos criminosos, as políticas de reforço de aplicação de medidas alternativas a suspeitos não residentes no *EM do Processo* e a confiança mútua entre os Estados, só uma acção coordenada e com uma base comum, ao nível europeu, pode combater as taxas elevadas de prisão preventiva de suspeitos não residentes, de forma coerente e eficaz.

Vimos que o mais importante objectivo da iniciativa é o de permitir que o suspeito/arguido possa beneficiar de uma medida de coação não detentiva, a cumprir no seu Estado de residência habitual. *Pretende-se, deste modo, contribuir para a reinserção social da pessoa, reforçar o exercício em liberdade das obrigações processuais, considerar efectivamente a presunção de inocência e garantir o princípio da não discriminação em razão da nacionalidade (igualdade de tratamento).*

Liberdades e direitos que, garantidos assim à pessoa, contribuem concomitantemente para uma mais eficiente administração da justiça!

A Presidência preparou então um documento de suporte para um debate político no Conselho JAI, tendo, preliminarmente, sido objecto de uma reflexão comum em CATS, no dia 7 de Setembro de 2007, onde acolheu um voto favorável à continuidade dos trabalhos, recebendo também contributos valiosos quanto a aspectos a ter em conta em tal trabalho.

Nesse documento a Presidência apelava ao Conselho para dar orientações precisas aos seu(s) grupo(s) de trabalho, segundo dois parâmetros enquadradores dessa acção de reformulação da iniciativa:

– o estabelecimento da Decisão Europeia de Controlo Judicial na base do princípio do reconhecimento mútuo, com respeito das especificidades dos sistemas legais penais dos Estados Membros relativamente aos critérios e condições para a emissão da DECJ, e,
– coerência com outros instrumentos baseados em tal princípio estabelecendo regras flexíveis quanto ao reconhecimento e execução da DECJ.

Tendo os Ministros, no dia 18/09/07, acordado em tais orientações, importava levar por diante a tarefa de, primeiro, reformular a proposta e, depois, dar início às negociações no Grupo. A reflexão incidiu, portanto, não apenas quanto às linhas mestras mas também quanto a soluções técnicas que urgia encontrar para ultrapassar as dificuldades apresentadas pelos EMs perante a iniciativa da Comissão e, assim, ir ao encontro de um desejável e necessário espaço de consenso quanto a este instrumento, designadamente quanto a algumas áreas problemáticas. Assim,

– Qual o âmbito de aplicação material: a toda a criminalidade? apenas à criminalidade grave? qual o significado e consequências de uma e outra opção? poderá aqui funcionar o(s) critério(s) do MDE? que lugar, v.g., para a aplicação do princípio da proporcionalidade no EM de emissão?

Os Ministros no Conselho foram amplamente abrangentes quanto às opções: *(i)* para uns deveria limitar-se à criminalidade mais grave; *(ii)* para outros deveria limitar-se à criminalidade média e, finalmente *(iii)* para outros, deveria ser aplicável a toda a criminalidade.

– Uma outra questão era a definição de uma lista comum de medidas. Tendo presente a intenção de afastar tentativas de harmonização, seria equacionável uma lista comum de medidas, que poderiam ser aplicadas pelo EM de emissão e obrigatoriamente reconhecidas e vigiadas pelo EM de execução? Ou deveria deixar-se à inteira liberdade do EM de emissão a imposição de uma qualquer medida, reservando ao EM de execução a possibilidade de recusar essa medida? Qual a possibilidade de aplicar aqui soluções em discussão na DQ de Reconhecimento e Vigilância de Penas Suspensas tais como a definição de uma lista comum e a possibilidade de aceitar outras medidas (facultativas), sem prejuízo de usar o mecanismo de adaptação?

– Quanto aos motivos de recusa, qual a opção: diversificar ou restringir? É necessário levar em conta que os motivos de recusa são, como alguns dizem, "sinais de desconfiança"!

Atendendo à fase de aplicação da medida, seria desejável ter um elenco alargado de motivos de recusa, habituais nestes instrumentos tributários do princípio do reconhecimento mútuo, ou deveria reduzir-se esse elenco? E que motivos?

– Ciente da forte preocupação quanto à necessidade de regular a questão do "incumprimento" das medidas de coacção havia que ponderar como se deve decidir e quem deve decidir perante um eventual incumprimento: o EM de execução, onde se cometeu esse incumprimento e onde se encontra a informação, ou o EM de emissão, porque titular do processo? Como repartir competências para as decisões relativas a este incumprimento? Mais uma vez era necessário ter presente as soluções adoptadas no âmbito da DQ sobre o Reconhecimento e Vigilância das Penas Suspensas...

– Uma outra questão que foi necessário ponderar teve que ver com a questão do controlo da dupla incriminação. Na fase prévia ao julgamento, onde não há ainda uma condenação, fará sentido que um EM (de execução) possa invocar a dupla incriminação para recusar o reconhecimento e a vigilância das medidas de coacção?

– Finalmente, indo ao encontro de uma das preocupações nucleares para a maioria das Delegações, como garantir um mecanismo de transferência rápido, eficiente e sem prejudicar os direitos fundamentais, para entrega do suspeito ao Estado de emissão?

Na verdade, a área temática mais relevante nas críticas tem que ver com a necessidade de criar um mecanismo ágil que assegure, em caso de revogação da medida imposta e em caso de pedido nesse sentido pelo EM de emissão, que o EM de execução garante a entrega sem demora do suspeito.

Como? Seria possível e desejável aplicar aqui o mecanismo do MDE, ainda que com ligeiras alterações? Ou poderia "presumir-se" um consentimento da pessoa nessa entrega, em face da sua aceitação ou mesmo pedido da transferência da responsabilidade do EM de emissão para o de execução?

Cumprimento do mandato do Conselho

A *PPUE*, em consultas com a Comissão e as futuras presidências da *Eslovénia* (1.° semestre de 2007) e da *França* (2.° semestre de 2007), procedeu à reformulação da iniciativa, apresentando um texto novo que, muito embora se não possa afirmar como tendo um consenso total entre os intervenientes referidos, constitui o resultado das linhas comuns sobre grande parte das áreas problemáticas já atrás enunciadas. Convirá referir ainda que esse texto seria a base para a futura continuação dos debates agora já sob outras Presidências. Também aqui e desde logo se tornou pertinente encontrar espaços de compromisso com as referidas futuras Presidências...

E, tal como programado, foi ainda possível realizar uma reunião do Grupo de Trabalho, em Dezembro de 2007. Nesta, as Delegações manifestaram um acolhimento muito favorável às novas linhas de rumo plasmadas no texto reformulado segundo os termos já anteriormente aqui referidos e tendo em conta soluções sugeridas pelas entidades e presidências citadas.

Das Presidências seguintes (Eslovénia e França), só a França veio retomar a iniciativa, no 2.° semestre de 2008, estando actualmente em curso as pertinentes discussões. Ao que sabemos a França pretende concluir rapidamente o "dossier". É, porém, uma incógnita em que termos se fará essa conclusão.

Sabemos, porém, que este é um quadro jurídico importante para a cooperação entre os EMs em sede de aplicação de medidas de coação, em momento anterior ao julgamento, quando o arguido é nacional ou tem residência num outro EM.

Oxalá, em benefício dos cidadãos e da administração da justiça, se obtenha rapidamente um bom acordo que se traduza numa adequada solução que responda aos desafios actuais da cooperação judiciária internacional, quer na perspectiva estadual do exercício do "*jus puniendi*" quer na perspectiva da protecção da pessoa, enquanto cidadão com direitos no contexto de um espaço comum de justiça.

Sentenças aditivas do Tribunal Constitucional e o princípio da igualdade

DR. PEDRO CRUZ E SILVA

SUMÁRIO: *1. Âmbito do conceito e definições: a) A criação da figura (em particular, na doutrina italiana); b) Concepção da figura (na doutrina portuguesa). 2. A experiência no Direito comparado: a) O caso italiano: a função propulsora dos valores constitucionais; b) O caso alemão: a declaração de incompatibilidade; c) Posição crítica. 3. A questão das sentenças aditivas e a eventual violação dos poderes reservados ao legislador: a) Posição de princípio; b) As sentenças aditivas à luz do princípio democrático e do princípio da separação de poderes entre o poder jurisdicional e o poder legislativo. 4. A admissibilidade das sentenças aditivas em matéria penal. 5. Confronto com a figura da sentença substitutiva. 6. O caso especial das sentenças aditivas de princípio. 7. Tratamento jurisprudencial.*

1. Âmbito do conceito e definições

a) *A criação da figura (em particular, na doutrina italiana)*

Suscitada, sob qualquer forma, a questão da inconstitucionalidade por acção, o Tribunal Constitucional profere uma sentença de acolhimento ou de rejeição de inconstitucionalidade. Ora, de entre a panóplia de categorias porque são conhecidas as decisões jurisprudenciais do nosso Tribunal Constitucional, este trabalho versa sobre as sentenças aditivas ou sentenças com efeitos aditivos. Esta expressão não tem, todavia, um significado único na doutrina portuguesa, e são vários os Autores que empregam o termo "aditivo" para definir e tipificar o conteúdo de um conjunto mais ou menos variado de sentenças.

Comecemos pelo mais simples dos conceitos: pela sentença aditiva, o Tribunal Constitucional alarga o âmbito normativo do preceito, declarando inconstitucional a disposição na parte em que não prevê certas situações que deveria prever. É uma definição importada da doutrina italiana. Assim se distingue da sentença substitutiva, em que se declara a inconstitucionalidade de uma norma na parte ou nos limites em que contém uma prescrição em vez de outra. *Nas decisões aditivas (também ditas modificativas ou manipulativas) a inconstitucionalidade detectada não reside tanto naquilo que a norma preceitua quanto naquilo que não preceitua; ou, por outras palavras, a inconstitucionalidade acha-se na norma na medida em que não contém tudo aquilo que deveria conter para responder aos imperativos da Constituição. E então, o órgão de fiscalização acrescenta (e, acrescentando, modifica) esse elemento que falta*[1].

Por outro lado, Autores há que optam por definir as sentenças aditivas em contraposição a outros tipos de pronúncias do Tribunal Constitucional. Deste modo, é possível *distinguir as sentenças aditivas (que são sentenças de acolhimento de inconstitucionalidade contendo uma parte ablativa e outra reconstrutiva) das sentenças interpretativas de efeito aditivo (decisões de rejeição que contêm uma interpretação conforme com a Constituição)*[2].

Por outro lado ainda, *sentenças aditivas são as decisões positivas de inconstitucionalidade de cujo conteúdo resulte, tanto um juízo de invalidade, como a indicação de uma norma ou de um princípio normativo que assegurem a criação de condições para que o direito que conformou o objecto da sentença se compatibilize, futuramente, com a Constituição*[3].

O conteúdo fundamental da definição é, a nosso ver, a opção do Tribunal Constitucional, ao invés de se limitar à enunciação de um juízo de inconstitucionalidade, em introduzir um *segmento normativo* próprio, que, como o nome logo indica, pode transformar o Tribunal em *ente legislador*, ao invés de mero fiscalizador do controlo da constitucionalidade das normas. É uma questão que será abordada adiante.

No exemplo clássico, a lei *X* concede um abono de família aos filhos dos casais constituídos em regime matrimonial (portanto, categoria *A*) mas não prevê a extensão do regime aos filhos dos casais em regime de união de facto (categoria *B*), violando o princípio da igualdade, nomeadamente a norma constitucional que proíbe discriminações entre filhos nascidos dentro ou fora

[1] Jorge Miranda, *Manual de Direito Constitucional*, Tomo VI, *Inconstitucionalidade e Garantia da Constituição*, 2.ª Edição, Coimbra Editora, pág. 85.

[2] Jorge Pereira da Silva, *Dever de Legislar e Protecção Jurisdicional contra Omissões Legislativas*, Lisboa, 2003, pág. 122.

[3] Carlos Blanco de Morais, *Justiça Constitucional*, Tomo II, *O Contencioso Constitucional Português entre o Modelo Misto e a Tentação do Sistema de Reenvio*, Coimbra Editora, 2005, pág. 364.

do casamento. Neste caso, uma sentença aditiva declara a inconstitucionalidade da lei *X* na parte da norma em que esta criou uma discriminação omitindo a categoria *B*, daqui decorrendo que a norma deve ser interpretada de forma a incluir a categoria *B*, para que possa ser tida como constitucional.

Tanto as sentenças aditivas como as substitutivas enquadram-se no conceito mais amplo de sentenças manipulativas, que assim são designadas pela doutrina italiana (entre outras) por acolherem *técnicas de decisão transformadoras da lei*.

De entre o âmbito das decisões de inconstitucionalidade de leis que ofendem o princípio da igualdade, matéria de resto vastíssima, focamos a nossa atenção naquela concepção que admite, no caso de atribuição de direitos ou vantagens apenas a parte do universo de pessoas elegível para deles beneficiar, por se encontrarem em situação materialmente igual, a eliminação da desigualdade através da *extensão a todos* dos benefícios ou vantagens concedidos ilegitimamente a alguns. *A decisão de inconstitucionalidade deve atingir apenas a norma que expressa ou implicitamente restringe o âmbito de aplicação da lei, obtendo-se assim a ampliação do regime mais favorável*[4]. De um ponto de vista substancial, a sentença aditiva introduz preceitos novos em relação à posição de partida. *A sentença aditiva, como de resto a substitutiva, tem por efeito fazer dizer à disposição a que se reporta qualquer coisa de diverso, e, em regra, qualquer coisa a mais em relação àquilo que era o seu significado originário*[5].

b) *Concepção da figura (na doutrina portuguesa)*

A doutrina portuguesa tem admitido, conceptualmente, a existência de sentenças manipulativas, inclusivamente aditivas, mas sempre com algumas reservas. Deixamos aqui, em resumo, algumas notas reflexivas produzidas por alguns Autores portugueses.

Para Jorge Miranda[6], *haverá, por certo, que respeitar a liberdade de conformação do legislador. Mas esta (...) não pode sobrepor-se, em caso algum, aos princípios constitucionais materiais. O arbítrio, a desrazoabilidade da solução legislativa, a sua inadequação ou desproporção revelam, de forma mais flagrante, a preterição. Não esgotam o*

[4] Leopoldo Elia, *Le sentenze additive e la piú recente giurisprudenza della Corte Costituzionale*, em *Scritti su La Giustizia Costituzionale in onore di Vezio Crisafulli*, Volume I, Padova, 1985, pág. 303.

[5] Leopoldo Elia, *La sentenze...*, pág. 302.

[6] Jorge Miranda, *Manual de Direito Constitucional*, Tomo IV, *Direitos Fundamentais*, 3.ª Edição, págs. 241-242.

objecto do juízo a cargo do órgão de controlo. Este terá ainda de, positivamente, verificar se a diferença de tratamento se conforma com as balizas e as metas constitucionais. Neste sentido, se a lei estabelecer diferenciação de pessoas, ou se houver sucessão de leis no tempo com diferenciações não fundadas, aplicar-se-á a todas as situações e pessoas a lei mais favorável ou a que melhor se integre no espírito do sistema jurídico-constitucional, *maxime* em razão do princípio da igualdade. Já em caso de omissão legislativa parcial (quando a lei atribui certo direito a um determinado grupo e não a outro, e deveria fazê-lo, no respeito por uma norma constitucional), tudo estará em procurar obter, por meio dos mecanismos de fiscalização por omissão (artigo 283.° da Constituição) o suprimento de tal omissão; só no caso de terem sido criados verdadeiros privilégios ou discriminações arbitrários, deverá ser julgada inconstitucional a lei; tal entendimento é visível na questão da liberdade religiosa: a atribuição de certas prerrogativas ou privilégios à confissão católica deixa as demais confissões em situação de desfavor; todavia, a solução legal não é criticável por cobrir as hipóteses da confissão católica; deve antes sê-lo por não prever situações análogas para as demais confissões; ou seja, será inconstitucional por omissão, e, para tal, devem ser desencadeados os mecanismos de fiscalização de inconstitucionalidade por omissão.

Para Gomes Canotilho, na medida em que o Tribunal Constitucional não é legislador, é muito discutível que esta entidade possa alargar o âmbito de uma norma, declarando inconstitucional a disposição na parte *em que não prevê* certas situações que deveria prever[7]. A posição defendida pelo Tribunal Constitucional Federal alemão merece simpatia, principalmente sob a lógica dos resultados: a tese da simples declaração de inconstitucionalidade sem fixação de nulidade pode corresponder melhor ao sentido da imposição constitucional, principalmente na óptica das *situações constitucionais imperfeitas*, por inércia legislativa parcial, violadora do princípio da igualdade. *São manifestamente mais graves os resultados provenientes da declaração de nulidade (por exemplo,: na lei de subsídio de desemprego declarada nula colocar-se-ia a questão de determinar os efeitos* ex tunc *ou* ex nunc *da declaração, bem como o problema do vazio jurídico-material resultante da sanção de nulidade) do que aqueles que se contêm no simples reconhecimento de uma situação inconstitucional imperfeita*[8]. Todavia, a posição deste Autor parece ter evo-

[7] Gomes Canotilho, *Jurisdição Constitucional e Intranquilidade Discursiva, em Perspectivas Constitucionais,* I, Coimbra, 1996, págs. 882-883.

[8] Gomes Canotilho, *Constituição Dirigente e Vinculação do Legislador*, Coimbra, 1982, págs. 204-205.

luído para a adopção da figura da inconstitucionalidade por omissão, para prover a situações de omissão legislativa parcial: ou seja, não se deve declarar a inconstitucionalidade (por acção) de uma situação justa (por exemplo, concessão de pensões); *deve fixar-se a inconstitucionalidade por omissão, dado que o legislador tem o dever de tornar exequível o direito social e o princípio da igualdade justifica o alargamento da solução legal a outras categorias de cidadãos*[9].

Vitalino Canas sustenta que há decisões do Tribunal Constitucional que visam fazer face a situações em que a norma apreciada *diz menos do que deveria dizer. Há omissão do legislador quando, por exemplo, deixa carecidos daquela regulamentação certos casos ou situações*[10]. Apesar da tentação inicial de rejeitar, liminarmente, que o Tribunal Constitucional possa, para estes casos, proferir uma *decisão aditiva* (invocando, desde logo, o n.° 2 do artigo 283.° da Constituição, pelo qual se pode concluir que, em caso de omissão do legislador, o Tribunal Constitucional apenas pode dar conhecimento ao órgão competente para a emissão das medidas legislativas), parece aconselhável, sugere o mesmo Autor, *do ponto de vista analítico estabelecer diferenças de grau entre as várias situações: conforme a graduação, assim o juiz constitucional terá maior ou menor capacidade de intervenção*[11]. Deste modo, é de sustentar que a situação prevista no artigo 283.° da Constituição é a de maior grau de omissão do legislador: o que há é uma situação de inexequibilidade de normas constitucionais que necessitam de concretização através de um conjunto de medidas legislativas, envolvendo opções de fundo e uma regulamentação completa e detalhada, dependente de conhecimentos técnicos do legislador. Neste caso, é de rejeitar, absolutamente, a possibilidade do Tribunal Constitucional emitir uma decisão aditiva, na medida em que se o fizesse, violaria, ele próprio, o princípio do Estado democrático representativo.

Todavia, diferente desta situação, é aquela outra em que *o legislador, tendo tratado juridicamente certa questão, omitiu um ponto concreto, facilmente detectável pela análise das restantes normas do diploma, de normas diferentes ou por qualquer outra forma que permita a afirmação de que certa solução em concreto, teria sido eleita pelo legislador*[12]. Neste caso, haverá uma vinculação por normas de grau superior que permitem antever quais as soluções directamente decorrentes do parâmetro constitucional ou legal. Ora, se assim é, conclui o mesmo Autor, então *não se vislumbram quaisquer resquícios dos amplos poderes concedidos pela Constituição e*

[9] Gomes Canotilho, *Direito Constitucional*, Coimbra, 6.ª Edição, pág. 1092.

[10] Vitalino Canas, *Introdução às Decisões de Provimento do Tribunal Constitucional*, Lisboa, 2.ª Edição, 1994, pág. 93.

[11] Vitalino Canas, *Introdução...*, pág. 94.

[12] Vitalino Canas, *Introdução...*, págs. 94-95.

que caracterizam os domínios do artigo 283.° da Constituição[13]. Tendo em devida conta, pois, a diferença de situações, o Autor conclui pela admissibilidade das decisões aditivas, *mas apenas nos casos genericamente acabados de caracterizar*[14].

2. A experiência no Direito comparado

No plano em que agora nos situamos, é da maior relevância abordar e partilhar duas experiências, pelas soluções diversas que aportam a esta problemática das sentenças aditivas: a experiência italiana e a experiência alemã.

a) *O caso italiano: a função propulsora dos valores constitucionais*

Em face de uma lei que confere direitos em termos discriminatórios, o Tribunal Constitucional italiano, de resto com o apoio da maioria da doutrina, restringe a declaração de inconstitucionalidade à parte da lei que expressa ou implicitamente exclui do seu âmbito de aplicação certas categorias de pessoas que se encontram num plano essencialmente igual, e, por essa via, alarga o âmbito do preceito. Este Tribunal entende, inclusivamente, que perante uma omissão parcial do legislador, a solução passa por invalidar a parte da lei não escrita, pois considera que se a lei consente ou confere alguma coisa a alguns, isso pode significar que ela contém uma norma não escrita que exclui a aplicação da mesma solução a outros[15]. Todavia, a nova norma que assim se forma não pode ser livremente extraída da fantasia do Tribunal Constitucional, devendo antes resultar da própria disposição impugnada, de outros preceitos e princípios legais e da Constituição. A obra da *Corte Costituzionale* explicita uma norma implícita, *apontando para uma solução necessária em face da lógica intrínseca do sistema*[16]. Assim, a nova norma (é esta a expressão utilizada aberta e abundantemente pela doutrina – *nova norma*) funda-se numa disposição ou princípio constitucional vinculante ou resulta da conexão com a opção mais vasta tomada pelo legislador no momento em que formulou a lei em questão[17].

[13] Vitalino Canas, *Introdução...*, pág. 95.
[14] Vitalino Canas, *Introdução...*, pág. 96.
[15] Giustino d'Orazio, *Le sentenze costituzionale additive tra esaltazione e contestazione*, RTDP, 1992, pág. 72.
[16] Augusto Cerri, *Corso di giustizia costituzionale, Milano*, 1994.
[17] Giustino d'Orazio, *Le sentenze...*, pág. 67.

A doutrina italiana tem, maioritariamente, suportado este entendimento, fundado no chamado *constitucionalismo cooperativo* italiano: tal equivale a dizer que o Tribunal Constitucional, confrontado com a inércia do poder político, tem desempenhado uma função propulsora dos valores constitucionais[18]. Aliás, *a configuração actual das Constituições não permite qualquer veleidade aos Tribunais Constitucionais em actuarem de forma meramente negativa, antes se lhes exige uma esforçada actividade que muitas vezes se pode confundir com um* indirizzo *político na efectiva concretização e desenvolvimento do programa constitucional*[19].

b) ***O caso alemão: a declaração de incompatibilidade***

Ao contrário da experiência italiana, o campo das decisões aditivas na jurisprudência constitucional alemã (e, de resto, o campo de todas as decisões manipulativas) é bastante reduzido. A posição do Tribunal Constitucional Federal alemão arranca de um dilema: a declaração de nulidade total não só não concede aos prejudicados pela lei inconstitucional qualquer benefício ou vantagem, como também retira aos beneficiários o fundamento da sua pretensão, o que se afigura, na maior parte dos casos, grosseiramente injusto e até inconstitucional. Por outro lado, o alargamento da lei ao grupo dos não abrangidos não se harmoniza com o respeito pela liberdade de conformação do legislador. Ora, a alternativa tem sido a mera declaração de incompatibilidade: esta figura, cujo campo de aplicação não se restringe ao princípio da igualdade, envolve, para o legislador, a obrigação de aprovar nova legislação conforme ao mesmo princípio da igualdade. Além disso, a declaração de incompatibilidade determina, em princípio, o bloqueio da aplicação da lei até à aprovação da nova regulamentação, assegurando aos lesados pela lei inconstitucional a possibilidade de virem a desfrutar de uma nova regulamentação mais favorável. Por outro lado, enquanto a *Corte Costituzionale* italiana, em relação a omissões parciais do legislador contrárias ao princípio da igualdade, não hesita em invalidar a norma não escrita que exclui a aplicação da mesma solução a um grupo de pessoas, o Tribunal Constitucional Federal alemão recusa proferir uma sentença aditiva ou modificativa nos casos em que a exclusão do favorecimento não esteja expressamente prevista na lei.

[18] Neste sentido, e abordando a realização prática do New Deal por parte do Tribunal Constitucional italiano, GIUSTINO D'ORAZIO, *Le sentenze...*, pág. 86.
[19] CALAMANDREI, *Corte Costituzionale e autoritá giudiziaria*, RDP, 1956, pág. 51.

c) ***Posição crítica***

Em tom crítico, digamo-lo desde já: enquanto que a solução italiana parece ultrapassar, largamente, os princípios básicos da separação dos poderes, arvorando o seu Tribunal Constitucional em *legislador apócrifo*[20], questão que retomaremos adiante, a *declaração de incompatibilidade alemã*, se se afigura razoavelmente justa, por um lado, designadamente do ponto de vista dos excluídos do benefício ou da prerrogativa, é, por outro lado, materialmente incompreensível, na medida em que bloqueia efeitos positivos de uma lei que só parcialmente é inconstitucional, precisamente na *parte em que não prevê*; já, por outro lado, na *parte em que prevê*, não se colocam, à partida, juízos de inconstitucionalidade, pelo que é desproporcionada a solução de bloqueio total que, pelo menos durante certo período de tempo (o que corresponde ao bloqueio), tem exactamente os mesmos efeitos da declaração de nulidade a que a declaração de incompatibilidade procura obviar: nem se protegem os interesses dos beneficiados (que ficam bloqueados), nem se atendem os interesses dos prejudicados, que, enquanto durar a inércia legislativa, ficam sem protecção legal.

3. A questão das sentenças aditivas e a eventual violação dos poderes reservados ao legislador

a) ***Posição de princípio***

Uma das maiores objecções de princípio à aceitação conceptual e material da figura da sentença aditiva é a possível usurpação de poder que é realizada pelo Tribunal Constitucional sobre o poder legislativo. Assim, o recurso às sentenças aditivas constitui um expediente conferido ao Tribunal Constitucional para, sob o pretexto de uma *operação interpretativa*, invadir o espaço da função legislativa, substituindo-se ao legislador ou mesmo suplantando-o, dada a especial força vinculante inerente às suas decisões. Pelo princípio da separação dos poderes, não se pode facultar ao Tribunal Constitucional a possibilidade de produzir normas *não decididas nem formuladas pelo legislador*, por assim dizer; tal equivaleria a investi-lo, consequentemente, em funções legislativas, as quais lhe são vedadas pela Constituição[21].

[20] A expressão pertence a Gomes Canotilho, *Jurisdição...*, pág. 882.
[21] Neste sentido, Carlos Blanco de Morais, *Justiça...*, pág. 414.

Para Vital Moreira, *ao Tribunal Constitucional só compete averiguar se uma lei enferma ou não de inconstitucionalidade, estando-lhe vedado, à luz do princípio da separação de poderes, substituir-se ao legislador para impor uma solução conforme à Constituição ou para sanar os vícios geradores de inconstitucionalidade, convertendo algo negativo em positivo*[22].

Outros autores, como Gaetanto Silvestri, sustentam, contra os poderes reconstrutivos das sentenças aditivas, que *a falta de legitimação democrática dos juízes é justamente compensada com a eficácia meramente limitada das suas sentenças, pois não se justificaria atribuir a um órgão politicamente irresponsável um poder de aprovação de normas com força afim da de lei*[23].

Ora, situando-nos, de imediato, num ponto de vista crítico, cumpre-nos, desde já, adiantar a seguinte reflexão: numa perspectiva analítica, é indiscutível que uma sentença aditiva possui duas partes, uma *ablativa*, outra *reconstrutiva*. Há, por um lado, um juízo de inconstitucionalidade, por exemplo sobre a parte da norma que restringe a sua aplicação aos *homens*; e há, por outro lado, um segmento reconstrutivo, que contém uma solução conforme à Constituição, e que manda aplicar a norma aos indivíduos inicialmente excluídos pelo preceito (mantendo o exemplo, os direitos previstos pela norma sobre a qual recaiu a sentença aditiva passam a ser conferidos, indistintamente, a todas as pessoas). Se é indiscutível que a parte ablativa da decisão dispõe da eficácia própria das decisões de inconstitucionalidade em geral, o mesmo já não pode dizer-se em relação ao segmento reconstrutivo. E é aqui que o argumento crítico da força vinculante da sentença aditiva claudica, a nosso ver: pelo menos nos processos de fiscalização abstracta sucessiva, valem plenamente os motivos que levam a lei constitucional a *recusar a atribuição de força obrigatória geral às decisões de não inconstitucionalidade*[24]. A parte reconstrutiva indica a interpretação conforme à Constituição e enuncia a correcção do preceito à luz do princípio da igualdade. Mas nada impede que, num momento posterior, o Tribunal Constitucional, chamado a pronunciar-se de novo, chegue à conclusão de que a lei, mesmo com a modificação proposta, padece de inconstitucionalidade. Em nossa opinião, é defensável que a parte aditiva da sentença valha como *proposta hermenêutica com valor persuasivo*. Deste entendimento, surgem as sentenças aditivas de princípio, categoria que, pela sua importância específica, abordaremos de seguida. Por-

[22] Vital Moreira, *Princípio da Maioria e Princípio da Constitucionalidade; Legitimidade e Legitimação da Justiça Constitucional*, Coimbra, 1995, pág. 195.

[23] Gaetano Silvestri, *Le sentenze normative della Corte Costituzionale*, em Giur. Cost., 1981.

[24] Neste sentido, Rui Medeiros, *A Decisão de Inconstitucionalidade – Os Autores, O Conteúdo e os Efeitos da Decisão de Inconstitucionalidade da Lei*, Universidade Católica Editora, 1999, pág. 479.

tanto, a *força afim da de lei* que se pretende vislumbrar na sentença aditiva (ou nas modificativas em geral), não nos parece argumento suficientemente forte para excluir a aceitação da figura.

Por outro lado, as posições críticas acima referidas não respondem a uma outra reflexão: acompanhamos aquela posição segundo a qual *não se deve exagerar* o significado da distinção entre parte ablativa e parte reconstrutiva das sentenças aditivas[25]. Esta posição é particularmente clara nos casos em que a parte reconstrutiva está (como é desejável que esteja), no plano lógico e jurídico, incindivelmente conexa com a parte ablativa. É o que acontece quando o efeito aditivo resulta de uma supressão de uma norma de exclusão. A decisão de acolhimento de inconstitucionalidade da norma que exclui certas pessoas de um determinado regime não deixa grande margem de liberdade criativa ao Tribunal Constitucional. Se uma lei, por exemplo, que atribui uma certa prerrogativa ou um benefício, exclui do âmbito dos beneficiados apenas certos indivíduos, a decisão de inconstitucionalidade de uma disposição assim envolverá, inevitavelmente, o alargamento do âmbito de aplicação da lei. No Acórdão n.° 231/94, de 9 de Março, o Tribunal Constitucional declarou "*a inconstitucionalidade, com força obrigatória geral, da norma do n.° 3 do artigo 3.° do Regulamento Especial de Pensões de Sobrevivência, por violação do artigo 13.° da Constituição*". A referida norma impunha um tratamento mais desfavorável ao cônjuge sobrevivo do sexo masculino, em caso de morte da mulher, quando comparado com o tratamento dispensado ao cônjuge sobrevivo do sexo feminino em caso de morte do marido. Entendeu o Tribunal Constitucional que já não se justifica, nos dias de hoje, o entendimento segundo o qual deve ser facultado às mulheres um menor grau de exigência em aceder às pensões de sobrevivência, em virtude da dificuldade de acesso das mulheres ao mercado de trabalho. Estas discriminações introduzidas pela norma apreciada foram consideradas irrazoáveis e injustificadas, atentando contra o princípio constitucional da igualdade. Em consequência, o Tribunal Constitucional decretou a inconstitucionalidade da norma de *favorecimento* dos cônjuges do sexo feminino, com o que, na prática, estabeleceu, em nome do princípio da igualdade, o mesmo regime para os cônjuges de ambos os sexos no acesso às pensões de sobrevivência. Neste caso, torna-se perfeitamente claro que a parte *reconstrutiva* resulta, directamente e apenas, da *parte ablativa*.

Aos casos, portanto, de margem de *criatividade zero* ou *muito reduzida* já não se pode aplicar o argumento da usurpação de poderes ao legislador por parte

[25] Entre outros, Rui Medeiros, *A Decisão* ..., pág. 479.

do Tribunal Constitucional, porque o segmento reconstrutivo surgirá apenas, mas forçosamente, da actividade de controlo jurisdicional desenvolvida por este órgão. O que constitui, sem dúvida, uma incontornável fraqueza do conteúdo substancial da posição crítica acima mencionada.

b) *As sentenças aditivas à luz do princípio democrático e do princípio da separação de poderes entre o poder jurisdicional e o poder legislativo*

A simples invocação do princípio democrático e do princípio da separação de poderes entre o legislativo e o jurisdicional para fundamentar a crítica à admissibilidade de sentenças aditivas exige algumas cautelas. Desde logo, a função jurisdicional não é nem se poderá compreender como *uma actividade de mera aplicação formal de um direito inteiramente dado*[26]. A própria norma é sempre, em certo sentido, uma criação do intérprete. Por outro lado, todo o juízo de inconstitucionalidade determina, fatalmente, a produção de novos efeitos. Por outro lado ainda, nas decisões aditivas, como já acima se referiu, a nova regulamentação é apenas uma consequência indirecta da pronúncia, não se podendo afirmar, com absoluta certeza, que a *modificação* proposta pelo Tribunal Constitucional vai ser efectivamente adoptada pelos demais tribunais.

Todavia, o argumento da violação, pelo Tribunal Constitucional, do princípio da separação de poderes obriga a uma atenção mais detalhada. A crítica à possibilidade de serem proferidas decisões aditivas arranca, desde logo, da distinção entre *sentenças redutivas* e as ditas *sentenças aditivas*. Vejamos como e porquê. A distinção – à semelhança do que se passa no Direito Civil entre redução e conversão dos negócios jurídicos – não passa pela natureza parcial ou total do vício de inconstitucionalidade. A qualificação de uma decisão como modificativa, em vez de redutiva, não resulta de uma comparação lexical entre o texto originário e o texto resultante da decisão de inconstitucionalidade. *A simples eliminação de um* não *pode, por exemplo, sob a capa de uma operação aparentemente redutiva, introduzir novas normas no ordenamento*[27].

A diferença entre redução e modificação da lei situa-se antes no plano normativo. As decisões modificativas caracterizam-se pelo seu alcance inovador: elas, ao contrário das redutivas, alteram ou reduzem uma lei em vigor para, por essa via, extrair do texto legal assim modificado uma nova norma. O seu objec-

[26] CASTANHEIRA NEVES, *O Instituto dos Assentos e a Função Jurídica dos Supremos Tribunais*, Coimbra, 1983, pág. 404.

[27] CARLO COLAPIETRO, *Le sentenze additive e sostitutive della Corte Costituzionale*, Pisa, 1990.

tivo é a transformação da lei – a sua metamorfose – e não a simples eliminação de uma das partes que a compõem. Neste sentido, o Tribunal Constitucional, argumentam os críticos, actua como *legislador positivo*. O fenómeno é claramente perceptível nos juízos de inconstitucionalidade parcial de leis que atribuem direitos em termos discriminatórios. A decisão de inconstitucionalidade atinge unicamente a norma que, expressa ou tacitamente, exclui do âmbito de aplicação da lei certas categorias de pessoas. A decisão de inconstitucionalidade da norma discriminatória não cria, todavia, um vazio no ordenamento, já que a situação de facto passa a ser regulada pela *nova norma*. Por isso, embora o Tribunal Constitucional se limite, formalmente, a actuar como um mero legislador negativo, na prática profere uma decisão com efeito aditivo.

Ora, se assim é, o Tribunal Constitucional, no âmbito das decisões modificativas, actuaria, pois, como *legislador positivo*. Todavia, a questão da *produção de novos efeitos* em virtude da decisão de inconstitucionalidade, impõe ainda a distinção entre duas categorias de sentenças. Por um lado, temos as *decisões interpretativas de conteúdo aditivo* (que se traduzem, por exemplo, no alargamento do âmbito de aplicação de uma lei que concede benefícios a certas categorias de pessoas, por via da *interpretação extensiva ou da analogia*); por outro lado, há *decisões modificativas* (que, numa hipótese semelhante, chegam ao mesmo resultado, mas aqui através de uma decisão de inconstitucionalidade do preceito legal que, expressa ou tacitamente, afasta do âmbito da aplicação da lei determinadas categorias de pessoas que se encontram numa situação essencialmente igual). Ambas conduzem, é certo, ao alargamento do âmbito de aplicação da lei. Mas enquanto que no processo de interpretação extensiva o resultado alcançado se enquadra num desenvolvimento do direito *secundum* ou *praeter legem*, já a extensão operada pela decisão modificativa contraria a solução inicialmente acolhida pelo legislador e, como tal, resulta já de um desenvolvimento do direito *contra legem*.

Detenhamo-nos, todavia, um pouco mais na questão do Tribunal Constitucional desempenhar, alegadamente, as funções de um *legislador positivo*.

Os defensores das decisões modificativas (e das aditivas em particular), para além de sublinharem o papel de *indirizzo político* que cumpre ao Tribunal Constitucional desempenhar, insistem, não só no papel que lhe cabe na concretização da ordem de valores incorporada na Constituição, como na insuficiência dos instrumentos decisórios clássicos (decisões de rejeição ou de acolhimento de inconstitucionalidade).

A apologia das decisões modificativas tem como pano de fundo, para vários autores, o repúdio do dogma clássico do Tribunal Constitucional como legislador negativo.

Por um lado, a atribuição de uma *função positiva* ao juiz constitucional harmoniza-se, desde logo, com a tendência hodierna de acentuação da importância e da criatividade da decisão jurisdicional.

Por outro lado, a reivindicação de um papel positivo para o Tribunal Constitucional é um corolário da falência do Estado Liberal. Se na época liberal bastava *cassar* a lei, já no período do Estado Social, em que se reconhece que a omissão de medidas soberanas pode pôr em causa o ordenamento constitucional, torna-se necessário a intervenção activa do Tribunal Constitucional. Urge, por isso, criar um sistema de justiça constitucional adequada ao moderno Estado Social.

Para outros Autores, o ponto de partida é o de que o Tribunal Constitucional, entre nós, *desempenha e não pode deixar de desempenhar fundamentalmente a função de jurisdictio: não é um legislador, ou mesmo, um superlegislador apócrifo*[28]. *À concreta realização do direito não compete a intencionalidade estratégica, reformadora e programática que corresponde aos poderes de direcção política e que no universo jurídico (melhor, político-jurídico) será própria do legislador*[29]. *A contenção do controlo da constitucionalidade dentro dos limites do controlo negativo é justificada pelo princípio democrático e pelo princípio da separação e interdependência dos órgãos de soberania*[30]. O princípio da separação de poderes implica, no seu conteúdo essencial, a distinção entre legislação e jurisdição. O princípio democrático postula, por seu lado, que a decisão política seja tomada, directamente ou através de órgãos representativos politicamente responsáveis, pelo povo. *A ideia fundamental é a de que ao juiz constitucional só compete averiguar se a lei é ou não contrária à Constituição, mas não lhe compete substituir-se ao legislador na formulação das soluções conformes à Constituição. Aqui continuam a ter plena validade as limitações decorrentes do princípio da maioria e da separação de poderes*[31].

Ora, quando os órgão de fiscalização usam e abusam das decisões modificativas, corre-se sempre o risco das folgas democráticas de apreciação política serem restringidas, a ponto de os órgãos de controlo se arvorarem em *superlegisladores*. Não se pode subestimar ainda o perigo adicional da debilitação das instituições democráticas. Os juízes constitucionais que abusam das decisões modificativas tendem, mais do que os eleitos do povo, a aparecer como figura

[28] GOMES CANOTILHO, *Jurisdição constitucional e intranquilidade discursiva*, Perspectivas Constitucionais, I, Coimbra, 1996.

[29] CASTANHEIRA NEVES, *Metodologia Jurídica – Problemas Fundamentais*, Coimbra, 1993.

[30] GOMES CANOTILHO, *Direito Constitucional*, pág. 1094, Coimbra, 1993.

[31] VITAL MOREIRA, *Princípio da maioria e Princípio da Constitucionalidade: legitimidade e limites da justiça constitucional*, Coimbra, 1995.

moderna do ideal democrático. É que, por um lado, recusa-se a possibilidade de o Tribunal Constitucional restabelecer a igualdade através do alargamento do *regime menos favorável*. Por outro lado, reconhece-se que uma decisão modificativa, que generalize o regime mais favorável, não impede o legislador de, em momento posterior, alterar ou revogar a lei modificada. Só que, também neste caso, o odioso da decisão recai obviamente sobre o legislador.

Daqui a importância da afirmação da regra segundo a qual *o Tribunal Constitucional só pode declarar (ou não declarar) a inconstitucionalidade (ou ilegalidade) da norma em causa, mas não pode substituí-la por outra norma por ele criada. A função do Tribunal Constitucional é uma função de controlo, de carácter essencialmente negativo. Ele é um contralegislador e não outro legislador*[32].

A conclusão transparece claramente do artigo 283.° da Constituição. Nos casos mais flagrantes de não cumprimento da Constituição, por falta de regulamentação legislativa adequada, o Tribunal Constitucional pode, tão somente, declarar o silêncio legislativo como inconstitucional, e considerar o legislador responsável. Nos termos deste artigo 283.°, o Tribunal Constitucional não pode fazer mais do que verificar e declarar que a omissão existe, não podendo pronunciar-se sobre o modo de suprir a deficiência, nem muito menos substituir-se aos órgãos legislativos competentes. Tudo isto confirma que o Tribunal Constitucional exerce um poder de controlo negativo, não um poder de impulsão, um poder positivo.

Outros Autores são ainda mais incisivos na rejeição constitucional das sentenças aditivas. *O único ponto que queremos acentuar é o de que se retira do artigo 283.° da Constituição um argumento decisivo no sentido da existência de uma preferência do legislador como órgão concretizador da Constituição*[33]. O regime de fiscalização da inconstitucionalidade por omissão consagrado na Constituição demonstra que onde o poder legislativo disponha de liberdade de conformação, não pode o Tribunal Constitucional substituir-se ao poder legislativo e actuar como legislador apócrifo. *Quando a lei concretiza uma norma constitucional em termos discriminatórios, cabe ao legislador, e não ao Tribunal Constitucional, optar entre, pelo menos, o restabelecimento da igualdade através do alargamento do âmbito de aplicação da lei e a eliminação da discriminação por via da supressão da lei*[34].

Para Rui Medeiros[35], o n.° 4 do artigo 282.° da Constituição fornece um

[32] J.J. Gomes Canotilho/Vital Moreira, *Constituição da República Portuguesa Anotada*, Coimbra, 1993, pág. 1045.

[33] Rui Medeiros, *A decisão…*, pág. 499.

[34] Maunz/Dürig, *Grundgesetz Kommentar*, München, 1996.

[35] Rui Medeiros, *A decisão…*, pág. 499.

argumento nada dispiciendo na recusa da admissibilidade das decisões modificativas, por violação do princípio democrático e do princípio da separação de poderes. Esta disposição revela que, no Direito português, a ponderação dos valores constitucionais pelo Tribunal Constitucional pode ter lugar em sede de limitação dos efeitos da decisão de acolhimento da inconstitucionalidade, não se justificando o recurso a soluções adoptadas em ordenamentos que desconhecem este instituto.

As sentenças manipulativas nasceram de exigências práticas e não de abstractas lucubrações teóricas. Foi a preocupação em evitar que das decisões de inconstitucionalidade derivassem *vazios* no ordenamento – aliados à inércia do legislador – que levou a *Corte Costituzionale* a adoptar sentenças modificativas. Em Itália, o facto de o efeito das normas declaradas inconstitucionais se produzir de modo imediato e retroactivo, tornava imanente o perigo de vazios normativos e, consequentemente, de situações de maior inconstitucionalidade. Todavia, no Direito português, em face do disposto no n.° 4 do artigo 282.° da Constituição os efeitos nocivos dos *buracos negros* resultantes da eliminação de normas do ordenamento jurídico podem ser facilmente evitáveis através da limitação do alcance da decisão de inconstitucionalidade. A solução portuguesa tem o mérito de não pôr em causa o princípio de que aos órgãos de fiscalização de constitucionalidade compete uma tarefa jurídica de controlo e não uma tarefa politicamente conformadora. O recurso ao n.° 4 do artigo 282.° permite, pois, demonstrar que nem razões práticas, ligadas aos efeitos nefastos de uma decisão de inconstitucionalidade total, infirmam a conclusão da interdição constitucional das decisões modificativas[36].

Ora, sob o nosso ponto de vista, é de recusar uma posição de semelhante intransigência na admissibilidade conceptual (constitucional) das decisões aditivas. De facto, numerosos autores esforçam-se por sublinhar que não está em causa o exercício de uma função substancialmente criativa *ex nihilo*, verificando-se tão somente a extracção de um *quid iuris* já presente – de modo cogente e vinculativo para o próprio legislador – no ordenamento[37-38].

Nesta perspectiva, o órgão de controlo, ao modificar a lei, não actua como se fosse legislador, já que "não possui aquele grau de liberdade de opção para

[36] Rui Medeiros, *A decisão...*, pág. 500.

[37] Rui Medeiros, *A decisão...*, pág. 501.

[38] Giustino D'Orazio, "*Il legislatore e l'efficacia temporale delle sentenze constituzionali (nuovo orizzonti o falsi miraggi?)*", in *Effecti temporali delle sentenze della Corte Costituzionale anche com riferimento alle esperienze straniere*, Milão, 1989, pág. 371.

definir o escopo legal que é atributo do legislador"[39]. Este entendimento é particularmente visível nos casos em que o Tribunal Constitucional apenas se limita a completar um regime jurídico já escolhido pelo legislador, e a completá-lo de um modo que, se o legislador o houvesse previsto, tê-lo-ia aceite. Isto é, há casos em que não existem dúvidas razoáveis de que o legislador, se se tivesse apercebido da necessidade de respeitar o princípio da igualdade, alargaria o âmbito da lei aos casos que são essencialmente iguais. *O facto de a norma de exclusão do favorecimento constituir uma excepção à regra geral consagrada na própria lei pode impor a conclusão de que o legislador, se tivesse de afastar a discriminação, estenderia o âmbito de aplicação da regra*[40]. Ora, em casos como este, não se vislumbra nenhum motivo atendível para que seja recusada, sem mais, a possibilidade de o Tribunal Constitucional *salvar* a lei através da emanação, precisamente, de uma sentença aditiva.

Na verdade, os Autores críticos da admissibilidade das sentenças aditivas consideram que o maior risco advém do facto de o Tribunal Constitucional *em nome de uma pretensa vontade hipotética do legislador e sob a veste de presunções vagas e falsas, não acabe por dizer aquilo que ele teria feito se estivesse na veste do legislador*[41]. Compreendemos, naturalmente, o receio. Não nos parece é que a *desconfiança* relativamente às reais intenções do Tribunal Constitucional possa suportar toda uma tese de rejeição liminar das sentenças aditivas. Como acima já se deixou referido, é sustentável a tese segundo a qual a parte reconstrutiva da sentença aditiva indica uma interpretação da lei conforme à Constituição, enunciando a correcção do preceito à luz do princípio da igualdade. A parte aditiva da sentença valerá, pois, como proposta hermenêutica com valor persuasivo, mas não obrigatório para os tribunais ou para os demais órgãos aplicadores do direito. Aliás, aquilo que é aduzido como crítica à admissibilidade das sentenças aditivas, deve, pensamos nós, ser levado em conta de argumento favorável à sua mesma admissibilidade. Referimo-nos, em concreto, à problemática da *solução constitucionalmente obrigatória*. Ou seja: os Autores que recusam a admissibilidade constitucional das sentenças aditivas abrem uma excepção para os casos em que não exista uma pluralidade de soluções alternativas e em que a solução adoptada pelo Tribunal Constitucional seja a constitucionalmente necessária. Se assim for, a decisão modificativa não ofende as prerrogativas do legislador. Mas logo acrescentam: *a redução da liberdade de conformação do legislador a zero, espe-*

[39] Ferreira de Almeida, *A justiça constitucional em Portugal*, Lisboa, 1985, pág. 75.

[40] Rui Medeiros, *A decisão...*, pág. 502.

[41] Giuseppe Branca, *Dichiarazione di inconstituzionalità e ampliamento di norma eccezionale*, Padova, 1972, pág. 363.

cialmente no campo da concretização do princípio da igualdade, é dificilmente imaginável[42-43]. Ora, é o próprio Tribunal Constitucional que, através da sua jurisprudência, demonstra a sua preocupação com a defesa do espaço constitucionalmente reservado ao legislador. De facto, no seu Acórdão n.° 449/87, e num caso em que este Tribunal alargou o regime mais favorável a quem dele, inicialmente, não gozava, desde logo reconheceu que "esta opção não preclude a possibilidade de o legislador vir a dar futuramente ao problema outra resposta (se a julgar necessária e conveniente) e uma resposta que podia inclusivamente ser nova e não coincidente com a de qualquer das normas actualmente em divergência".

Mas a isto acrescentamos mais: concordamos integralmente com a posição de Jorge Miranda e, pela sua excelência, aqui a deixamos reproduzida: *embora reconhecendo a necessidade de divisas estreitas e de se não menosprezarem os condicionalismos financeiros à luz do postulado da reserva económica do possível, não vemos como recusar esse tipo de decisões perante discriminações ou diferenciações infundadas, frente às quais a extensão do regime mais favorável se oferece, simultaneamente, como a decisão mais imediata para a sensibilidade colectiva e a mais próxima dos valores constitucionais. Há imperativos materiais que se sobrepõem a considerações orgânico-funcionais. O órgão de fiscalização não se comporta aqui como legislador, pois que não age por iniciativa própria, nem segundo critérios políticos; age em processo instaurado por outrem e vinculado aos critérios de interpretação e construção jurídica inerentes à hermenêutica constitucional*[44].

4. A admissibilidade das sentenças aditivas em matéria penal

Dada a particular natureza das normas penais, é muito discutida a questão das relações entre reserva de lei e decisões modificativas. Em causa está a possibilidade de o Tribunal Constitucional, através de uma decisão aditiva, introduzir no ordenamento jurídico uma *nova norma penal incriminadora*, por exemplo através de uma decisão de inconstitucionalidade de um preceito legal na parte em que este incrimina apenas o facto cometido pelo cônjuge marido e o consequente alargamento do âmbito da incriminação a ambos os cônjuges.

[42] Christoph Moench, *Verfaussungswidriges Gesetz und Normenkontrolle*, Baden-Baden, 1977, pág. 168.
[43] Rui Medeiros, *A decisão...*, pág. 505.
[44] Jorge Miranda, *Manual...*, Tomo VI, pág. 88.

Da análise do direito comparado, constata-se que o problema das decisões modificativas é particularmente discutido pela doutrina e jurisprudência italianas. Em resumo, dir-se-á que há autores que sustentam que o princípio da legalidade em matéria penal não impede as decisões modificativas; já numa posição intermédia, o Tribunal Constitucional italiano considera que este princípio não lhe permite intervenções modificativas nem na medida da pena, nem na *factispecie* incriminadora que agravem a posição dos arguidos; uma terceira posição, protagonizada pela *Corte di Cassazione*, nega valor jurídico às decisões modificativas *in bonam partem* e considera que o princípio *nullum crimen sine lege* impede que se atribua relevância a uma norma incriminadora não estabelecida por lei. Da mesma forma, é duvidoso que a própria redução da *factispecie* incriminadora ou da medida da pena não viole, *de per si*, o princípio da legalidade em matéria penal, pois este princípio reserva ao legislador a escolha sobre o *an*, o *quantum* e o *quomodo* da punibilidade do facto[45].

Embora salientemos, desde já, que nos assaltam as maiores reservas quanto à admissibilidade das sentenças aditivas em matéria penal, a verdade é que não concordamos inteiramente com os argumentos aduzidos por esta última posição. Desde logo porque o princípio da proibição da retroactividade em matéria penal impede unicamente que, em caso de agravação da incriminação em consequência da nova norma extraída da decisão de inconstitucionalidade, esta se aplique a factos passados. Por outro lado, a exigência de norma certa não obsta a que o Tribunal Constitucional, através da supressão de uma parte de um preceito legal, amplie o âmbito da norma incriminadora. Alguns críticos sustentam que *as decisões aditivas, fruto de uma subtil alquimia, não falam a linguagem simples e directa que se pode e deve pretender de uma lei, como a lei penal, cuja ignorância não é consentida a ninguém*[46]. Ora, há casos em que a nova norma incriminadora se extrai directamente da interpretação da parte da lei não invalidada e em que, portanto, a *determinabilidade* da lei penal não está em causa.

O verdadeiro e mais forte entrave à admissibilidade das decisões aditivas em matéria penal advém do facto de a Constituição não influenciar, por via directa e precisa, o conteúdo da matéria sujeita a criminalização. O texto constitucional traça, apenas, *um quadro alargado, dentro do qual o legislador se poderá mover, como forma de evitar apenas que se violem os critérios a que deve estar sujeita a criminalização num Estado de Direito Democrático. Mas estes critérios não fazem com que o Tribunal Constitucional se substitua ao legislador penal – deixam ampla margem de*

[45] Para mais, ver, por todos, RUI MEDEIROS, *A decisão...*, págs. 482-483.

[46] CESARE PEDRAZZI, *Inefficaci le sentenze manipolative in matéria penale?*, in RIDPP, 1974, pág. 647.

decisão legislativa[47]. Ou seja, é neste campo – o do direito penal – que mais se faz sentir a larga margem discricionária quanto ao *momento* e *conteúdo* da intervenção legislativa. De facto, até a eventual existência de imposições constitucionais de criminalizar não anula a liberdade de conformação do legislador. *O próprio crime de homicídio tem contornos dependentes do arbítrio legislativo*[48]. A imposição de criminalização nada diz, portanto, sobre a forma de protecção penal, molduras penais e tipos de penas.

Todavia, se assim é, a verdade é que os obstáculos à admissibilidade das decisões aditivas em matéria penal não são substancialmente diversos daqueles que existem noutros sectores do ordenamento. Em matéria penal, falta, ao menos em regra, o pressuposto geral da admissibilidade das decisões aditivas[49]. E quanto a este pressuposto geral, já tivemos acima o ensejo de referir que, na esteira de Jorge Miranda, e face a discriminações ou diferenciações infundadas (mesmo em matéria penal), não se recusa a aceitação das decisões aditivas, até porque são estas que oferecem *a decisão mais imediata para a sensibilidade colectiva e a mais próxima dos valores constitucionais*[50].

5. **Confronto com a figura da sentença substitutiva**

Embora já aflorado acima, o tema merece mais algumas notas. Muito embora pertençam à magna categoria das *sentenças manipulativas* (também conhecidas por *criativas* por parte da doutrina italiana), as sentenças substitutivas distinguem-se das sentenças aditivas. Daí a relevância do contraste e a necessidade da sua exposição. As sentenças substitutivas são sentenças de acolhimento de inconstitucionalidade parcial de normas: *pressupondo que o legislador deve prever uma coisa e acaba por prever coisa diversa que se mostra desconforme com a Constituição, estas sentenças procedem à substituição do segmento normativo contrário à Lei Fundamental por outra que lhe seja afeiçoada*[51]. A fórmula mais comum deste tipo de sentenças é a declaração de inconstitucionalidade do preceito na parte em que prevê alguma coisa, *ao invés* de propor outra coisa, operando a própria

47 Maria da Conceição Ferreira da Cunha, *Constituição e Crime – uma perspectiva da criminalização e da descriminalização*, Porto, 1995, págs. 292 e 293.

48 Rui Pereira, *O crime de aborto e a reforma penal*, Lisboa, 1995.

49 Rui Medeiros, A decisão..., pág. 484, citando Livio Paladin, *Corte Costituzionale e principio generale d'eguaglianza*, Padova, 1985.

50 Jorge Miranda, *Manual...*, Tomo VI, pág. 88.

51 Lafuente Balle, *La Judicializacion de la Interpretacion Costitucional*, Madrid, 2000, pág. 142.

sentença a junção, de forma explícita ou implícita, desse *quid* que o preceito não acolheu[52]. Verdadeiramente, este tipo de sentença acrescenta, em substituição de uma parte ilegítima, um critério de decisão diverso que deve ser conjugado com o segmento da norma que se mantém inalterado. Quais são as principais semelhanças entre as duas figuras?

a) ambas as decisões implicam uma declaração de inconstitucionalidade parcial de uma norma ou de um preceito;

b) ambas as decisões abarcam uma *componente ablativa* ou *eliminatória* de uma norma inconstitucional, como também uma *componente reconstrutiva* por via da qual o Tribunal Constitucional adita um critério de decisão;

c) ambas as decisões possuem um perfil intencionalmente *reparador*[53], ou seja, é ideia tanto das sentenças aditivas, como das substitutivas, salvar a constitucionalidade da parcela remanescente de uma norma na parte em que não esteja afectada pela componente eliminatória de decisão.

Mas, como é evidente, há também assinaláveis diferenças entre as figuras, das quais se assinala, no plano conceptual, a seguinte: na sentença aditiva, a parte reconstrutiva surge da interpretação extensiva ou analógica do preceito ou da sua integração constitucional; já na decisão substitutiva, esse limite não é respeitado, e o elemento reconstrutivo não deriva da disposição impugnada, não é consequência da parcela remanescente da referida disposição, nem constitui uma solução normativa ditada por uma norma constitucional exequível por si própria. Na sua componente reconstrutiva, as sentenças substitutivas não respeitam o espírito do segmento normativo eliminado, antes *adicionam um novo preceito portador de um pensamento jurídico alternativo*[54].

6. O caso especial das sentenças aditivas de princípio

De entre as várias categorias das sentenças aditivas, cumpre destacar a das *sentenças aditivas de princípio*: através delas, o Tribunal Constitucional evita realizar uma *adição de remédio específico*[55] e introduz, com o seu *quid* de novidade, um

[52] Carlos Blanco de Morais, *Justiça...*, pág. 405.
[53] Carlos Blanco de Morais, *Justiça...*, pág. 406.
[54] Carlos Blanco de Morais, *Justiça...*, pág. 407.
[55] A expressão, originalmente *di rimedi specifici*, pertence a Adele Anzon, *L'additiva di principio nei giudizi in via principale*, Giur. Cost., 1993, pág. 890.

princípio em vez de uma regra. A origem histórica desta figura deve buscar-se na doutrina italiana, no respaldo que esta ofereceu ao entendimento segundo o qual a *Corte Costituzionale* italiana deve desempenhar um papel importante na realização do *New Deal*, principalmente quando confrontada com a inércia do poder político. Todavia, o alargamento de certos benefícios materiais ou financeiros, quando financeiramente relevantes, a grupos que deles originariamente não beneficiariam, em resultado, precisamente, de sentenças aditivas, pode colidir com outras disposições constitucionais, como aquelas que se destinam a assegurar a estabilidade orçamental. Mas não só por este motivo as sentenças aditivas podem causar dificuldades. Casos há em que se justifica a relutância do Tribunal Constitucional *a proceder directamente ao preenchimento de uma lacuna técnica ou axiológica, através da reconstrução da norma, porque esse vazio pode ser passível de integração por mais do que uma solução normativa conforme à Constituição*[56].

Nestes casos, é preferível que o Tribunal Constitucional enuncie um princípio constitucional que deverá ser respeitado pelas disposições que vierem a criar o direito omitido.

Assim:

a) o Tribunal Constitucional profere uma sentença de acolhimento parcial de inconstitucionalidade;

b) o mesmo Tribunal Constitucional abstém-se de reparar directamente o vazio normativo, atenta a presença de soluções diversas e constitucionalmente legítimas de integração ou correcção, as quais reclamariam um grau de criatividade para o qual ele, Tribunal Constitucional, não tem competência;

c) o Tribunal Constitucional não se desinteressa dos efeitos negativos que podem decorrer de uma omissão relativa ou da lacuna gerada pela sua decisão de inconstitucionalidade, já que formula a identificação de um princípio que deve presidir à operação reconstitutiva ou integrativa;

d) se é verdade que o referido princípio não produz eficácia *erga omnes* (nem se indica uma norma *self executing*, como nas sentenças aditivas propriamente ditas), o facto é que o *valor persuasivo* da componente aditiva de princípio da sentença pode produzir alguma eficácia: neste sentido, se a reconstrução do vazio vier a ser feita em colisão com o princípio constitucional revelado na sentença, pode o Tribunal Constitucional reservar-se a faculdade de declarar a inconstitucionalidade da referida norma, em caso de nova impugnação.

[56] Carlos Blanco de Morais, *Justiça...*, pág. 399.

Não se tratam, todavia, de simples operações discursivas, nem se confundem com as sentenças interpretativas: as sentenças aditivas de princípio revelam uma enunciação de uma regra ou de um princípio tendencialmente vinculativo e *cogente*[57], que caso não seja observado, pode gerar decisões futuras de inconstitucionalidade.

Por outro lado, as sentenças aditivas de princípio, apesar de propositadamente deixarem por reparar, directamente, o vazio normativo (inconstitucional), nem por isso podem ser consideradas como sentenças inofensivas ou de mera exortação, na medida em que são, antes de tudo, sentenças de acolhimento de inconstitucionalidade! A sua formulação não constitui um simples apelo, antes sim a constituição de um parâmetro de actuação legislativa, a ser observado pelos órgãos próprios. Neste sentido, convertem-se, perfeitamente, em sentenças dotadas de um conteúdo de *indirizzo político*, tão reclamado por outros Autores[58].

Em sede da evolução das sentenças aditivas na justiça constitucional europeia comparada, assiste-se a uma progressiva diminuição das *sentenças aditivas de prestação* (que atribuem direitos de conteúdo patrimonial ou direitos a prestações de serviços a determinadas categorias de pessoas, agravando, em consequência, a despesa pública) e ao aumento das *sentenças aditivas de princípio e de garantia* (que conferem direitos a que correspondem, do lado passivo, um dever estadual de *non facere* ou uma situação de sujeição por parte do Estado)[59].

7. **Tratamento jurisprudencial**

Embora sem ser possível traçar ainda uma linha uniforme e concludente quanto à admissibilidade, pelo nosso Tribunal Constitucional, das sentenças aditivas, a verdade é que, em diversas ocasiões, foram proferidas decisões que, embora se aparentassem com decisões de inconstitucionalidade parcial, tinham um verdadeiro conteúdo normativo.

Vejamos apenas aquelas que se detêm sobre o princípio da igualdade. É no domínio das pensões que o Tribunal Constitucional mais tem estendido o

[57] Carlos Blanco de Morais, *Justiça…*, pág. 401.

[58] Fabrizio Politi, *Gli Effeti nel Tempo delle Sentenze di Accoglimento*, Padova, 1997, pág. 328 e, entre nós, Vitalino Canas, *Introdução…*, pág. 96.

[59] É mesmo Jorge Miranda quem reconhece que as sentenças aditivas, para além de deverem obedecer a "divisas muito estreitas", são "inadequadas aos direitos económicos, sociais e culturais", *Manual…*, Tomo IV, pág. 243.

regime mais favorável a um universo de pessoas que gozavam de um estatuto menos favorável. Nos Acórdãos n.os 181/87, 449/87, 191/88 e 231/94, o Tribunal Constitucional julgou inconstitucional, por violação do princípio da igualdade, a norma respeitante à pensão devida aos familiares de sinistrados falecidos em acidentes de trabalho, na parte em que estabelecia pressupostos mais gravosos para o viúvo do que para a viúva na atribuição do direito à pensão, igualando, na prática ambos os regimes com base na regulamentação prevista para as viúvas.

No Acórdão n.° 563/96, no sentido de restabelecer a igualdade no tratamento das pensões dos deficientes das forças armadas, o Tribunal Constitucional não hesitou em alargar o âmbito de aplicação do regime mais favorável. Retomando o Acórdão n.° 449/87, já citado, cumpre dizer que o Tribunal Constitucional considerou que, perante uma violação do princípio da igualdade – emergente do facto de se reconhecer a uma categoria de pessoas o direito a prestações ou benefícios que não se reconhece a outra categoria deles – tanto se pode obviar pela eliminação do regime mais desfavorável, como do mais favorável, ou até por ambos. Só que, no quadro constitucional português, marcado por uma acentuada dimensão social, por um lado, e, por outro lado, pelo sentido de evolução sócio-cultural, a desigualdade em causa, num âmbito normativo, considerando valores de justiça social, só pode resolver-se pela prevalência da regulamentação mais favorável. Até porque tal entendimento não preclude a possibilidade de o legislador vir a dar futuramente ao problema outra resposta. Por isso, citando o Acórdão n.° 713/96, "não havendo justificação para o tratamento diferenciado, a nivelação há-de ser feita pela solução mais favorável".

No Acórdão n.° 359/91, o Tribunal Constitucional julgou inconstitucional o Assento do Supremo Tribunal de Justiça de 23 de Abril de 1987, por força da violação do princípio da não discriminação dos filhos, contido no n.° 4 do artigo 36.° da Constituição, e, pelo mesmo Acórdão, declarou que o citado princípio "haja de ser obrigatoriamente aplicado, nos termos de o *interesse dos filhos* na atribuição do direito ao arrendamento a que se reportam as normas dos n.os 2, 3 e 4 do artigo 1110.° do Código Civil, quando erigido em critério relevante de atribuição daquele direito, haver de ser respeitado tanto no *caso dos filhos nascidos do casamento* como no *caso dos filhos nascidos de uniões de facto*".

Já pelo Acórdão n.° 545/99, o Tribunal Constitucional julgou inconstitucional, por violação do princípio da igualdade, o n.° 1 do artigo 24.° da Lei n.° 4/85, de 9 de Abril, e declarou que, por força deste princípio, deve o referido preceito ser interpretado no sentido de que releva, para o efeito do tempo de contagem de serviço aí previsto, o exercício das funções de Secretário

Adjunto do Governo de Macau. De facto, para o Tribunal Constitucional, o princípio da igualdade impõe que o exercício das referidas funções deve ser tido em conta, quer para a aquisição do direito ao pagamento da subvenção, quer para a determinação do respectivo montante, precisamente porque há uma *identidade material das funções exercidas entre os membros do Governo da República e os do Governo de Macau*. Por assim ser, o nosso Tribunal supriu a inconstitucionalidade adicionando à lei o grupo de beneficiários do privilégio que dele estavam inicialmente excluídos, sempre em função do princípio da igualdade.

Em matéria de liberdade religiosa, o Tribunal Constitucional recusou estender às demais confissões religiosas o regime mais favorável conferido por lei à Igreja Católica. Pelos Acórdãos n.ºs 423/87 e 174/93, o nosso Tribunal entendeu que as leis discriminatórias em matéria de liberdade religiosa não eram inconstitucionais por acção; poderiam sê-lo por omissão. É entendimento de ambos os referidos Acórdãos que o Estado deve proporcionar certos direitos às confissões religiosas, e que, na previsão das prerrogativas, não poderia deixar de acatar o princípio da igualdade, não sendo legítimas distinções injustificadas entre crentes de diversas religiões. Mas o tratamento de favor concedido por lei à Igreja Católica não era passível de ser considerado inconstitucional, por violação do artigo 13.° da Constituição, na medida em que o Estado, ao legislar como legislou, apenas deu cumprimento a um dever que sobre ele impendia. O que o mesmo Estado não podia era abster-se de, em relação às demais confissões, lhes conceder um regime afim, sob pena de, então sim, violar o texto constitucional.

Acima referimos que não era ainda possível observar uma linha uniforme de conduta, na adopção (ou não) de sentenças aditivas pelo Tribunal Constitucional. Tal entendimento é ainda mais perceptível se analisarmos o Acórdão n.° 39/88: neste aresto, que tratava da constitucionalidade da previsão por lei do pagamento de indemnizações por nacionalização, e pela distinção que aí se fazia entre pequenos e grandes empresários ou accionistas, o Tribunal Constitucional afirmou, para justificar a constitucionalidade da discriminação, que, mesmo que tais diferenciações de tratamento violassem o princípio da igualdade, sempre restaria saber qual dos regimes é que era afinal inconstitucional, se o previsto para os pequenos, se o previsto para os grandes empresários. É um entendimento que, em nossa opinião, esquece que o mesmo Tribunal Constitucional, noutros domínios, considerou que um tratamento diferenciado injustificado não impedia de alargar a solução mais favorável.

Jurisprudência anotada

Pactos de jurisdição – A propósito de um acórdão do STJ

SUPREMO TRIBUNAL DE JUSTIÇA
Acórdão n.° 3/2008, de 28 de Fevereiro (Agravo n.° 1321/2007 – 2.ª Secção)*

Acordam no Supremo Tribunal de Justiça:

1. Na 11.ª Vara Cível da Comarca de Lisboa, Lamartine, Soares & Rodrigues, S.A., propôs acção declarativa de condenação, com processo ordinário, contra Allesi, S.P.A., alegando que celebrou com a ré, em 2 de Dezembro de 1997, um contrato de agência, que vigorou até 31 de Dezembro de 1998, mas que se renovou anualmente, na falta de rescisão, que, no entanto, veio a ocorrer em 22 de Setembro de 2004, sem que a ré tenha respeitado a antecedência de três meses relativamente à renovação do contrato.

Mais alega que, com tal conduta, a ré causou grande prejuízo à autora, tanto a nível de danos patrimoniais, danos emergentes e lucros cessantes, como a nível de danos não patrimoniais de imagem, devendo-lhe, deste modo, € 17.934,28 (construção de um comer), € 50.000,00 (produto modelo, inútil para venda), € 77.000,00 (publicidade autorizada e não recebida), € 125.158,19 (indemnização de clientela), € 130.000,00 (lucros cessantes) e € 100.000,00 (danos de imagem), o que perfaz o total de € 500.092,47.

Alega, ainda, que, devendo à ré o valor de € 200.127,23 de encomendas de produtos recebidos, fazendo-se a devida compensação, resulta um saldo favorável à autora de € 299.965,24. Conclui, assim, que deve a acção ser julgada procedente e, em consequência, ser:

* *Diário da República*, 1.ª série, n.° 66, de 3 de Abril de 2008, p. 2041 ss.

a) Reconhecida a ilegalidade da denúncia contratual da ré;
b) A ré condenada a receber, a título de devolução, os produtos que a autora não conseguir vender por efeito da ilegal denúncia contratual;
c) Condenada a ré a indemnizar a autora pelos prejuízos causados por via da denúncia da agência, sem observância de pré-aviso e perca de quota de mercado (lucros cessantes);
d) Condenada a ré a indemnizar a autora por danos emergentes (comer ou «espaço dedicado», produto modelo, inútil para venda) e danos de imagem, que lhe foram provocados com a denúncia inadvertida do contrato;
e) Condenada a ré a indemnizar a autora pela clientela angariada por esta no âmbito da agência;
f) Condenada a ré a pagar à autora as despesas de publicidade por esta efectuada no âmbito da vigência do contrato de agência;
g) Admitida a compensação de créditos da ré sobre a autora, cujo saldo será a liquidar em " execução de sentença", com a liquidação efectiva de todos os valores em referência nas alíneas anteriores b) a g).

A ré contestou, por excepção, alegando que o Tribunal de Lisboa é incompetente para julgar a presente questão, já que, as partes decidiram, livre e conscientemente, na cláusula 28.ª do contrato invocado, reservar exclusivamente à jurisdição italiana a competência para a dirimir, com atribuição exclusiva ao Tribunal da Comarca de Verbania, inserindo-se o caso no âmbito de aplicação da Convenção de Bruxelas, conforme o seu artigo 17.°, 1.° pelo que, deve a ré ser absolvida da instância.

Contestou, ainda, por impugnação, alegando que a denúncia do contrato, com pré-aviso e justa causa, resulta dos graves incumprimentos do contrato pela autora, pelo que, carecem de fundamento os pedidos de indemnização de clientela e de ressarcimento dos prejuízos feitos pela autora.

Em sede de reconvenção, alega que aqueles incumprimentos lhe causaram prejuízos, que deverão ser reparados pela autora.

Conclui, deste modo, que deve ser absolvida dos pedidos formulados pela autora, devendo esta ser condenada a reconhecer que a denúncia do contrato de agência é legítima e eficaz, porque feita três meses antes da data do seu termo (31 de Dezembro de 2004) e por justa causa, ou, se assim não for entendido, a reconhecer que a resolução do referido contrato foi por justa causa imputável à autora, e, de todo o modo, a pagar à ré a dívida já reconhecida de € 200.127,23 e a indemnização para ressarcimento dos danos emergentes e lucros cessantes, cuja liquidação remete para "execução de sentença".

A autora replicou, alegando que a causa de pedir se prende com o incumprimento de um contrato totalmente executado em território português e que, encontrando-se a autora domiciliada em território nacional, é manifesta a dificuldade da sua deslocação ao estrangeiro para propositura e acompanhamento desta acção, o que confere competência ao presente Tribunal para o julgamento da causa, nos termos do disposto nos artigos 65.°, n.° 1, alíneas *c*) e *d*) do Código de Processo Civil.

Contestou, ainda, a autora o pedido reconvencional, concluindo que o mesmo deve ser julgado improcedente.

A ré treplicou, concluindo como na reconvenção.

Seguidamente, conhecendo-se da excepção da incompetência do tribunal, foi proferida decisão do seguinte teor:

"Por tudo o exposto, julga-se procedente a excepção dilatória de incompetência relativa por preterição do pacto privativo de jurisdição, declarando-se a jurisdição portuguesa, e esta Vara em concreto, incompetente para o presente pleito, pelo que, ao abrigo do disposto nos artigos 111.°, n.° 3, 494.°, alínea *a*) e 493.°, n.° 2, todos do Código de Processo Civil., absolvo a ré, Allesi, S.P.A., da instância".

Inconformada, a autora agravou para o Tribunal da Relação de Lisboa, e com êxito, já que aquele tribunal decidiu conceder provimento ao agravo, revogando a decisão recorrida e declarando competente para conhecer do objecto da acção a 11.ª Vara Cível de Lisboa.

Inconformada, desta vez a ré, agravou em 2.ª instância.

Alegou e concluiu:

Não existe no caso *sub judice* qualquer dúvida que nos encontramos perante um litígio privado internacional.

- As ora Recorrente e Recorrida, decidiram livre e conscientemente na cláusula 28.ª do contrato invocado reservar exclusivamente à jurisdição italiana a competência para dirimir a presente questão, com atribuição exclusiva, dentro da jurisdição italiana, ao Tribunal da Comarca de Verbania.
- O pacto atributivo de jurisdição que está expresso naquela cláusula 28.ª, mostra-se celebrado com confirmação escrita por ambas as partes, de boa-fé e livremente, aliás, com aceitação expressa dessa cláusula 28.ª.
- O pacto atributivo de jurisdição estipulado pelas partes tem pois, de considerar-se válido *"para qualquer controvérsia relativa ao presente contrato"* (cláusula 28.ª).
- O n.° 1 do artigo 23.° do Regulamento, a que correspondia o § 1.° do artigo 17.° da Convenção, prevê que os pactos atributivos conferem

competência exclusiva, a menos que as partes convencionem em contrário.

– Convencionada a competência pelas partes, como é o caso, é irrelevante que uma delas, contra a vontade da outra, venha, posteriormente, denunciar unilateralmente o estipulado.

– É exclusiva, a competência resultante de pactos atributivos de jurisdição, previstos pelo artigo 23.°, n.° 1, com as limitações do n.° 3 e do n.° 5, do Regulamento n.° 44/2001 do Conselho, de 22 de Dezembro de 2000, que corresponde ao artigo 17.°, § 1.° com as limitações do § 2.° e do § 4.°, da Convenção de Bruxelas, de 27 de Setembro de 1968, relativa à competência judiciária, reconhecimento e execução de decisões, em matéria civil e comercial.

– O Acórdão da Relação na sua conclusão, *items* de folhas penúltima do Acórdão, e identificados nestas alegações por *items* 1 e 2, entra em contradição, pois no *item* 1 – refere que os pedidos de indemnização formulados pela Autora são externos à relação contratual, afastando, por isso, a aplicação do pacto de jurisdição constante da cláusula 28.ª e de seguida, no *item* 2 –, diz que se trata de matéria contratual.

– Ora sendo matéria contratual, como é, e como muito bem o qualificou o Juiz da 1.ª instância, ter-se-á de aplicar o estipulado pelas partes relativo ao pacto de jurisdição, constante da cláusula 28.ª, em aplicação do artigo 1.° (matéria civil e comercial) e artigo 23.° (competência) do Regulamento (CE) 44/2001.

– A denúncia unilateral não invalidou a escolha, sob pena de frustrar o fim comum visado pelas partes, quanto à eleição do foro.

– A denúncia, ou qualquer outra forma de fazer extinguir unilateralmente obrigações contratuais, levada a cabo por qualquer das partes, seria uma forma tortuosa de subtracção ao negociado, *maxime*, à cláusula de eleição do foro, depois de se haver acordado na escolha do Tribunal. Os efeitos não são exteriores ao contrato, mas derivam e são parte incindível do próprio contrato.

– Consequentemente, uma parte, sem consentimento da outra, mudaria as regras do jogo, quando este estava a ser jogado.

– Fugia-se da razão da escolha comum, numa ocasião em que ela mais se faria sentir; ora, exactamente para tanto – para evitar a fuga – é que houve escolha.

– A causa de pedir assenta fundamentalmente no contrato de agência, tratando-se de um litígio (controvérsia) ainda relacionado (relativo) com o mesmo contrato.

– A Directiva Comunitária n.° 86/653 transposta obrigatoriamente para a nossa ordem jurídica pelo Decreto-Lei n.° 118/93, de 13/04 e para a ordem jurídica Italiana tem por vista harmonizar o contrato de agência na União Europeia relativamente às relações – Direitos e Deveres – de agente e comitente, em pleno pé de igualdade, clarificando e uniformizando essas relações em toda a U.E.

– Tal transposição implica igual tratamento em todos os Estados-Membros. E estes não tratam de forma mais ou menos vantajosa o agente, mas todos o tratam de igual forma, por imposição da Directiva, nos termos do artigo 249.° do Tratado de Roma.

– A Directiva e o Decreto-Lei que a transpõe não impõem qualquer norma relativa à escolha do foro, deixando à liberdade das partes tal escolha. E foi o que aconteceu no caso "sub judice". As partes estipularam na cláusula 28.ª do contrato que o Tribunal de Verbania – Itália seria o competente.

– As Convenções Internacionais subscritas por Portugal, caso da Convenção de Bruxelas de 1968, têm valor superior ao das próprias leis nacionais.

– O Regulamento Comunitário (CE) 44/2001, como todos os regulamentos comunitários, têm primazia sobre as leis nacionais.

– O Regulamento tem carácter geral. É obrigatório em todos os seus elementos e directamente aplicável em todos os Estados-Membros, nos termos do artigo 249.° do Tratado de Roma.

– O Acórdão da Relação, ao não aplicar, no caso "sub judice", nomeadamente o artigo 23.° do Regulamento (CE) 44/2001 proferiu uma decisão inconstitucional.

– Se houver dúvidas sobre se o acordo relativo ao pacto de jurisdição estipulado pelas partes na cláusula 28.ª do contrato de agência, deve prevalecer e ser aplicada nos termos do artigo 23.° do Regulamento (CE) 44/2001, o Supremo Tribunal de Justiça terá de reenviar ao Tribunal de Justiça da Comunidade Europeia.), Conforme o artigo 234.° alínea b) do Tratado de Roma.

– Em matéria de cláusula relativa a pacto de jurisdição constante do contrato denunciado, tem havido na jurisprudência portuguesa contradições.

– Pelo menos há quatro Acórdãos desse Tribunal, com decisões contraditórias: dois Acórdãos no sentido da decisão de que ora se recorre, de 5 de Novembro de 1998, CJ ano VI, Tomo III, página 97, de 20 de Junho de 2006, do processo 1659/06 e dois Acórdãos no sentido da decisão da primeira instância, isto é, no sentido do provimento que se pretende deste recurso, admitindo válido o pacto de jurisdição subscrito pelas partes constante de contrato entretanto denunciado: o de 16 de Dezembro de 2004, relativo ao Processo n.° 268/04 e de 16 de Fevereiro de 2006, relativo ao processo n.° 3565/05.

– Pelo que, nos termos do artigo 732.°-A do Código de Processo Civil, deve assegurar-se a uniformidade da jurisprudência, procedendo-se a julgamento de recurso com intervenção do plenário das secções cíveis.

Ao decidir como decidiu o douto Acórdão da Relação, ora recorrido, violou o disposto:

– nos artigos 65.°, n.° 1, alínea *a*), 74.°, n.° 2, 85.°, n.° 3, 99.°, 493.°, 664.°, 668.°, n.° 1, alínea *d*), todos do Código de Processo Civil,
– nos artigos 224.°, n.° 1, 228.°, 239.°, 762.°, n.° 2, todos do Código Civil;
– nos artigos 28.°, 29.° e 33.°, n.°3 do Decreto-Lei n.° 178/86, de 3 de Julho de 1986;
– no artigo 17.° da Convenção de Bruxelas, hoje substituído pelo artigo 23.° do Regulamento (CE) 44/2001;
– nos artigos 1.°, 3.°, 5.°, 23.° e 68.° do Regulamento (CE) 44/2001;
– no artigo 8.° da Constituição da República Portuguesa.

Deverá conceder-se provimento ao recurso, revogando-se o Acórdão recorrido, declarando a incompetência absoluta da 11.ª Vara Cível de Lisboa em razão da nacionalidade para conhecer da presente acção, absolvendo a Ré da instância, determinando-se o julgamento do recurso com intervenção do plenário das secções cíveis, de forma a assegurar a uniformidade da jurisprudência em matéria de aplicação da cláusula de pacto de jurisdição.

Subsidiariamente requer-se ainda, se houver dúvidas sobre a cláusula relativa ao pacto de jurisdição estipulado pelas partes na cláusula 28.° do contrato de agência e nas normas comunitárias relativas a esse contrato e entretanto transposta para a ordem jurídica portuguesa pelo Decreto-Lei 178/86 de 3 de Julho de 1986, o reenvio do processo por esse Tribunal a título prejudicial, ao Tribunal de Justiça da Comunidade Europeia para apreciação deste Tribunal.

Não houve contra-alegações.

O Presidente do Supremo Tribunal de Justiça determinou o julgamento alargado do recurso e o Magistrado do Ministério Público emitiu parecer no sentido de que o presente conflito seja resolvido com a prolacção de acórdão uniformizador de jurisprudência com a seguinte formulação:

"O pedido de indemnização fundado em prejuízo causado por violação do prazo de pré-aviso de denúncia de contrato, bem como por clientela angariada, formulado no pressuposto da cessação desse contrato por denúncia, configura responsabilidade contratual não afectando o pacto privativo e atributivo de jurisdição, nele convencionado".

2. Cumpre decidir:

Os factos a ter em conta são os constantes do antecedente relatório.

Como é sabido, o *thema decidendum* dos recursos é definido pelas questões postas nas conclusões das alegações dos recorrentes, sendo certo que, como é jurisprudência firme, por questões a resolver não devem tomar-se as considerações, argumentos, motivações e juízos de valor produzidos pelas partes, porquanto o tribunal apenas tem que dar resposta especificada ou individualizada às questões que directamente se reportam à substanciação da causa de pedir e do pedidos (artigos 684.°, n.° 3; 690.°, n.° 1 e 660.°, n.° 2, todos do Código de Processo Civil).

Questões a resolver

As questões são duas:

I – Se a cláusula 28.ª constitui um pacto atributivo de jurisdição.
II – Caso afirmativo, se o pacto é aplicável no julgamento do presente pleito.

A tese do acórdão recorrido (e do acórdão do Supremo Tribunal de Justiça de 5 de Novembro de 1998, que serviu de fundamento) é a seguinte:

a) O tribunal português é internacionalmente competente e essa competência resulta do disposto no artigo 5.°, n.° 1, alíneas a) e b) do Regulamento (CE) 44/2001 e do Decreto-Lei n.° 178/86.
b) O pacto de jurisdição, ínsito na cláusula 28.ª não é aplicável ao presente litígio, pois que não está em causa qualquer controvérsia relativa ao contrato em questão, que se encontra findo, apenas subsistindo efeitos posteriores e externos relativamente á relação contratual.

Desenvolvendo, daremos os seguintes passos:

I – Data do contrato; sua natureza jurídica; teor da cláusula 28.ª; II – Lei aplicável no direito interno e no direito comunitário; III – Oposição de decisões, considerando a recorrida; IV – Posição adoptada.

Vejamos, então.

I – O contrato de agência é regulado pelo Decreto-Lei n.° 178/86, de 3 de Julho de 1986, alterado, depois, pelo Decreto-Lei n.° 118/93 de 13 de Abril de 2004, que transpôs para a ordem jurídica interna a Directiva Comunitária n.° 86/653/C.E.E. do Conselho de 18 de Dezembro de 1986.

Trata-se de um contrato bilateral e oneroso de que resultam para o agente e para o agenciado (principal) obrigações recíprocas: O primeiro assume a obrigação de promover por conta da outra parte a celebração de contratos que "*envolve toda uma complexa e variada actividade material, de prospecção do mercado, de angariação de clientes, de difusão dos produtos e serviços, de negociação, etc., que antecede e prepara a conclusão dos contratos, mas na qual o agente já não tem de intervir*".

O segundo obriga-se a pagar a retribuição convencionada, que se "*determina, fundamentalmente, com base no volume de negócios conseguido pelo agente, revestindo assim um carácter variável, sob a forma de comissão ou percentagem calculada sobre o valor dos negócios, podendo cumular-se, no entanto com qualquer importância fixa acordada entre as partes*" (António Pinto Monteiro, *Contratos de Distribuição Comercial*, Coimbra, 2001, pp. 84, 85 e 96).

Decorrente do termo do contrato de agência, surge, como sua principal consequência a indemnização de clientela, caracterizada, com largo consenso da doutrina e da jurisprudência como uma compensação a favor do agente, pelos benefícios que o principal continua a auferir com a clientela que o agente angariou ou desenvolveu (Menezes Leitão, *A Indemnização de Clientela no Contrato de Agência*, p. 100 – fala em "*indemnização por prestação*").

A indemnização de clientela só pode ser exigida após a cessação do contrato, embora tenha neste a sua génese, pressupondo que seja adquirida em resultado da prestação do agente (prestação que a lei não impõe que seja exclusiva, durante a vigência do contrato).

A indemnização de clientela é, apenas, um crédito futuro, na vigência do contrato, durante a qual a lei não permite renúncia a mesma.

Este tipo de indemnização, que é extensível, por analogia, ao contrato de concessão, uma vez verificados os necessários pressupostos; acresce a qualquer outra indemnização a que haja lugar por outro tipo de consequências ou mesmo, por falta ou insuficiência de pré-aviso por violação do contrato, pelo principal (António Pinto Monteiro, obra citada; Luís Menezes Leitão, obra citada, p. 46; e Carlos Lacerda Barata, *Anotações ao Novo Regime do Contrato de Agência*, p. 83).

O contrato em apreço nos autos, em vista dos termos que o integram, é, seguramente, um contrato de agência.

Circunstancialmente, interessa-nos mais, agora, o teor da cláusula 28.ª que diz: "para qualquer controvérsia relativa ao presente contrato será exclusivamente competente o foro de Verbania (Itália)".

II – Na nossa ordem interna como na internacional e na comunitária, em matéria de litígios são as respectivas fontes que ditam a competência internacional, para o julgamento, sem prejuízo de, naturalmente, as fontes comunitárias poderem determinar que tribunais de outra ordem jurídica assumam competência que, por princípio, pertenceria aos nacionais de cada Estado-Membro.

No direito português, em matéria de competência internacional, regem os artigos 65.°, 65.°-A e 99.° do Código de Processo Civil.

No artigo 65.° têm a sua sede os pressupostos da competência internacional dos nossos tribunais, cuja competência exclusiva vem definida no artigo 65.°-A; enquanto que no artigo 99.° se prevê e regula. a faculdade de se estabelecerem pactos privativos e atributivos de jurisdição e se contêm, ainda, os requisitos a que aqueles devem obedecer, para assegurar a sua validade substancial e formal.

Como é sabido, a redacção actual dos artigos 65.° e 65.°-A resulta do artigo 1.° do Decreto-Lei n.° 38/2003 que neles introduziu um inciso, que antecede o texto de cada um deles, inciso cujo teor, pela sua importância e significado, se transcreve:

"Sem prejuízo do que se ache estabelecido em tratados, convenções, regulamentos comunitários leis especiais...".

É, manifestamente, uma afirmação do primado do direito comunitário e da sua clara prevalência sobre o direito português.

Aliás, já o artigo 8.°, n.° 3 da Constituição da República Portuguesa afirma, inequivocamente, que: "As normas emanadas dos órgãos competentes das organizações internacionais de que Portugal seja parte vigoram, directamente na ordem interna, desde que tal se encontre estabelecido nos respectivos tratados constitutivos".

Lebre de Freitas (*Código de Processo Civil Anotado*, vol. I, p. 124), acompanhado, aliás, por tantos outros autores – *v.g.* Ferrer Correia, Teixeira de Sousa, Moura Vicente, Sofia Henriques), refere que as normas de competência internacional definem a susceptibilidade de exercício da função jurisdicional pelos tribunais portugueses, tomados no seu conjunto, relativamente a situações jurídicas que apresentam elementos de conexão com uma ou mais ordens jurídicas estrangeiras e que, além de receberem competência do artigo 65.°, os tribunais portugueses recebem – na, também, de convenções internacionais, sucedendo que estas, no seu campo específico de aplicação, prevalecem sobre as normas processuais portuguesas, nomeadamente as reguladoras da competência internacional constantes do Código.

Considerando as regras comuns de competência internacional, Mota Campos refere que as ditas regras comuns de competência internacional são regras de competência directa, porque designam directamente o tribunal ou tribunais dos Estados contratantes aos quais, em cada caso concreto é atribuída competência para julgar.

Tais regras integram-se no ordenamento jurídico de cada Estado pelo que o tribunal chamado a conhecer de uma causa em que haja um elemento de conexão com a ordem jurídica de outro ou outros Estados contratantes deverá ignorar as regras de competência internacional da *lex fori* para aplicar, antes, as regras uniformes da Convenção de Bruxelas, *Revista de Documentação e Direito Comparado*, n.° 22, 1986, p. 144.

No caso dos autos, estamos ante um litígio privado internacional ligado com as ordens jurídicas de Portugal e de Itália.

Ambos os Estados são contratantes da Convenção de Lugano, da Convenção de Bruxelas, a que sucedeu o Regulamento (CE) 44/2001 do Conselho de 22 de Dezembro de 2000, relativo à competência judiciária, ao reconhecimento e execução das decisões em matéria civil e comercial.

Existe identidade de conteúdos destes três instrumentos e será um deles, necessariamente, que se aplicará à situação presente.

Ora, quanto ao âmbito de aplicação do Regulamento (CE) n.° 44/2001, rege o seu artigo 15.° onde se estabelece que "1. As disposições do presente Regulamento só são aplicáveis às acções judiciais intentadas... posteriormente à entrada em vigor do presente Regulamento"; o n.° 2 do mesmo artigo faz uma ressalva a esse princípio, mas que tem, apenas, a ver com o capítulo III (execução das decisões).

Porém, no caso em análise, a génese de todas as questões situa-se na cláusula 28.ª incluída num contrato celebrado em 2 de Dezembro de1997.

Parece-nos irrecusável que a sua interpretação tem que ser feita, apurando-se a vontade negocial das partes, designadamente, tendo em conta o quadro legislativo vigente, à data do surgimento do contrato, ou seja, a Convenção de Bruxelas de 24 de Setembro de 1968, a qual foi completada por um protocolo relativo à interpretação pelo Tribunal de Justiça da Comunidade Europeias a que. Portugal aderiu, por ratificação da Assembleia da República de 24 de Abril de 2001 e por decreto do Presidente da República de Outubro do mesmo ano.

Regem, então, os artigos 2.°, n.° 1, (estabelece como competência – regra o domicílio do réu), o artigo 5.° que prescreve uma das derrogações ao regime-regra – no que ora interessa, o requerido com domicílio no território de um

Estado Contratante pode ser demandado noutro Estado Contratante – em matéria contratual, perante o tribunal do lugar onde a obrigação que serve de fundamento ao pedido deva ser cumprida.

O artigo 17.° que, sob a epígrafe "*extensão da competência*", preceitua: "*Se as partes, das quais, pelo menos uma se encontre domiciliada no território de um Estado Contratante, tiverem convencionado que um tribunal ou os tribunais de um Estado Contratante têm competência para decidir quaisquer litígios que tenham surgido ou que possam surgir de um determinada relação jurídica esse tribunal ou esses tribunais terão competência exclusiva...*".

O referido normativo estabelece, depois, os requisitos formais para a validade do pacto atributivo de jurisdição.

As exigências de forma respondem ao desejo de não entravar as relações comerciais neutralizando, no entanto, o efeito das cláusulas que poderiam passar despercebidas nos contratos ... tendo, ainda, o artigo 17.° a previsão das condições de forma que devem reunir as cláusulas atributivas de competência para garantir a segurança jurídica e para assegurar que o consentimento das partes foi prestado – Acórdão do Tribunal de Justiça da Comunidade Europeia *Elefanten Schuh* de 24 de Junho de 1981 – Colect. 1961-1687.

No acórdão *MSG c. Les Graviéres Rhenanes SARL* de 20 de Fevereiro de 1997, o Tribunal de Justiça decidiu que o juiz deve aferir se a cláusula atributiva de competência constitui, efectivamente, objecto do consenso das partes, consenso que deve manifestar-se de forma clara e precisa e que os requisitos de forma previstos no artigo 17.° da Convenção de Bruxelas "têm o fim de garantir que o consenso das partes seja, efectivamente provado.

Ainda noutro caso, *Soc. Elefanten Schuh GmbH c. Jacqmain* de 24 de Junho de 1981, proc. n.° 150/80, o mesmo Tribunal afirma, a propósito do artigo 17, que: "Os Estados Contratantes não têm a liberdade de prescrever outras exigências de forma que as previstas na Convenção".

Quanto aos requisitos substanciais, o pacto não só deve especificar qual a relação jurídica da qual emergiram, ou poderão vir a emergir litígios, que será objecto do processo, como ainda o ou os tribunais competentes para apreciar o litígio; objectivo desta limitação é a de evitar que a parte mais forte imponha à contraparte um foro geral determinado – Sofia Henriques, *Os pactos de Jurisdição no Regulamento (CE) 44/2001*, p. 75.

A nulidade de um contrato onde se encontra inserida uma cláusula atributiva de competência não afecta a validade dessa cláusula, uma vez que tem autonomia – decidiu, também o Tribunal de Justiça no Acórdão *Benicasa c. Dentakit* de 3 de Julho de 1997, proc. n.° 269/95 – Colect. 1997/I-3767 (Sofia Henriques, ob. cit., p. 82).

Face ao que fica dito, considerando o quadro fáctico dos autos, não nos restam dúvidas *de jurisdição*, já que, não só uma, mas ambas as sociedades estão sediadas em território de países de *que a cláusula 28.ª do contrato integra, do ponto de vista dos tribunais portugueses, um pacto atributivo de jurisdição*, já que, não só uma, mas ambas as sociedades estão sediadas em território de países Contratantes e por outro lado o próprio pacto derrogou as regras-base da competência internacional, contidas nos artigos 2 e 5 n.° 1 da Convenção.

È que, na verdade, *o princípio fundamental, em matéria de competência, é* o de que a jurisdição competente pertence ao Estado Membro onde o demandado tem o seu domicílio, qualquer que seja a sua nacionalidade.

A determinação do domicílio faz-se, nos termos da lei do Estado-Membro do tribunal onde é proposta a acção. Com as competências especiais contidas na Secção 2, artigo 5.° e ss. reportam-se, por exemplo, as matérias contratuais (em geral, o tribunal do lugar onde foi ou deva ser cumprida a obrigação em questão).

Quando as partes, das quais, pelo menos, uma se encontra domiciliada no território de um Estado – Membro, tiverem celebrado um pacto atributivo de jurisdição, em caso de litígio, os tribunais competentes serão os determinados pelas partes de acordo com os usos que as partes estabeleceram entre si, ou ainda, no comércio internacional, em conformidade com os usos que as partes conheçam.

III – Vejamos, agora, as teses em confronto.

A decisão recorrida colhe o fundamento do decidido assim:

«O Regulamento (44/2001) não prevê qualquer controle dos fundamentos da atribuição de competência ao tribunal escolhido, ao contrário do que estipula o artigo 99.°, n.° 3, alínea c) do Código de Processo Civil (que exige que a eleição do foro seja justificada por um interesse sério de ambas as partes ou de uma delas, desde que não envolva inconveniente grave para a outra), o que não será permitido, face ao artigo 19.°, alínea g) do Decreto-Lei n.° 446/85 de 25 de Outubro.

Nos termos do artigo 5.°, n.° 1, alíneas a) e b) (do Regulamento) a Ré pode ser demandada em Portugal.

Do teor do artigo 38.° do contrato de agência (na redacção introduzida pelo Decreto-Lei n.° 118/93 de 13 de Abril) resulta que – "aos contratos regulados por este diploma que se desenvolvam, exclusiva ou predominantemente em território nacional, só será aplicável legislação diferente da portuguesa, no que respeita ao regime de cessação, se a mesma se revelar mais vantajosa para o agente"; o que quer significar que: esta norma também releva no plano da competência internacional, já que dali parece resultar haver que provar que a jurisdição apurada nos termos gerais irá aplicar um direito que obedece àquele requisito, isto é, o ser mais vantajoso para o agente. Logo, não sendo feita essa prova, serão competentes os tribunais portugueses; nos autos nem sequer tal a Ré alegou".

Tentando sintetizar a posição da Relação e o raciocínio discursivo por ela seguido, diremos:

A decisão sindicada suscita duas questões:

1.ª *Uma relativa à validade do pacto de jurisdição;*
2.ª *Outra relativa ao âmbito de aplicação do pacto.*

Na primeira, chama, porém, à colação, o direito positivo aplicável como elemento relevante para a determinação do tribunal internacionalmente competente; invocando, concretamente, o estabelecido no artigo 38.° do Decreto-Lei n.° 178/86, alterado pelo Decreto-Lei n.° 118/93 de 13 de Abril.

Assim sendo, conclui que o tribunal internacionalmente competente é o português e conclui, ainda que, tendo cessado o contrato, o pacto não é aplicável, *pois não está em causa qualquer controvérsia relativa a esse contrato, apenas subsistindo efeitos posteriores e externos relativamente à relação contratual.*

Estes fundamentos e a decisão são sobreponíveis aos dos acórdãos do Supremo Tribunal de Justiça de 5 de Novembro de 1998 e de 20 de Junho de 2006, havendo, contudo, que realçar que, à data do referido acórdão de 5 de Novembro, os artigos 65.° e 65.°-A do Código de Processo Civil tinham uma redacção anterior à hoje vigente, na qual faltava o segmento inicial, que se reporta, como é sabido, à prevalência do que "se ache estabelecido em tratados, convenções, regulamentos comunitários e leis especiais".

IV – Posição adoptada:

Não parece correcta a decisão nem os seus fundamentos.

Quanto à 1.ª questão: Desde logo, porque o conteúdo do referido normativo (artigo 38.° do Decreto-Lei n.° 178/86) não é um conteúdo adjectivo mas, apenas, substantivo, ou seja, não contem uma norma de competência judiciária.

Assim, não faz qualquer sentido agregar a um conjunto de normas adjectivas uma outra de natureza substantiva. As duas situações são, inequivocamente, distintas, especificadamente reguladas na lei e até, cronológica e processualmente distanciadas:

Uma tem a ver tão só, com a *electio juris* – a do artigo 38.° do Decreto-Lei n.° 178/86 – sendo que o chamado "princípio de melhor tratamento" aí contido, não é aplicável, comunicável ou coadjuvante do princípio contido no artigo 99.°, n.° 3 , alínea *c*), do Código de Processo Civil.

Se as partes, que acordaram, livremente, na escolha do foro, nada disseram para além do já referido na cláusula 28.°, com o teor já conhecido, não compete ao intérprete "reforçar-lhes "a tutela, que as mesmas, conhecendo-a, não invocaram.

Em arrimo da decisão recorrida fez-se apelo à Convenção da Haia de 14 de Março de 1978, assinada por Portugal em 26 de Maio do mesmo ano e aprovada para ratificação pelo Decreto n.° 101/79 de 19 de Setembro, que tem por objecto a Lei Aplicável aos Contratos de Mediação e Representação abrangendo ou podendo abranger o contrato de agência.

Em vão, porém.

Tanto o artigo 38.° referido como a Convenção da Haia reportam-se ao direito material, como já se disse.

Não será despiciendo notar que o preceito teve nova redacção dada pelo Decreto-Lei n.° 118/93, justamente para a transposição da Directiva n.° 86/653/CEE de 18 de Dezembro de 1986 o que significa a harmonização do direito interno de cada Estado Membro nessa área.

Por outro lado, não podemos ignorar a experiência jurídica em Portugal, que vem demonstrando que a vontade negocial das partes é tão só a de atribuir competência exclusiva ao tribunal por elas escolhido (Dário Moura Vicente, "Competência Judiciária e Reconhecimento de Decisões Estrangeiras no Regulamento (CE) 44/2001", *Scientia Ivridica*, tomo LI, n.° 293, p. 370).

Ademais, no caso dos autos, como noutros idênticos, nada impedirá que o tribunal escolhido aplique, se entender, o direito material português.

Acresce que o acolhimento de uma tese como a referida seria, seguramente, um bom contributo para a *menorização*, ou, mesmo, para a *ineficácia* das Convenções, afrontando, certeiramente, os, atrás, falados princípios do primado do direito comunitário e da aceitação da vigência interna das normas emanadas dos órgãos competentes das organizações internacionais de que Portugal é parte e quando é certo que tal vigência interna resulta do estabelecido nos respectivos Tratados Constitutivos, este último expresso na letra da Lei Fundamental.

Quanto à 2.ª questão – a *electio judicis* acordada pelas partes, que a cláusula 28.ª encerra, tem que subsistir para além da cessação do contrato, para o efeito, desde logo e simplesmente poder ser discutida a razão ou não do autor quando afirma que foi violada a cláusula do pré-aviso de denúncia do contrato.

Aliás, não faria sentido o estabelecimento de um tal pacto, se ele fosse inaplicável a uma situação como esta e tornasse inviável a efectivação dos alegados direitos da autora.

Para resolver esse diferendo teremos que fazer apelo aos artigos 236.° e 238.° do Código Civil, que disciplinam a determinação do sentido das declarações negociais.

A actividade interpretativa só acontece, quando a vontade negocial das partes é questionada.

O n.° 1 do artigo 236.° do Código Civil em que se mostra consagrada a chamada teoria da impressão do destinatário tem, como subjacente, *três grandes linhas*:

- defesa do interesse do declaratário, apoiada na tutela das suas legítimas expectativas ou confiança;
- segurança do comércio jurídico;
- imposição ao declarante de um encargo de clareza.

Nos negócios formais, o sentido objectivo correspondente àquela teoria não pode valer se não tiver um mínimo de correspondência no texto do respectivo documento ainda que imperfeitamente expresso – n.° 1 do artigo 238.°.

E, sendo assim, é relevante o sentido que seria considerado por uma pessoa normalmente diligente, sagaz e experiente, face aos termos da declaração e de todas as circunstâncias situadas no horizonte concreto do declaratário (acórdão do Supremo Tribunal de Justiça de 25 de Março de 2004, já citado).

Como afirmou Francesco Ferrara, "*há que procurar sempre a* voluntas legis *e não a* voluntas legislatoris, *cientes de que o Direito é dinâmico e tanto mais vivo quanto mais acompanhar as realidades da vida*" – *Interpretação* e *aplicação das leis*, 1963, p. 130.

Por outro lado, e não menos importante, convém notar que se está no domínio de responsabilidade civil contratual em que as partes contratantes continuam adstritas a suportar as consequências advindas da cessação do contrato, com as vinculações, que, consensualmente e no domínio da liberdade contratual, se impuseram.

Neste sentido, vai a jurisprudência nacional, largamente maioritária, designadamente, os acórdãos do Supremo Tribunal de Justiça seguintes: 16 de Fevereiro de 2006, proc. n.° 05B4294; 11 de Novembro de 2003, proc. n.° 03A3137; 14 de Novembro de 2006, proc. n.° 06A3304; 13 de Junho de1997, proc. n.° 97B062; 15 de Maio de 1998, proc. n.° 98B292; 18 de Janeiro de 1998; proc. n.° 98B354; 5 de Maio de 2007, proc. n.° 07B1001; 25 de Março de 2004, proc. n.° 04B301; 12 de Março de 2006, proc. n.° 4092/01; 23 de Novembro de 1996, proc. n.° 199/96; 16 de Dezembro de 2004, proc. n.° 4076/04.

Sufragando a outra posição temos, apenas, os acórdãos do Supremo Tribunal de Justiça de 5 de Novembro de 1998, proc. n .° 641/98 e de 20 de Junho de 2006, proc. n.° 1659/06.

Neste sentido vai, também, a jurisprudência do Tribunal de Justiça da Comunidade Europeia, cuja valia é, seguramente, reforçada.

Para além da já atrás referida, temos, ainda, o acórdão do mesmo Tribunal (caso Francesco Benincasa de 3 de Julho de 1997) em que se diz: «cabe acrescentar que, em conformidade com a jurisprudência do Tribunal de Justiça, a interpretação de uma cláusula atributiva de jurisdição, a fim de determinar os diferendos abrangidos pelo seu âmbito de aplicação, é da competência do órgão jurisdicional nacional (acórdão de 10 de Março de1992, Powell Duffryn, C-214/89 Colect., p. I-1745, n.° 37).

Assim, no caso em apreço, é a este último que cabe decidir se o pacto invocado perante si respeita a "todos os litígios" sobre a interpretação, execução ou "qualquer outra questão" relativa ao contrato visa igualmente qualquer contestação da validade desse contrato».

E continua esse acórdão dizendo: «assim, há que responder à terceira questão no sentido de que o órgão jurisdicional de um Estado contratante, designado num pacto atributivo de jurisdição validamente celebrado na perspectiva do artigo 17, 1.° parágrafo da convenção (hoje, artigo 23.° do regulamento/CE n.° 44/2001), também tem competência exclusiva quanto à acção visando, nomeadamente, a declaração de regularidade do contrato onde se inscreve a referida cláusula».

3. Face ao exposto, concede-se provimento ao agravo, revogando-se a decisão agravada e repristinando-se o decidido em 1.ª instância.

E uniformiza-se a jurisprudência no sentido seguinte:

"*A cláusula de atribuição de jurisdição inserida num contrato de agência mantém-se em vigor para todas as questões de natureza cível, mesmo que relativas ao respectivo regime de cessação*".

Custas em todas as instâncias pela Autora

Lisboa, 28 de Fevereiro de 2008. – *Rodrigues dos Santos* (Relator) – Duarte Soares – Azevedo Ramos – Silva Salazar – Sebastião Póvoas – Moreira Alves (subscrevo a declaração de voto do Exmo. Conselheiro Salvador da Costa) – Salvador da Costa (com declaração de voto que junto) – Ferreira de Sousa – Santos Bernardino – Nuno Cameira – Alves Velho (com a declaração que subscrevo as declarações de voto dos Senhores Conselheiros Salvador da Costa e Prazeres Beleza) – Camilo Moreira Camilo (subscrevo a declaração de voto do Exmo. Conselheiro Salvador da Costa) – Armindo Luís – Pires da Rosa – Bettencourt de Faria – Sousa Leite (subscrevo as declarações de voto dos Exmos. Conselheiros Salvador da Costa e Maria dos Prazeres Beleza) – Salreta Pereira (subscrevo as declarações de voto dos Exmos. Conselheiros Salvador da Costa e Maria dos Prazeres Beleza) – Custódio Montes – Pereira da Silva – João Bernardo – Urbano Dias (subscrevo as declarações de voto do Exmo. Conselheiro Salvador da Costa) – João Camilo – Paulo Sá (subscrevo as declarações de voto dos Exmos. Conselheiros Salvador da Costa e Maria dos Prazeres Beleza) – Mota Miranda – Alberto Sobrinho – Oliveira Rocha (subscrevo as declarações de voto dos Exmos. Conselheiros Salvador da Costa e Maria dos Prazeres Beleza) – Maria dos Prazeres Couceiro Pizarro Beleza (considero, todavia aplicável o regime constante do regulamento n.° 44/2001, nos termos do expressamente disposto no n.° 1 do seu artigo 66.°; cfr., neste sentido, Acórdão do STJ de 16/12/2004) – Oliveira Vasconcelos – Fonseca Ramos – Mário Cruz – Rui Maurício (subscrevo as declarações de voto do Exmo. Conselheiro Salvador da Costa) – Cardoso de Albuquerque – Ernesto Calejo – Serra Baptista (dispensei o visto) – Mário Mendes (dispenso o visto, acompanho a declaração de voto da Conselheira Maria dos Prazeres Beleza) – Lázaro de Faria – Noronha do Nascimento.

Declaração de Voto

I

Estamos perante um contrato de agência celebrado entre uma sociedade portuguesa, com sede em Portugal, e uma sociedade italiana, com sede em Itália, no dia 2 de Dezembro de 1997, pelo prazo de um ano renovável, a primeira na posição de principal e a última na de agente, cuja execução ocorreu essencialmente em Portugal.

No referido contrato foi inserida pelas partes uma cláusula segundo a qual *para qualquer controvérsia relativa ao presente contrato será exclusivamente competente o foro de Verbania, na Itália.*

O contrato foi denunciado pela principal por via de declaração dirigida à agente no dia 22 de Setembro de 2004, e a última accionou a primeira em Portugal, formulando no seu confronto o pedido de indemnização por danos decorrentes da ilicitude da denúncia e da perda de clientela angariada.

II

A principal invocou a violação pela agente da referida cláusula privativa de jurisdição e argumentou no sentido da sua absolvição da instância, e a última, na réplica, expressou prender-se a causa de pedir com um contrato totalmente executado no território português, ser manifesta a dificuldade de se deslocar ao estrangeiro para propor e acompanhar a acção, e que, por isso, era competente o tribunal português para o julgamento da causa nos temos do artigo 65.°, n.° 1, alíneas *c*) e *d*), do Código de Processo Civil.

Na fase da condensação, foi julgada procedente a excepção dilatória da incompetência relativa por preterição do pacto privativo de jurisdição e absolvida a principal da instância.

No âmbito do recurso de agravo interposto pela agente para a Relação, esta, revogando a sentença proferida pelo tribunal da primeira instância, julgou dever a causa ser apreciada nos tribunais portugueses.

Motivou a decisão na circunstância de estar findo o contrato de agência por denúncia da recorrida, subsistindo apenas para efeitos posteriores extremos relativamente à relação contratual, e de o litígio não se referir a controvérsia relativa ao contrato em questão e, por isso, não lhe ser aplicável o pacto de jurisdição em causa.

Na sequência, invocando o disposto na alínea b) do n.° 1 do Regulamento n.° 44/2001, do Conselho, de 22 de Dezembro de 2000, considerou ser o contrato de agência uma subespécie do contrato de prestação de serviços, ter sido o que estava em causa desenvolvido exclusiva ou predominantemente em Portugal, referenciando o disposto no artigo 38.° do Decreto-Lei n.° 171/86, de 3 de Julho, expressou só lhe dever ser aplicada lei diversa da portuguesa se ela se revelasse mais vantajosa para o agente.

De seguida, expressou não ter sido feita a prova de que o tribunal estrangeiro aplicaria lei mais vantajosa do que a portuguesa e considerou competentes os tribunais portugueses para conhecer do litígio.

Acrescentou que, a não ser assim, se defraudaria a intenção do legislador de tutelar o agente no termo do contrato executado em Portugal, bastando para tal, a fim de se contornar o normativo imperativo do antigo 38.° do Decreto-Lei n.° 171/86, de 3 de Julho, que em vez de se escolher o direito material estrangeiro para disciplinar a cessação do contrato se elegesse jurisdição estrangeira que o aplicasse.

É de salientar que a ora recorrida contrariou a defesa produzida pela recorrente com fundamento na circunstância de o contrato ter sido executado em território português, de ter a sua sede em Portugal e na dificuldade da sua deslocação ao estrangeiro para a propositura e acompanhamento da acção, daí extraindo a conclusão de a competência se inscrever nos tribunais portugueses nos termos do artigo 65.°, alíneas *c*) e *d*), do Código de Processo Civil

Assim, a ora recorrida, embora sem a desejada clareza, invoca a invalidade da aludida cláusula de eleição do foro sob o argumento de recair sobre matéria da exclusiva competência dos tribunais portugueses, não ser justificada por um interesse sério de ambas as partes ou de uma delas e envolver inconveniente grave para a outra (artigos 65.°, n.° 1, alíneas *c*) e *d*), e 99.°, n.° 3, do Código de Processo Civil).

Por outro lado, naturalmente configurando o disposto no artigo 38.° do Decreto-Lei n.° 171/86, de 3 de Julho, a Relação, em motivação subsidiária ou alternativa, considerou a irrelevância da referida cláusula de eleição do foro por virtude de não estar assente que o tribunal italiano aplicasse a lei substantiva mais favorável em relação à recorrente.

No fundo, nesta parte, seguiu a motivação expressa no acórdão deste Tribunal, de 5 de Novembro de 1998, em que se concluiu, em situação quase similar, pela nulidade do pacto de jurisdição em que se estabelecia ser o foro italiano o exclusivamente competente para conhecer da controvérsia concernente a um contrato de concessão comercial (CJ, Ano VI, Tomo 3, p. 97).

III

O objecto essencial do litígio é saber se, extinto um contrato de agência por denúncia do principal, deve ou não considerar-se a acção de indemnização pelo prejuízo derivado da ilegalidade do pré-aviso de denúncia abrangida pela cláusula no sentido de que para qualquer controvérsia a ele relativa será competente o foro italiano.

O acórdão da Relação reportou-se a duas questões, uma, principal, relativa ao âmbito da cláusula de eleição do foro, e a outra, subsidiária, concernente à sua validade em função da sua consequência no plano dá aplicação do pertinente direito substantivo.

Este Tribunal, ao invés da Relação, considerou a mencionada abrangência, mas não se pronunciou sobre a validade da cláusula, nem, apesar da divergência jurisprudencial existente, expressou a propósito algum segmento uniformizador.

Todavia, dado o relevo desta matéria, considerando a posição desenvolvida pelas partes nos articulados da acção e o conteúdo da sentença proferida no tribunal da primeira instância e do acórdão da Relação, havia fundamento e utilidade para que também quanto a este ponto se proferisse segmento decisório uniformizador.

O disposto nos artigos 2.°, n.° 1, e 66.°, n.° 1, do Regulamento n.° 44/2001, do Conselho, de 22 de Dezembro de 2000, e a circunstância de a acção, cujos sujeitos são sociedades sedeadas em Estados-Membros da União Europeia, ter sido interposta no domínio da vigência daquele Regulamento, não implicam que a questão da invalidade ou invalidade do pacto de jurisdição em causa deva ser resolvida por via da sua aplicação.

Com efeito, a validade do pacto de jurisdição em causa deve ser determinada harmonia com a lei de processo que vigorava aquando da sua celebração (artigo 12.°, n.° 1, do Código Civil).

É-lhe aplicável, em virtude da primazia do direito comunitário, no quadro da sucessão de leis no tempo, não o disposto no artigo. 99.°, n.° 3, do Código de Processo Civil, mas, exclusivamente, o disposto no artigo 17.° da Convenção de Bruxelas.

Confrontando o conteúdo declarativo da cláusula contratual de natureza processual em que o pacto de jurisdição em causa se consubstancia e o disposto no artigo 17.°, primeira e quinta partes, a conclusão é no sentido de que aquela se conforma com estes normativos.

O conteúdo do direito substantivo aplicável às relações jurídicas controvertidas, ou a maior ou menor dificuldade de uma das partes accionar a outra no tribunal estrangeiro, ou a dúvida sobre se esse tribunal aplicará ou não a lei substantiva mais ou menos favorável ao agente são circunstâncias irrelevantes para a determinação da validade ou não do pacto de jurisdição.

Com efeito, o pacto de jurisdição está a montante da questão da lei substantiva aplicável à relação jurídica controvertida, e não há qualquer fundamento legal para fazer depender a sua validade das vicissitudes de determinação da lei substantiva aplicável, seja o disposto no artigo 38.° do Decreto-Lei n.° 171/86, de 3 de Julho, seja a Convenção da Haia de 1978, seja a Convenção de Roma Sobre a Lei Aplicável às Obrigações Contratuais de 1980, ou da sua aplicação pelo tribunal competente em conformidade com o convencionado.

O resto, isto é, a amplitude objectiva do pacto de jurisdição, tem a ver com a interpretação da vontade negocial, a que é aplicável, conforme se considera no acórdão, o disposto nos artigos 236.°, n.° 1, e 238.°, n.° 1, do Código Civil.

IV

Pelo exposto, além de revogar o acórdão recorrido, uniformizaria a jurisprudência nos temos seguintes:

1. O pacto de jurisdição para conhecer de qualquer controvérsia relativa a

um contrato de agência abrange a acção em que o agente faz valer contra o principal uma pretensão de indemnização fundada no prejuízo decorrente da sua denúncia com violação da cláusula de pré-aviso e do benefício dá angariação de clientela.

2. A origem do direito substantivo aplicável pela jurisdição eleita ou a maior ou menor dificuldade no accionamento em jurisdição estrangeira da União Europeia são insusceptíveis de implicar a nulidade do pacto de jurisdição. – *Salvador da Costa.*

Anotação

SUMÁRIO: *§ 1.° – Introdução. § 2.° – O âmbito de aplicação temporal do artigo 23.° do Regulamento (CE) n.° 44/2001 do Conselho, relativo à competência judiciária, ao reconhecimento e à execução de decisões em matéria civil e comercial. § 3.° – A determinação do direito aplicável à interpretação de um pacto de jurisdição. § 4.° – A autonomia entre a validade do pacto de jurisdição e as normas substantivas aplicáveis.*

§ 1.° – **Introdução**

O acórdão em anotação uniformizou jurisprudência no sentido de que "*[a] cláusula de atribuição de jurisdição inserida num contrato de agência mantém-se em vigor para todas as questões de natureza cível, mesmo que relativas ao respectivo regime de cessação*". Não o fez sem enfrentar problemas pertinentes, uns pela natureza, outros pelo objecto, à esfera do Direito Internacional Privado. Consideram-nos, bem assim, as linhas subsequentes. Com propósito claro: proceder à análise crítica das linhas argumentativas que, com referência ao tratamento das questões internacionalprivatísticas suscitadas, foram as desenvolvidas pelas três instâncias de julgamento envolvidas.

Curar-se-á, sucessivamente: da delimitação do âmbito de aplicação temporal das regras atinentes aos pactos atributivos e privativos de jurisdição constantes do artigo 23.° do Regulamento (CE) n.° 44/2001 do Conselho, relativo à competência judiciária, ao reconhecimento e à execução de decisões em matéria civil e comercial (§ 2.°); da determinação do direito aplicável à interpretação de um pacto de jurisdição (§ 3.°); da autonomia entre a validade do pacto de jurisdição e as normas substantivas aplicáveis (§ 4.°).

§ 2.° – O âmbito de aplicação temporal do artigo 23.° do Regulamento (CE) n.° 44/2001 do Conselho, relativo à competência judiciária, ao reconhecimento e à execução de decisões em matéria civil e comercial

1. Instado a aquilatar da admissibilidade e eficácia de pacto de jurisdição inserto em contrato de agência internacional – *rectius*, instado a avaliar se consubstancia pacto de jurisdição admissível e, o que é mais, pacto válido e eficaz, uma cláusula negocial segundo a qual "*[p]ara qualquer controvérsia relativa ao presente contrato será exclusivamente competente o foro de Verbania, na Itália*" –, enfrentou-se a mais alta jurisdição cível portuguesa com questão em relação a essa preliminar: a identificação dos critérios aos quais a resposta àquelas dúvidas há-de pedir-se. Pretexto para alguma dificuldade radicou na entrada em vigor, em momento posterior à celebração do pacto mas anterior à propositura da acção finda com o aresto anotando, do Regulamento n.° 44/2001 do Conselho[1], cujo artigo 23.° regula a admissibilidade, a forma e a eficácia dos pactos de jurisdição, bem como certos aspectos da formação do consentimento. É essa disposição aplicável aos pactos de jurisdição que, celebrados muito embora em momento anterior à entrada em vigor do instrumento que integra, vêem a correspondente admissibilidade, validade e eficácia serem discutidas no quadro de acções intentadas em momento posterior? Ou, diferentemente, deve ser o caso de uma escolha convencional do foro ver a sua admissibilidade, validade e eficácia aferidas por relação com a disciplina em vigor ao tempo em que teve lugar?

Enunciado nos termos apresentados, o problema – com interesse assegurado pelas inovações introduzidas pelo texto de 2001 – é o da demarcação dos limites temporais dos critérios que, na economia do Regulamento comunitário, regulam a admissibilidade, a forma e a eficácia dos pactos de jurisdição. Bem sabido, não é infrequente que a solução para problemas deste tipo – vulgarmente designado como de aplicação da lei no tempo, mas que melhor será referir como de delimitação do âmbito temporal da lei, logicamente anterior ao da sua aplicação[2] – seja a cada passo avançada pela lei nova, através de disposições transitórias. E, precisamente, também dispõe delas o Regulamento n.°

[1] Regulamento (CE) n.° 44/2001 do Conselho, de 22 de Dezembro de 2000, relativo à competência judiciária, ao reconhecimento e à execução de decisões em matéria civil e comercial (JOCE L 12, de 16.01.2001, pp. 1 ss).

[2] Cf. J. Oliveira Ascensão, *O Direito. Introdução e Teoria Geral*, Almedina, Coimbra, 2006, 13.ª edição refundida, p. 546.

44/2001, em cujo artigo 66.° pode ler-se serem os critérios regulamentares aplicáveis às acções judiciais intentadas posteriormente à entrada em vigor do acto que os cria (número 1)[3]. Trata-se de um critério de direito transitório formal que, tomando por referencial as acções, não se reporta directamente aos pactos de jurisdição celebrados no domínio da vigência da lei antiga. Haverá razões para eximir ao alcance desse critério de direito intertemporal as disposições que, sedeadas no artigo 23.° do Regulamento, ditam sobre a admissibilidade, a validade e a eficácia dos pactos de jurisdição? Tendo sustentado "(...) *a irrecusabilidade de as questões atinentes à admissibilidade e eficácia do pacto de jurisdição serem aquilatadas à face do quadro legislativo vigente à data do surgimento do contrato, ou seja,* [à face do artigo 17.° d]*a Convenção de Bruxelas de 24 de Setembro de 1968* (...)", o Supremo Tribunal de Justiça parece ter oferecido resposta afirmativa. Que posição firmar? Atenta ela, como avaliar do decidido pelo Supremo Tribunal de Justiça? Ensaiar-se-á uma resposta em vários andamentos.

2. Parece elementar registar que, curando da explicitação dos limites temporais das regras do Regulamento n.° 44/2001, o número 1 do artigo 66.° não contempla distinções nem estabelece desvios: nos seus termos, as disposições regulamentares são aplicáveis às acções judiciais intentadas posteriormente à entrada em vigor do acto que as alberga. *As* disposições regulamentares. *Todas* as disposições regulamentares. E portanto, dir-se-á, também as relativas aos pactos atributivos e privativos de jurisdição[4].

Mais, reivindicar-se-á que a bondade da solução sai corroborada pela circunstância de o efeito a cuja constituição o pacto vai dirigido – a atribuição de competência a um órgão/órgãos dela tipicamente desprovido(s) à luz dos critérios pré-fixados pelo legislador – ser, aquele efeito, futuro e meramente eventual, por isso que subordinado à eclosão de controvérsia atinente à relação substantiva que emoldura a celebração do acordo e, mais ainda, à decisão de um dos sujeitos em procurar a sua resolução em juízo (não por outra razão, alude-se, na literatura de expressão germânica, a uma *Zuständigkeitsoption*[5]).

[3] Abstrai-se, por impertinente para os efeitos desta anotação, do disposto pelo número 2 da mesma disposição, o qual rege sobre o âmbito temporal das regras regulamentares respeitantes ao reconhecimento e à execução das decisões.

[4] Assinala o ponto L. LIMA PINHEIRO, *Direito Internacional Privado.* Volume III. *Competência Internacional e Reconhecimento de Decisões Estrangeiras*, Almedina, Coimbra, 2002, p. 69.

[5] Cf., exemplificativamente, S. LEIBLE/P. MANKOWSKI/A. STAUDINGER *in* T. Rauscher (hrsg.), *Europäisches Zivilprozessrecht Kommentar*, Band I, Sellier, München, 2006 (2.ª ed.), pp. 731-732.

Alcança-se a linha argumentativa: a aferição de pacto de jurisdição à luz de disciplina de sentido (potencialmente) diverso do da vigente no momento da correspondente celebração constitui-se em solução adequada porque os efeitos do pacto apenas se actualizam – ou, ao menos, assim se faz valer – com a instauração da acção. Nenhum efeito pelo pacto já produzido resulta comprometido pela razão singela de que nenhum efeito é pelo pacto produzido em momento anterior à propositura da acção[6]. A competência do tribunal fixa-se no momento da propositura da acção; uma vez tendo sido celebrado, o pacto de jurisdição é apenas um dos elementos a considerar para o efeito daquela fixação; existem outros; assim, elementos de facto e normas jurídicas – as vigentes no momento em que a acção é instaurada. Dessa exacta doutrina fez aplicação, em acórdão pelo Supremo Tribunal de Justiça não considerado, o Tribunal de Justiça das Comunidades Europeias. Foi em 1979, no caso *Sanicentral c. Collin*[7], em cujos quadros aquela instância comunitária enfrentou questão relativa à demarcação do âmbito temporal da Convenção de Bruxelas. Afirmou, então e contra o pano de fundo do artigo 54.° desse instrumento, que "[o] *pacto escrito atributivo de jurisdição consubstancia, por natureza, uma opção de competência que não produz efeitos jurídicos enquanto uma instância judiciária não seja accionada, só desencadeando consequências no dia em que a acção judicial é posta em movimento. Assim sendo, esse é o momento relevante para o efeito da apreciação do alcance desse pacto em face das regras jurídicas aplicáveis nessa época. (...) Desse artigo* [54.°] *resulta que condição única para que o regime da convenção se aplique a litígios relativos a relações jurídicas constituídas antes da entrada em vigor da Convenção é ter a acção judiciária sido intentada posteriormente a essa data (...)*"[8].

[6] Expresso no sentido de que o pacto de jurisdição apenas produz os seus efeitos a partir do momento da propositura da acção relativa aos litígios a que se refere, cf., na literatura portuguesa, D. Moura Vicente, "A Competência Internacional no Código de Processo Civil Revisto: Aspectos Gerais", *Direito Internacional Privado. Ensaios*, Vol. I, Almedina, Coimbra, 2002, pp, 243 ss, p. 247. Reportando-se embora aos pactos de aforamento, cf., na jurisprudência portuguesa e a título ilustrativo, o acórdão de uniformização de jurisprudência proferido em 18 de Outubro de 2007. De harmonia com os seus termos, a produção dos efeitos processuais associados ao pacto "(...) é futura e meramente eventual, certo que depende da verificação ulterior de algum litígio decorrente da relação jurídica de direito substantivo em causa e de um dos sujeitos decidir accionar a sua resolução em juízo.". Não é menos sugestiva estoutra passagem: "(...) os pactos de aforamento [(...)] consubstanciam[-se] numa particular modalidade de contratos processuais, isto é, de negócios com eficácia constitutiva relativa a acções ou processos futuros, em que a relação jurídica processual concernente envolve três momentos, o da constituição, o da produção de efeitos e o da sua extinção." (cf. *DR*, IS, n.° 235, 6 de Dezembro 2007, p. 8781 ss).

[7] Cf. Processo 25/79, *Colectânea de Jurisprudência do Tribunal de Justiça*, 1979, pp. 3423 ss.

[8] Tradução livre, da minha responsabilidade, a partir da seguinte passagem: "By its nature a clause

Impondo-se tomada de posição acerca do decidido pelo Supremo – o caminho por si trilhado foi, a todas as luzes, distinto do percorrido pelo Tribunal de Justiça –, começa-se pela exibição de reservas quanto à orientação que, em tese geral e de forma sistemática, propugna a aferição da admissibilidade, validade e eficácia dos pactos de jurisdição segundo a bitola do direito em vigor ao tempo da propositura da acção. Subjazem a uma tal convicção motivações relacionadas com as exigências da segurança jurídica, em geral, e com o propósito de protecção da confiança das partes, em particular. Delas darão conta os parágrafos subsequentes.

Facto incontrovertido, a competência internacional constitui-se em pressuposto de aplicabilidade do Direito de Conflitos pelos órgãos públicos[9]. Aspecto também conhecido, os legisladores conflituais não valoram uniformemente os diferentes perfis ou aspectos em que se analisa uma situação da vida plurilocalizada, frequentemente entrando a divergir quanto à lei a aplicar à resolução de um particular problema. Ocasião para os chamados conflitos de sistemas de Direito Internacional Privado, tais divergências precipitam-se na designação (não convergente) dos factores de conexão relevantes no quadro das diferentes matérias ou sectores de regulamentação. Deriva de tudo – da circunstância primicial de a competência internacional se constituir em pressuposto de aplicabilidade do Direito de Conflitos, por uma parte; da diversidade de soluções retidas pelos vários sistemas conflituais, por outra – que a identificação dos tribunais detentores de competência internacional não vai sem influência sobre a determinação do direito aplicável ao fundo da causa e, mediatamente, sobre o modo de composição do conflito de interesses em oposição: vindo a estabelecer-se a competência da jurisdição do Estado *X*, o problema da determinação da lei aplicável conhecerá resolução pela intermediação do Direito de Conflitos do Estado *X* e competente será, imagine-se, a lei do Estado *Y*; acontecendo que a competência internacional seja estabelecida

in writing conferring jurisdicition and occurring in a contract of employment is a choice of jurisdicition; such a choice has no legal effect for so long as no judicial proceedings have been commenced and only becomes of consequence at the date when judicial proceedings are set in motion. That is therefore the relevant date for the purposes of an appreciation of the scope of such a clause in relation to the legal rules applying at that time. (...) The effect of that article indeed is that the only essential for the rules of the Convention to be applicable to litigation relating to legal relationships created before the date of the coming into force of the convention is that the judicial proceedings should have been instituted subsequently to that date (...).".

[9] Neste exacto sentido, cf. L. Lima Pinheiro, *Direito Internacional Privado*. Volume III. *Competência Internacional e Reconhecimento de Decisões Estrangeiras*, op.cit., p. 25.

em proveito dos tribunais do Estado *Y*, pois a definição da *lex causae* competirá ao Direito de Conflitos do Estado *Y* e reputado aplicável virá a ser, admita-se, o direito do Estado *X* (cujas soluções materiais, figure-se, são distintas das albergadas pela lei do Estado *Y*).

Some-se ao já exposto a índole reguladora ou orientadora das regras de conflitos – conquanto não directamente modeladores das situações jurídicas individuais, os critérios conflituais nem por isso deixam de possuir uma função orientadora da vida das pessoas[10] –, e alcança-se, enfim, o domínio das razões de que arrancam as (nossas) reservas em face da solução consistente em aquilatar da validade de pacto de jurisdição segundo a bitola da disciplina em vigor ao tempo da propositura da acção: mais do que apenas as expectativas que as partes pudessem ter, no momento da celebração do pacto, quanto à possibilidade de atribuirem ou privarem de competência os tribunais de determinada jurisdição, uma tal solução pode determinar que saiam goradas as expectativas que as partes tivessem, naquele momento, quanto ao direito aplicável ao fundo da causa e, assim, quanto ao modo de composição de um conflito de interesses que viessem a protagonizar. Tanto mais quanto, consabidamente, a escolha (indirecta) da lei aplicável ao fundo da causa se constitui como uma das motivações que, ao lado de outras, determinam, e legitimamente, a celebração de pacto de jurisdição[11].

Assim se passando as coisas, e se bem se avalia, inexiste analogia, para este efeito, entre os acordos por meio dos quais às partes é dado afastar as regras de competência interna em razão do território e os pactos por cujo intermédio as partes, a tanto autorizadas pelo critérios legais pertinentes, convencionam acerca da jurisdição competente: aí onde a aferição dos primeiros segundo a bitola da disciplina em vigor à data da propositura da acção não envolve violação inadmissível ou intolerável dos direitos ou expectativas das partes – vale aí a razão em geral legitimadora da aplicação imediata das leis do processo, qual seja, a de que "[n]ão são as normas processuais que regulam o *conflito* de interesses entre os particulares; [a de que] não é com base nelas que o juiz, decidindo sobre a existência ou inexistência do direito que o autor se arroga, con-

[10] Fazendo valer uma visão «desjurisdicionalizada» do Direito de Conflitos, cf., na literatura portuguesa, L. Lima Pinheiro, *Direito Internacional Privado.* Volume I. *Introdução e Direito de Conflitos. Parte Geral*, Coimbra, Almedina, 2001, p. 33; D. Moura Vicente, *Da Responsabilidade Pré-Contratual em Direito Internacional Privado*, Coimbra, Almedina, 2001, p. 68.

[11] Neste exacto sentido, cfr. M.V. Ferreira da Rocha, "Competência internacional e autonomia privada: Pactos privativos e atributivos de jurisdição no direito português e na Convenção de Bruxelas de 27-9-1968", *Revista de Direito e de Estudos Sociais* 13 (1987), pp. 161 ss, p. 165.

dena ou absolve o réu do pedido"[12-13] –, já suscita reservas aceitar que a lei em vigor ao tempo da propositura da acção seja sistematicamente aplicada tendo em vista aferir da admissibilidade, validade e eficácia dos pactos de jurisdição. É conclusão ditada pela circunstância, já referida e fundamentada, de uma tal solução ser potencialmente contendente com a definição substantiva da posição de cada uma das partes. E, assim sendo, de não lograr o adequado e *necessário balanceamento entre a protecção das expectativas individuais e a liberdade constitutiva ou conformadora do legislador*[14] sempre implicado em toda a tomada de posição, legal, doutrinal ou jurisprudencial, acerca dos limites temporais de uma lei[15].

[12] Cf. A. ANTUNES VARELA, *Manual de Processo Civil*, Coimbra, Coimbra Ed., 2.ª ed., 1985, p. 48.
[13] Cf., neste exacto sentido, os Acórdãos 691/2006 e 41/2007 respectivamente proferidos, pelo Tribunal Constitucional português, em 19 de Dezembro de 2006 e em 23 de Janeiro de 2007. Em ambos os arestos, cujo texto é consultável em http://www.tribunalconstitucional.pt/tc/acordaos/, aquele tribunal firmou posição no sentido de que a norma constante da alínea a) do número 1 do artigo 110.° do Código de Processo Civil, com a redacção que lhe foi dada pela Lei n.° 14/2006, de 26 de Abril, quando interpretada no sentido de ser aplicável a contratos celebrados antes da entrada em vigor daquela lei dos quais conste cláusula estipulando qual o tribunal territorialmente competente para a resolução de eventuais litígios dele emergentes, não viola os princípios constitucionais da adequação, exigibilidade, proporcionalidade e não retroactividade, assim como, tão-pouco, os da segurança e da confiança, corolários do princípio do Estado de Direito Democrático consagrado no artigo 2.° da Lei Fundamental. No sentido de que "[o] pressuposto processual concernente à competência [interna] territorial dos tribunais deve ser fixado à luz da lei processual vigente ao tempo do accionamento, independentemente da outorga antes de convenção do foro ao abrigo de lei que a permitia em termos diversos.", cf., mais recentemente, o já referido acórdão de uniformização de jurisprudência proferido pelo Supremo Tribunal de Justiça em 18 de Outubro de 2007.
[14] O modo de expressão foi colhido no texto do acórdão 304/01, proferido pelo Tribunal Constitucional português em 27 de Junho de 2001, no processo 592/00 (e cujo texto é consultável em http://www.tribunalconstitucional.pt/tc/acordaos/).
[15] Sustentando que a regra do artigo 23.° do Regulamento 44/2001 se aplica mesmo em relação a pactos atributivos de jurisdição anteriores à sua entrada em vigor, vd. L. LIMA PINHEIRO, *Direito Internacional Privado*. Volume III. *Competência Internacional e Reconhecimento de Decisões Estrangeiras*, op.cit., p. 69; S. LEIBLE/P. MANKOWSKI/A. STAUDINGER *in* T. Rauscher (hrsg.), *Europäisches Zivilprozessrecht Kommentar*, op.cit., pp. 731-732. Diferentemente, exibindo reservas quanto aos resultados de uma interpretação declarativa do número 1 do artigo 66.°, cf. J, KROPHOLLER, *Europäisches Zivilprozessrecht. Kommentar zu EuGVO und Lugano-Übereinkommen*, Verlag Recht und Wirtschaft GmbH, Heidelberg, 2002 (7.ª ed.), p. 507. Defendendo que as disposições do artigo 99.° do Código de Processo Civil, relativas aos pactos atributivos e privativos de jurisdição, devem aplicar-se às acções intentadas após 1 de Janeiro de 1997, ainda que isso envolva a aferição, à sua luz, de pactos de jurisdição celebrados anteriormente, cf. D. MOURA VICENTE, "A Competência Internacional no Código de Processo Civil Revisto: Aspectos Gerais", *Direito Internacional Privado. Ensaios*, Vol. I, Almedina, Coimbra, 2002, pp, 243 ss, p. 246.

3. Não deriva do exposto que demos acordo à invocação, pelo Supremo Tribunal de Justiça, do artigo 17.° da Convenção Relativa à Competência Judiciária e à Execução de Decisões em Matéria Civil e Comercial, assinada em Bruxelas em 27 de Setembro de 1968[16]. Certo, leu bem quem haja derivado dos parágrafos antecedentes a manifestação de reservas em relação à solução consistente em indiscriminadamente aquilatar da admissibilidade, validade e eficácia dos pactos de jurisdição segundo a bitola do direito em vigor ao tempo da propositura da acção. Ocorre que, estabelecidas essas reservas, não merece consideração inferior circunstância dupla.

Assim, e à uma, o número 1 do artigo 66.° do Regulamento n.° 44/2001, cuja interpretação declarativa depõe no sentido da solução contra a qual reservas foram exibidas.

Depois, facto que é o de, por meio do acórdão *Sanicentral*, ter o Tribunal de Justiça das Comunidades Europeias firmado posição – do ponto já se deu conta – no sentido de a fonte vocacionada para resolver problema atinente àquela admissibilidade, validade ou eficácia ser a vigente à data da propositura da acção. Bem verdade, o acórdão *Sanicentral* teve por objecto a interpretação de formal disposição – o número 1 do artigo 54.° da Convenção de Bruxelas – de cuja interpretação não curaram os parágrafos precedentes – referidos, como foram, ao número 1 do artigo 66.° do Regulamento n.° 44/2001. Sucede, sem embargo e consoante é aparente, não ser distinto o teor das duas disposições: curando da delimitação do âmbito temporal dos instrumentos em que se integram, uma e outra determinam a sua aplicação às acções intentadas após a correspondente entrada em vigor. Assim fazendo, *põem* a mesma regra[17].

De tudo vem, segundo se crê, que o Supremo Tribunal de Justiça teria andado melhor uma vez que, confrontado com reservas, houvesse lançado mão do meio contencioso previsto no artigo 234.° do Tratado da União Europeia

[16] Afastou-se desse modo de entender a Senhora Conselheira Maria dos Prazeres Beleza, cuja declaração de voto, aliás, leva por objecto exclusivo a certificação da aplicabilidade, *in casu*, do "(...) regime constante [do artigo 23.°] do Regulamento n.° 44/2001, nos termos do expressamente disposto no n.° 1 do seu artigo 66.° (...)". A este propósito, não deixa de estranhar-se que alguns Senhores Conselheiros tenham manifestado adesão às duas declarações que integram a sentença – para além da Conselheira Maria dos Prazeres Beleza, também o Conselheiro Salvador da Costa entendeu produzir uma declaração de voto -, quando o sentido veiculado por uma é irreconciliável com o da outra.

[17] No sentido de que "(...) a referida jurisprudência do Tribunal de Justiça continua a ser actual (...)", cf. o Acórdão da Relação de Lisboa proferido em 18 de Janeiro de 2007, no processo 101113/2006-2, disponível em http://www.dgsi.pt

e, assim, accionando o mecanismo do reenvio prejudicial, submetido ao Tribunal de Justiça das Comunidades a questão da interpretação do número 1 do artigo 66.° do Regulamento.

§ 3.° – **A determinação do direito aplicável à interpretação de um pacto de jurisdição**

Motivou a prolacção do acórdão anotando, proferido em sede de julgamento ampliado do agravo na 2.ª instância (cf. artigos 732.°-A, 732.°-B e 762.°, n.° 3, todos do Código de Processo Civil), o dissenso jurisprudencial em matéria de pacto de jurisdição constante de contrato (internacional) entretanto denunciado: se, em duas ocasiões, o Supremo Tribunal fez valer o entendimento de que o alcance daquele acordo se estende a *qualquer* litígio relativo ao contrato em que se insere e, portanto, mesmo respeitando a controvérsia a consequências que se produzem em momento posterior à cessação do contrato[18] – "[*t*]*ratam-se evidentemente de consequências resultantes da sua vigência, consequências essas que vêm produzir os seus efeitos em momento posterior à sua cessação, mas nem por isso deixam de ser um resultado directo e imediato do contrato. Efectivamente, resulta com meridiana clareza que os pedidos de indemnização de clientela, de indemnização por investimentos efectuados na vigência do contrato, de recomposição dos produtos contratuais em stock pressupõe a existência de um contrato no qual se fundam, sendo esta a fonte de que tais pedidos emergem*"[19] –, não sucedeu menos, em duas outras, ter aquela alta instância decidido no sentido de que a *amplitude objectiva*[20] do pacto

[18] Cf. os acórdãos de 16 de Dezembro de 2004 (processo n.° 268/04) e de 16 de Fevereiro de 2006 (processo n.° 3565/05), ambos consultáveis em www.dgsi.pt

[19] Cf. o referido acórdão de 16 de Fevereiro de 2006. Lê-se, por seu turno, no acórdão de 16 de Dezembro de 2004: "A denúncia unilateral não invalidou a escolha, sob pena de frustrar o fim comum visado pelas partes, quanto à eleição do foro (...). (...) numa altura em que mais se reclamaria a convergência do foro escolhido, ou seja, o escolhido pelas duas partes, como foro competente para conhecer de tais litígios, através da estipulada cláusula escrita de eleição, a recorrente descartava-se da escolha consensual, que aceitou, abrigando-se às normas do direito judiciário interno português, a que havia renunciado, exactamente para a precavida eventualidade de conflito – que acabou por ocorrer. A denúncia, ou qualquer outra forma de fazer extinguir unilateralmente obrigações contratuais, levada a cabo por qualquer das partes, seria uma forma tortuosa de subtracção ao negociado, *maxime*, à cláusula de eleição do foro (...), depois de se haver acordado na escolha do tribunal. Fugia-se da razão da escolha comum, numa ocasião em que ela mais se faria sentir; ora, exactamente para tanto – para evitar a fuga – é que houve escolha!".

[20] A expressão encontramo-la na declaração de voto do Senhor Conselheito Salvador da Costa.

atributivo de jurisdição apenas compreende as controvérsias desencadeadas durante a vigência do contrato, isto é, às suscitadas enquanto o negócio *se encontra em aberto*[21]. Já é conhecida, entretanto, a fórmula através da qual a mais alta jurisdição cível portuguesa entendeu uniformizar jurisprudência; de conformidade com ela, "[a] cláusula de atribuição de jurisdição inserida num contrato de agência mantém-se em vigor para todas as questões de natureza cível, mesmo que relativas ao respectivo regime de cessação".

Justificar-se-ão algumas observações.

Não passa sem registo, em primeiro lugar, ter o Supremo Tribunal de Justiça uniformizado jurisprudência sobre questão que, em análise última, releva da interpretação de uma declaração negocial. Ora, bem verdade poder suceder que, nos quadros do pertinente sistema jurídico, a vontade juridicamente relevante não tenha de coincidir com a vontade psicológica – pertence ao direito positivo, e só a ele, estabelecer qual seja o sentido decisivo da declaração jurídica[22] –, não deverá constituir surpresa que o sistema jurídico *in casu* pertinente atribua poder decisivo à real vontade do declarante, designadamente na medida em que ela se tenha tornado «reconhecível» para a outra parte. Acontece, por exemplo, nos quadros do sistema jurídico português (cfr., ilustrativamente, o artigo 236.° do Código Civil). Ora, fixando jurisprudência nos termos nossos conhecidos, o Supremo Tribunal de Justiça parece ter discorrido como se a fixação da vontade juridicamente relevante tolerasse uma resolução definitiva por via exclusivamente "normativa". Alheando-se do facto de assim poder não dever suceder de harmonia com o direito competente. Como não sucede no quadro do direito português.

Mas não é tudo. Nem, porventura, o principal. Merecedor de reparo é, outrossim, o facto de, sem extrair consequências do carácter internacional ou plurilocalizado da situação, ter o Supremo Tribunal de Justiça feito aplicação das regras – as sedeadas nos artigos 236.° ss do Código Civil – que, no direito

[21] Cf. os acórdãos de 5 de Novembro de 1998 (processo 641/98) e de 20 de Junho de 2006 (processo 1659/06), este último aparentemente não publicado e o primeiro disponível no *Boletim do Ministério da Justiça*, n.° 481, 1998, p. 416 ss.

[22] Em palavras de A. Ferrer Correia, "[o] problema aparece (...) como um problema puramente jurídico: ao direito (ao direito positivo) cabe indicar o princípio ou conjunto de princípios, o critério, a medida que deve presidir à interpretação das declarações de vontade; pertence indicar – isto é – qual seja, em geral, o sentido com o qual as declarações devem ser aplicadas. Por agora só cabe dizer que o escopo da interpretação jurídica é procurar o sentido juridicamente decisivo das declarações de vontade." (cf. *Erro e Interpretação na Teoria do Negócio Jurídico*, Almedina, Coimbra, 1985, p. 158).

português, regem sobre a interpretação dos negócios jurídicos. Como se a situação mantivesse contactos exclusivos com o direito português e, inerentemente, problema a partir dela emergente fosse de resolver por recurso óbvio a critérios substantivos do direito pátrio. Com indiferença perante os critérios que, no Direito de Conflitos vigente em Portugal, tomam a cargo a resolução dos problemas do concurso de leis no espaço. Como se não fora mister levá-los em linha de conta.

Teria sido. Certo, o pacto de jurisdição é negócio assistido de natureza jurídico-processual[23]. E, certo, são bem conhecidas e sobejamente persuasivas as razões que determinam a competência exclusiva da lei do foro como lei de processo. Ocorre que esta circunstância – e a inerente submissão dos pressupostos e dos específicos requisitos de validade e de eficácia dos pactos de jurisdição à influência directa dos preceitos de direito processual civil internacional que, vigentes no foro, deles se ocupam: – assim, e em alternativa, o artigo 23.° do Regulamento n.° 44/2001, o artigo 17.° da Convenção de Lugano, o artigo 17.° da Convenção de Bruxelas e o artigo 99.° do Código de Processo Civil – não prejudica a ligação – umbilical – entre o pacto de jurisdição e uma situação absolutamente internacional; inerentemente, não belisca a evidência que é a de aspectos como os atinentes à capacidade, à formação e à interpretação do pacto suscitarem problemas de determinação do direito aplicável cuja resolução tem de pedir-se a critérios conflituais[24].

[23] Em já referido acórdão proferido em 18 de Outubro de 2007, também ele uniformizador de jurisprudência, o Supremo Tribunal de Justiça teve ocasião para afirmar dos pactos de aforamento que "(...) não obstante [fazerem] parte de um módulo negocial de natureza predominantemente substantiva, assumem naturaza processual, tal como os seus efeitos, por se reportarem a um pressuposto dessa natureza, designadamente a competência jurisdicional em função do território".

[24] Neste sentido, cf. M.V. Ferreira da Rocha, "Competência internacional e autonomia privada: Pactos privativos e atributivos de jurisdição no direito português e na Convenção de Bruxelas de 27-9-1968", cit., p. 225; M. Teixeira de Sousa/D. Moura Vicente, *Comentário à Convenção de Bruxelas de 27 de Setembro de 1968 relativa à Competência Judiciária e à Execução de Decisões em Matéria Civil e Comercial e Textos Complementares*, Lex, Lisboa, 1994, p. 124; S. Brasil de Brito, "Sobre a Indagação da Lei Aplicável aos Pactos de Jurisdição", *in Estudos em memória do Professor Doutor João de Castro Mendes*, Lisboa, Faculdade de Direito da Universidade de Lisboa/ /Lex, 1995, p. 47 ss, com amplas indicações bibliográficas; U. Villani, *La Convenzione di Roma sulla Legge Applicabile ai Contratti*, Cacucci Editore, Bari, 1997, p. 45; J. Kropholler, *Europäisches Zivilprozessrecht- Kommentar zu EUGVO und Lugano-Übereinkommen*, op.cit., *ad* artigo 23.°, 18 (p. 281) e 28 (pp. 285-286); L. Lima Pinheiro, *Direito Internacional Privado.* Volume III. *Competência Internacional e Reconhecimento de Decisões Estrangeiras*, Almedina, Coimbra, 2002, p. 143 e p. 212, assim como outras referências aí contidas. Atente-se, porém, em que na decisão do caso *Castel-*

Questão emergente é, evidentemente, a da identificação desses critérios. É pertinente, a este respeito, a consideração da alínea d) do número 2 do artigo 1.° da Convenção de Roma sobre a Lei Aplicável às Obrigações Contratuais. De conformidade com os seus termos, as regras daquele instrumento não são aplicáveis às convenções de eleição do foro.Vem daí, ao menos em primeira linha, a sugestão de que a determinação da lei reguladora daqueles aspectos deve pedir-se aos critérios fixados pelos artigos 35.°, 36.°, 41.° e 42.° do Código Civil. Com a consequente aplicação, em matéria de interpretação de pacto de jurisdição, do disposto no número 1 do artigo 35.° do Código Civil. Deve ser assim?

Sugere a negativa L. Lima Pinheiro. Faz valer, nesse sentido, os inconvenientes associados à possibilidade de ao pacto de jurisdição vir a ser reputada aplicável lei distinta da competente para reger o negócio (fundamental) ao qual aquele pacto vem normalmente associado. E extrai ilações: no aviso do Professor de Lisboa, "[*e*]*stes aspectos do pacto de jurisdição* [– os atinentes à formação e à interpretação do pacto –] *devem, em princípio, ser apreciados segundo os mesmos Direitos que regem o negócio fundamental e, por isso, as normas da Convenção de Roma devem ser aplicadas por analogia*"[25].

É difícil não reconhecer as vantagens associadas à unidade de estatutos cuja desejabilidade é posta em evidência por L. Lima Pinheiro. *Quid iuris*, como quer que seja, em face da nomeada alínea d) do número 2 do artigo 1.° da Convenção de Roma? Atenta ela – e, portanto, abstracção feita do seu mal ou bem-fundado –, existe margem para considerar que a determinação da lei reguladora de aspectos como os atinentes à formação e à interpretação do pacto deve ser pedida às regras de conflitos da Convenção?

letti, proferida em 16 de Março de 1999, o Tribunal de Justiça afirmou, mesmo se apenas enquanto *obiter dictum*, que "[a] escolha do tribunal designado numa cláusula atributiva de jurisdição só pode ser apreciada à luz de considerações estabelecidas pelo artigo 17.° da Convenção de 27 de Setembro de 1968." (cf. *Colectânea de Jurisprudência do Tribunal de Justiça e do Tribunal de Primeira Instância das Comunidades Europeias*, 1999, I-01597, 52).

[25] *Direito Internacional Privado.* Volume III. *Competência Internacional e Reconhecimento de Decisões Estrangeiras*, op.cit., p. 212. Fazendo valer que "[t]he scope of a valid jurisdiction clause, in the sense of delimiting the disputes that fall within it, is a question of the national law governing the contract.", cf. as decisões proferidas pelo England and Wales High Court nos casos *Knorr-Bremse Systems v Haldex Brake Products* [2008] EWCH 156 (Patents) e *Deutsche Bank A.G., D.B. International (Asia) Limited, Merrill Lynch Labuan Holdings Limited, Jim Sheng Asset management Company Limited v. Asia Pacific Broadband Wireless Communications Inc., Asia Pacific Broadband Telecom Co Ltd* [2008] EWHC 918 (Comm) (neste ultimo, em *obiter*).

Parece útil, também a este respeito, a consulta do Relatório Giuliano/ /Lagarde[26]. As razões aí avançadas para fundamentar a exclusão determinada por aquela disposição são: *em primeiro lugar*, a índole processual dos pactos de jurisdição e a inerente vocação da lei (processual) do foro para os regular; *de seguida*, a circunstância de as mais relevantes de entre as questões atinentes à validade intrínseca e formal dos pactos de jurisdição serem já directamente cobertas pelo artigo 17.° da Convenção de Bruxelas de 27 de Setembro de 1968 Relativa à Competência Judiciária e à Execução de Decisões em Matéria Civil e Comercial; *enfim*, a ideia de que o alcance associado à solução de não excluir os pactos de jurisdição do âmbito de aplicação material da Convenção de Roma sairia frustrado – *rectius*, poderia sair frustrado – uma vez que o procedimento jurisdicional fosse intentado junto de tribunais de Estado não contratante[27].

Assistindo ao argumento por último relanceado validade intrínseca e eficácia persuasiva pouco menos que negligenciáveis e certo parecendo que em relação a ele não se justifica, *et pour cause*, detenção acrescida[28], o que derivar, atento o ponto que nos ocupa, da consideração dos restantes dois? Pois bem. Se adequadamente se avalia, os mesmos não são irremediavelmente incompatíveis com entendimento anuente ao recurso a regras de conflitos da Convenção de Roma tendo em vista a determinação da lei aplicável à formação e à interpretação dos pactos de jurisdição. Será suficiente considerar que a alínea d) do número 2 do artigo 1.° daquele instrumento posterga a aplicação das regras de conflitos convencionais às questões da validade intrínseca e formal dos pactos de jurisdição *enquanto e na medida em que* estes problemas forem contemplados por preceitos de direito processual civil internacional vigentes no foro a partir de cuja aplicação resulte, para eles e de forma directa, uma resposta. Neste quadro de ponderações, não haverá recurso às regras de conflitos da Convenção – e não surgirá a ocasião ou a oportunidade para a necessidade desse recurso – *enquanto as respostas para os problemas da validade intrínseca e formal dos pactos de jurisdição resultarem da aplicação directa de normas de direito proces-*

[26] Faz-se referência ao conhecido relatório de M. GIULIANO e de P. LAGARDE, *Rapport concernant la Convention sur la loi applicable aux obligations contractuelles*, *J.O.* C 282, de 31 de Outubro de 1980, pp. 1 ss.

[27] Cf. o ponto 5 da anotação ao artigo 1.°.

[28] Parece razoavelmente evidente que inexiste, aí, qualquer especificidade mercedora de detenção particular. Pois não é que toda e qualquer solução acolhida pela Convenção de Roma será deixada de parte – *rectius*, poderá ser deixada de parte – na eventualidade do procedimento jurisdicional ser instaurado junto de tribunais de Estado não contratante?

sual civil, de fonte internacional como interna, vigentes na ordem jurídica do foro. Mas apenas *enquanto e na medida* em que assim suceda. Fora desses limites, a ligação umbilical entre o pacto de jurisdição e uma situação plurilocalizada tornará necessário que, sem prejuízo da natureza processual que assiste ao negócio, o esclarecimento de aspectos atinentes à sua formação, interpretação e validade seja pedido à lei – às leis – determinada(s) de conformidade com as indicações conflituais constantes da Convenção de Roma.

Se tanto a lógica intrínseca como os resultados a que conduz emprestam ao modo de discorrer explicitado grau de sedução inquestionável – por uma parte, ele não é ostensivamente interditado pelos argumentos no Relatório Giuliano/Lagarde avançados para fundamentar a exclusão ditada pela alínea d) do número 2 do artigo 1.° da Convenção; por outro, ele desemboca na consideração de que os aspectos atinentes à capacidade, à formação e à interpretação do pacto devem ser resolvidos por aplicação da lei(s) competente(s) para esclarecer os aspectos que, homólogos, respeitam ao contrato (fundamental), assim se alcançado a desejável unidade de estatutos –, se, dizia-se, a lógica intrínseca como os resultados a que conduz emprestam ao modo de discorrer explicitado grau de sedução inquestionável, enfrenta-se o mesmo, como quer que seja, com obstáculo não desprezível. E obstáculo fundado no Relatório explicativo amiúde já referido. Explica-se.

Consabidamente, a exclusão determinada pela alínea d) do número 2 do artigo 1.° da Convenção de Roma é uma exclusão que, qualquer seja o seu alcance – é esse o ponto cuja dilucidação está em cima da mesa –, é abrangente de *convenções de eleição do foro* como de *convenções de arbitragem*. É facto incontrovertido, tornado aparente pela simples consideração do teor literal daquela disposição. Ora, pode ler-se no texto daquele documento explicativo, não disponível em língua portuguesa, que "[t]*he exclusion of arbitration agreements does not relate solely to the procedural aspects, but also to the formation, validity and effects of such agreements. Where the arbitration clause forms an integral part of a contract, the exclusion relates only to the clause itself and not to the contract as a whole*". Adivinha-se a inquietação: se o Relatório é expresso na certificação de que a determinação da lei reguladora da formação, da validade e dos efeitos das convenções de arbitragem exorbita o âmbito material das regras de conflitos da Convenção, como admitir que, sem razões para destrinçar, as regras convencionais já pudessem aplicar-se com vista à determinação da lei reguladora dos aspectos que, daqueles homólogos, respeitam às convenções de eleição do foro? Não se vislumbra possibilidade. E não apenas de uma sua aplicação directa. Se bem se avalia, também de uma sua, por L. Lima Pinheiro alvitrada, aplicação analógica. É que, consabidamente, a lacuna cuja integração tem lugar por via da analogia inexiste aí onde do que se trata é, admitindo que o seja, uma «falha de política legislativa» (em palavras de K. Larenz, "[a] *fronteira entre uma lacuna da lei e uma falha da lei na perspectiva da política legislativa só pode traçar-se na medida em que se pergunta se a lei é incompleta comparada com a sua própria intenção reguladora ou se somente a decisão nela tomada não resiste a uma crítica de política legislativa.*"[29]).

De tudo parece derivar fatalidade que é a de solicitar a determinação da lei aplicável à formação e à interpretação dos pactos de jurisdição às regras de conflitos com sede no Código Civil. Pensando no particular aspecto de que se ocupa o acórdão anotando – a *interpretação* de convenção de eleição do foro –, ao critério acolhido pelo artigo 35.° daquele diploma. Bem verdade, os resultados desse recurso poderão não ser os mais satisfatórios: *à uma*, atenta a possibilidade de, com tudo o que nisso vai implicado, a lei competente para se pronunciar acerca da interpretação de pacto de jurisdição não ser a aplicável à interpretação do concreto negócio (fundamental) em torno do qual o pacto gravita; *depois,* considerado o carácter reconhecidamente obsoleto, pouco em linha com "(...) os vectores de desenvolvimento verificados no Direito Comparado e na unificação do Direito de Conflitos (...)"[30], dos critérios acolhidos pelos artigos 41.° e 42.° do Código Civil, aos quais, função da conexão dependente utilizada pelo número 1 do artigo 35.°, é mister recorrer.

Não são os (eventuais) resultados insatisfatórios do recurso à regra do artigo 35.° do Código Civil, porém, aquilo que sobremaneira importa realçar. Antes, a absoluta necessidade de, extraindo consequências do carácter internacional do pacto de jurisdição, subordinar a resolução de aspectos atinentes à correspondente interpretação à consecução de tarefa prévia, qual seja, a indagação da lei competente para os resolver. Atentas as razões pelos parágrafos anteriores passadas em exame, tal indagação vai submetida – *hélas!* – ao crivo do artigo 35.° do Código Civil. Andou mal o Supremo Tribunal de Justiça quando, tendo desconsiderado o carácter plurilocalizado do pacto de jurisdição, fez aplicação *aproblemática* dos artigos 236.° ss do Código Civil.

[29] Cf. *Metodologia da Ciência do Direito*, trad. J. Lamego, Fundação Calouste Gulbenkian, Lisboa, 4.ª ed., 2005, p. 530. O mesmo Autor acrescenta que "[s]e a lei não está incompleta, mas defeituosa, então o que está indicado é não uma integração de lacunas, mas, em última instância, um desenvolvimento do Direito superador da lei. Quando estãos os tribunais para tal habilitados e em situação de o fazer, no quadro da sua vinculação à lei e ao Direito, é algo a discutir posteriormente." (*ibidem*).

[30] L. Lima Pinheiro, *Direito Internacional Privado*, Volume II, *Direito de Conflitos. Parte Especial*, p. 219. No mesmo sentido, R. Moura Ramos, *Da Lei Aplicável ao Contrato de Trabalho Internacional*, Coimbra, Almedina, 1991, pp. 374 ss e 524 ss.

§ 4.° – A autonomia entre a validade do pacto de jurisdição e as normas substantivas aplicáveis

Aspecto que por último merece sublinhado é o atinente à autonomia entre a validade do pacto de jurisdição e as normas substantivas aplicáveis. O ponto é trazido à colação em razão de argumentação expendida pelo Tribunal da Relação e de plano rejeitada – bem – pelo Supremo Tribunal de Justiça.

De harmonia com tese feita valer pelo acórdão proferido em segunda instância, ao artigo 38.° do Decreto-Lei n.° 178/86, de 3 de Julho, assiste relevância no plano da competência internacional: determinando que aos contratos de agência exclusiva ou preponderantemente desenvolvidos em território nacional só será aplicável legislação diversa da portuguesa, no que respeita ao regime da cessação, se a mesma se revelar mais vantajosa para o agente, derivaria dele que a competência que para uma jurisdição estrangeira resultasse a partir dos critérios gerais – v.g., a partir do artigo 23.° do Regulamento n.° 44/2001, ou a partir do artigo 99.° do Código de Processo Civil – *cairia por terra* uma vez não fosse feita a demonstração de que o tribunal estrangeiro *prima facie competente* aplicaria legislação mais favorável do que a portuguesa; não tivesse lugar esta demonstração e, no lugar de um estrangeiro, passaria a deter competência internacional tribunal português; sob pena – subentende-se – de sair defraudada a intenção do legislador (interno) de tutelar o agente no termo de contrato exclusiva ou preponderantemente executado em Portugal.

Sem surpresa, viu bem o Supremo Tribunal: discorrendo nos termos reproduzidos, a instância em primeiro lugar agravada cedeu a confundir o nível da determinação da competência internacional dos tribunais com o nível da determinação da lei aplicável; amalgamando os planos, não dissociou a esfera adjectiva da substantiva, a instrumental da material. Ora, sabido é que, atento litígio emergente de situação plurilocalizada, ocorre em primeiro lugar determinar qual a jurisdição nacional competente para dele conhecer: vindo a estabelecer-se a competência da jurisdição do Estado *X*, o problema da determinação da lei aplicável conhecerá resolução pela intermediação do Direito de Conflitos do Estado *X*; acontecendo que a competência internacional seja estabelecida em proveito dos tribunais do Estado *Y*, pois a definição da *lex causae* competirá ao Direito de Conflitos do Estado *Y*. Em palavras do aresto anotando, "[a]*s duas situações são, inequivocamente, distintas, especificamente reguladas na lei e até, cronológica e processualmente distanciadas*".

De onde a necessidade de, com precedência e autonomia em relação à identificação da lei aplicável ao fundo da causa, o tribunal enfrentar o problema da competência *iudicis*; em particular, de aferir da competência do Tribunal da

Verdania, na Itália. À luz das pertinentes normas de direito processual civil internacional. Com abstracção das normas de conflitos que, fosse a jurisdição portuguesa competente, os tribunais locais aplicariam. Independentemente da verificação de que, detendo os tribunais portugueses competência internacional, os mesmos aplicariam ao fundo da causa normas (portuguesas) cuja aplicação não resulta assegurada uma vez pertencendo o conhecimento da questão a tribunais estrangeiros.

Bem se percebe, a uma tal luz, a irrelevância de esgrimir com o artigo 38.° do Decreto-Lei n.° 178/86, de 3 de Julho. Certo, o mesmo oferece sede a uma norma de conflitos (unilateral). E, certo, dela resulta a declaração de aplicabilidade de certas normas materiais portuguesas – as respeitantes à cessação do contrato de agência – uma vez que o contrato se desenvolva exclusiva ou preponderantemente em território nacional e do estatuto do negócio não derive tratamento mais vantajoso para o agente. Ponto é, todavia, que os critérios conflituais – e, para o que mais importa, o sedeado no referido artigo 38.° – não se constituem em bitola da competência internacional dos tribunais. Aferem-na, insiste-se, regras de direito processual civil internacional, justamente sucedendo que, em termos divulgados, é posta em relevo "(...) a diversidade irredutível dos dois [conjuntos], tão bem traduzida nos interesses diversos em que há que atentar quando se abordam, num enfoque que respeite a teleologia última do DIP, as questões de competência judiciária como as de competência legislativa"[31].

Duas notas mais.

A primeira, para dar conta de que o que fica dito não belisca a possibilidade de, *em matérias dadas*, do direito de alguns países e, para o que mais importa, do português, já constituído, resultar uma coincidência entre a esfera

[31] R. Moura Ramos, *Da Lei Aplicável ao Contrato de Trabalho Internacional*, op.cit., p. 214. Para uma indicação das razões que conduzem a que os Estados atribuam uma esfera de competência internacional aos seus tribunais diferente da esfera de aplicação do seu Direito material, cf., na doutrina portuguesa, A. Ferrer Correia, "O Reconhecimento das Sentenças Estrangeiras no Direito Brasileiro e no Direito Português", *in Temas de Direito Comerical e Direito Internacional Privado*, Almedina, Coimbra, 1989, pp. 255 ss, pp. 259 ss; A. Marques dos Santos, *As Normas de Aplicação Imediata no Direito Internacional Privado. Esboço de uma Teoria Geral* I vol., Almedina, Coimbra, p. 307, nota 1030, pp. 320 ss; R. Moura Ramos, *Da Lei Aplicável ao Contrato de Trabalho Internacional*, op.cit., pp. 167 ss, *maxime* 190 ss; N. Ascensão Silva, *A Constituição da Adopção de Menores nas Relações Privadas Internacionais: Alguns Aspectos*, Coimbra, 2000, pp. 263 ss; A. Ferrer Correia, *Lições de Direito Internacional Privado I*, Almedina, Coimbra, 2000, pp. 450 ss; L. Lima Pinheiro, *Direito Internacional Privado.* Volume III. *Competência Internacional e Reconhecimento de Decisões Estrangeiras*, op.cit., *maxime* pp. 30-32.

de competência dos tribunais locais e o âmbito de aplicação do direito do foro: assim, já porque ocorre uma dependência da *competentia iuris* em face da *competentia iudicis* – atenda-se aos exemplos proporcionados pela Convenção da Haia Relativa à Competência das Autoridades e à Lei Aplicável em Matéria de Protecção de Menores (1961)[32] e pela Convenção da Haia sobre a Administração Internacional de Heranças (1973)[33] –, já porque acontece a subordinação da *competentia iudicis* em face da *competentia iuris* – é o que se verifica no quadro de certa interpretação tendo por base a alínea *d*) do número 1 do artigo 65.° do Código de Processo Civil[34].

Enfim, destina-se a segunda e última das notas a dar conta de que, *sem embargo do que antecede*, não é sequer evidente que as normas materiais portuguesas atinentes ao regime da cessação de contrato de agência não devam ser tidas em conta pelo Tribunal transalpino uma vez que a controvérsia lhe seja submetida. Por uma de várias razões, entre si alternativas. Desde logo, atenta a possibilidade de a lei portuguesa ser a lei reguladora da substância do contrato. Acontecerá assim se uma escolha válida à luz do artigo 3.° da Convenção de Roma sobre a Lei Aplicável às Obrigações Contratuais a tiver tido por objecto (o aresto anotando não dá conta de uma tal *electio iuris*). Mas não apenas. Também quando do artigo 4.° daquele instrumento – não vigora, em Itália, a Convenção sobre a Lei Aplicável aos Contratos de Mediação e à Representação, concluída na Haia em 14 de Março de 1978 – resulte, *in casu*, a declaração de aplicabilidade da lei portuguesa: a hipótese é tudo menos académica porquanto em Portugal tem sede a sociedade obrigada ao fornecimento da prestação característica do contrato e em Portugal decorreu, em termos essenciais, a correspondente execução. Mas há ainda mais. Na verdade, mesmo figurando-se

[32] Cf. os correspondentes artigos 2.° e 4.°.

[33] Cf., ilustrativamente, o artigo 3.° desse texto convencional.

[34] De harmonia com ela, "(...) é admissível a atribuição de competência internacional aos tribunais portugueses quando a solução dada ao caso pelo Direito Internacional Privado do Estado estrangeiro cujos tribunais se consideram competentes viole a ordem pública internacional portuguesa ou quando, por outros motivos, a sentença proferida ou susceptível de ser proferida pela jurisdição estrangeira competente não seja susceptível de reconhecimento em Portugal e exista um elemento ponderoso de conexão com o nosso país (cf. L. LIMA PINHEIRO, *Direito Internacional Privado*. Vol. III, *Competência Internacional e Reconhecimento de Decisões Estrangeiras*, op.cit., p. 38). Deve notar-se que, pronunciando-se *de iure condendo*, o citado Autor sufraga ponto de vista de harmonia com o qual os tribunais de um Estado devem ser internacionalmente competentes *sempre* que seja aplicável o seu Direito material (sem prejuízo, em todo o caso, de tal esfera de competência internacional ser mais ampla que a esfera de aplicação no espaço do Direito material local).

que a lei portuguesa não seja a lei aplicável ao fundo da causa – assim, admita-se, porque as partes escolheram, e em termos válidos, a lei italiana –, sempre o Tribunal da Verdania poderá considerar as normas materiais portuguesas relativas ao regime da cessação do contrato de agência nos termos e para os efeitos do número 1 do artigo 7.° daquela Convenção de Roma (inibido, como está, do recurso ao artigo 16.° da Convenção da Haia aludida).

MARIA JOÃO MATIAS FERNANDES

ÍNDICE DO ANO 140.º (2008)

ACTUALIDADE LEGISLATIVA

ARTIGOS DOUTRINAIS

RESENHA DE JURISPRUDÊNCIA

JURISPRUDÊNCIA ANOTADA

PARECERES

REGISTO BIBLIOGRÁFICO